形式的モデル化

離散事象／実時間／
ハイブリッドシステムのモデル化と解析

平石 邦彦 著

森北出版株式会社

●本書のサポート情報を当社Webサイトに掲載する場合があります．下記のURLにアクセスし，サポートの案内をご覧ください．

https://www.morikita.co.jp/support/

●本書の内容に関するご質問は，森北出版 出版部「(書名を明記)」係宛に書面にて，もしくは下記のe-mailアドレスまでお願いします．なお，電話でのご質問には応じかねますので，あらかじめご了承ください．

editor@morikita.co.jp

●本書により得られた情報の使用から生じるいかなる損害についても，当社および本書の著者は責任を負わないものとします．

■本書に記載している製品名，商標および登録商標は，各権利者に帰属します．

■本書を無断で複写複製（電子化を含む）することは，著作権法上での例外を除き，禁じられています．複写される場合は，そのつど事前に(一社)出版者著作権管理機構（電話03-3513-6969, FAX03-3513-6979, e-mail：info@jcopy.or.jp）の許諾を得てください．また本書を代行業者等の第三者に依頼してスキャンやデジタル化することは，たとえ個人や家庭内での利用であっても一切認められておりません．

まえがき

　本書は，システムを形式的にモデル化するための手法，および，モデルが与えられた仕様を満たしているかどうかを数理的に検証するための方法について解説したものである．本書では，形式的（フォーマル）という言葉は，「数学的に厳密に定義された」，という意味で用いる．数学的に定義されているということは，コンピュータによる自動処理が可能であることを意味する．本書がモデル化の対象とするのは，離散状態をもつシステム，および，離散状態と連続状態を併せもつハイブリッドシステムである．離散状態をもつシステムは，コンピュータのソフトウェア／ハードウェア，組み込みシステム，通信プロトコル，生産システム，鉄道・交通システムなど，人工物，あるいは，実世界をコンピュータで制御するような状況において，幅広く出現する．さらに，人工物と物理系のかかわりを単一のモデルで表現することを目指したのがハイブリッドシステムである．実世界（物理系）と，コンピュータや多数のセンサなどがネットワークで接続されたサイバー空間とが融合したシステムをサイバーフィジカルシステム (cyber physical systems) とよび，近年，さまざまな研究開発が行われている．ハイブリッドシステムは，サイバーフィジカルシステムを取り扱うための理論的基盤の一つである．

　システムの設計が正しいかどうかを保証するための方法としては，従来，さまざまなテストケースに対してシステムの動作を調べるテストやシミュレーションの手法が用いられてきた．これらの方法に対し，論理式など厳密な形で記述された仕様が，システムのモデル上で満たされているかどうかを数理的に調べる形式検証という技術が注目を集めている．テスト／シミュレーションと形式検証の違いは，前者が与えられた入力データに対してシステムが正しい動作をするという事実から設計の品質を保証するのに対して，後者はシステムがいかなる状況においても正しく動作することを理論的な意味で保証することにある．

　航空機の制御システムや車載システムなど，その障害やエラーが重大な人的あるいは物的損害を与えるようなシステムが安心・安全であることを保証する手段として，形式検証のような厳密な意味での正しさを証明する手法は有効である．また，論理的に正しく設計されたシステムであっても，その性能，たとえばスループットやリクエストに対するレスポンス時間など，が要求される基準に達していなければ，正しい設計とはいえない．このようなシステムの性能評価には，確率的なモデル化手法が用いら

れる．

　現在，システムの形式的モデル化および検証のためのさまざまなツールやソフトウェアが開発されている．これらは，コンピュータや制約充足問題を解くソルバーの性能向上により，実用規模の問題に適用できるレベルに達しつつある．これらのツールを使いこなすためには，プログラミングに関する知識に加え，形式的モデル化や仕様記述に関する理論的背景を知っておく必要がある．本書は，形式的モデル化の基礎理論に関する網羅的な解説を目指したものであり，本書の内容を理解することが，さまざまなモデル化・検証ツールを使うときの手助けになることを期待している．

　本書は以下のように構成されている．第 I 部「システムのモデル化」では，まず第 1 章でシステムの概念と分類について述べ，本書が扱う対象を明らかにする．また，システムの理解において重要な「状態」の概念についても説明する．続いて第 2〜4 章では，離散状態システムの代表的なモデル化の手法について述べる．具体的には，オートマトンに基づいたモデル，並行システム記述のためのペトリネット，および，プロセス代数について説明する．第 II 部「性質・ふるまいの記述」では，第 5 章でシステムの満たすべき性質を記述するための手法である時相論理について述べ，つぎに第 6 章ではシステムのふるまいを扱うときの共通の基盤となる遷移システムの概念について説明する．第 III 部「拡張モデル」では，第 7 章で時間・確率を導入した拡張モデルについて，第 8 章では離散ダイナミクスと連続ダイナミクスを併せもつハイブリッドシステムについて説明する．第 IV 部「解析・検証・制御」では，第 9〜11 章でモデルを用いたシステムの解析方法について述べ，第 12 章では形式検証技術の一つであるモデル検査について説明する．さらに第 13 章では，入力付きモデルにおいて，システムのふるまいを望ましいものにさせるための制御について触れる．図 1 に各章の依

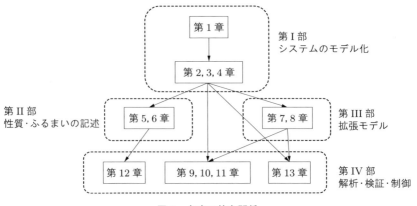

図 1　各章の依存関係

存関係を示す．

　なお，本書の内容を理解するためには，オートマトン理論，形式言語，数理論理学などの離散数学の知識，および，ハイブリッドシステムについては微分方程式をはじめとする連続系の数学の知識など，理系の大学学部で習得する知識が必要であるが，なるべく本書のみで理解できるように，付録において必要な数学的用語の解説を行った．

目　次

第 I 部　システムのモデル化　1

第 1 章　システムの概念　2
- 1.1　システムとそのモデル化　2
- 1.2　システムの入力と出力　3
- 1.3　静的システムと動的システム　4
- 1.4　システムの状態　6
- 1.5　状態方程式と状態空間　8
- 1.6　連続状態・離散状態・ハイブリッド状態　9
- 1.7　時間駆動と事象駆動　11
- 1.8　決定性・非決定性・確率システム　12
- 1.9　本書の内容　13

第 2 章　オートマトンと形式言語　14
- 2.1　語と言語　14
- 2.2　決定性オートマトンと状態遷移図　15
- 2.3　離散事象システムのモデル化に用いられるオートマトン　17
- 2.4　非決定性オートマトン　19
- 2.5　有限オートマトンと正則表現　21
- 2.6　出力付きオートマトン　22
- 2.7　オートマトンの合成　23
- 2.8　ω-言語と ω-オートマトン　27
- 2.9　ツール　28

第 3 章　ペトリネット　30
- 3.1　ペトリネットの定義　30
- 3.2　資源と競合／並行　33
- 3.3　モデル化の例　34
- 3.4　P/T ネットの状態空間　37
- 3.5　ラベル付き P/T ネットと有限オートマトン　38
- 3.6　オートマトンの合成との比較　39
- 3.7　カラーペトリネット　40
- 3.8　オブジェクトペトリネット　43
- 3.9　ツール　45

第 4 章　プロセス代数　47
- 4.1　プロセスと演算　47
- 4.2　プロセスの例　53

	4.3　ツ ー ル	55

第 II 部　性質・ふるまいの記述　57

第 5 章　時相論理によるシステムの性質の記述　58
- 5.1　線形時間と分岐時間　58
- 5.2　CTL* 式の構文　59
- 5.3　CTL* 式の意味　60
- 5.4　時相作用素の組合せ　62
- 5.5　安全性と活性　64
- 5.6　CTL と LTL　64

第 6 章　遷移システム・ラベル付き遷移システム　66
- 6.1　定　義　66
- 6.2　ふるまいの等価性　68
- 6.3　可到達集合の計算　71
- 6.4　連続状態をもつ遷移システムの離散抽象化　72

第 III 部　拡張モデル　75

第 7 章　時間・確率システムのモデル化　76
- 7.1　決定性時間モデル　76
- 7.2　確率的時間モデル　82
- 7.3　離散時間確率システムのモデル　88
- 7.4　ツ ー ル　96

第 8 章　ハイブリッドシステムのモデル化　97
- 8.1　ハイブリッドオートマトン　97
- 8.2　確率ハイブリッドオートマトン　106
- 8.3　区分的線形システム　107
- 8.4　ハイブリッドペトリネット　109
- 8.5　ツ ー ル　113

第 IV 部　解析・検証・制御　115

第 9 章　基本的解析問題　116
- 9.1　ペトリネットにおける基本的解析問題　116
- 9.2　状態方程式　119
- 9.3　不変量・不変条件　121
- 9.4　探索木　123
- 9.5　問題の帰着　126
- 9.6　無競合性と状態空間の縮約　127
- 9.7　半順序法による探索空間の制限　129

9.8	2分決定グラフによる状態空間の表現	136

第10章 決定性時間システム・ハイブリッドシステムの解析 　142
　10.1　時間オートマトンの解析 ・・・・・・・・・・・・・・・・・・・・・・ 142
　10.2　ハイブリッドシステムの解析 ・・・・・・・・・・・・・・・・・・・・ 149

第11章 確率システムの解析 　160
　11.1　離散時間マルコフ連鎖 ・・・・・・・・・・・・・・・・・・・・・・・ 160
　11.2　連続時間マルコフ連鎖 ・・・・・・・・・・・・・・・・・・・・・・・ 165
　11.3　確率ペトリネット ・・・・・・・・・・・・・・・・・・・・・・・・・ 167

第12章 モデル検査 　170
　12.1　モデル検査の手順 ・・・・・・・・・・・・・・・・・・・・・・・・・ 170
　12.2　公平な実行に対するモデル検査 ・・・・・・・・・・・・・・・・・・・ 174
　12.3　記号モデル検査 ・・・・・・・・・・・・・・・・・・・・・・・・・・ 177
　12.4　モデル検査器 ・・・・・・・・・・・・・・・・・・・・・・・・・・・ 179

第13章 離散事象システムの制御 　182
　13.1　離散事象システムの制御理論 ・・・・・・・・・・・・・・・・・・・・ 182
　13.2　離散抽象化によるハイブリッドシステムの制御 ・・・・・・・・・・・・ 194

付録A 数学用語の解説 　200
　A.1　集合，関係，写像 ・・・・・・・・・・・・・・・・・・・・・・・・・ 200
　A.2　束と不動点 ・・・・・・・・・・・・・・・・・・・・・・・・・・・・ 203
　A.3　ブール代数とブール関数 ・・・・・・・・・・・・・・・・・・・・・・ 205
　A.4　グラフ ・・・・・・・・・・・・・・・・・・・・・・・・・・・・・・ 206
　A.5　確率・確率過程 ・・・・・・・・・・・・・・・・・・・・・・・・・・ 207
　A.6　アルゴリズムと計算量 ・・・・・・・・・・・・・・・・・・・・・・・ 209

付録B 演習問題の解答例 　211

参考文献 　222

おわりに 　226

索引 　228

記号一覧

本文中で用いる数学記号の一覧である.

- $\mathbb{N}$：自然数の集合.
- $\mathbb{Z}$：整数の集合.
- $\mathbb{R}$：実数の集合.
- $\mathbb{R}^+$：（0 を含む）非負実数の集合.
- $\Rightarrow$：ならば.
- $\Leftrightarrow$：ならば，かつそのときに限り.
- $\neg$：否定.
- $\wedge$：かつ（連言）.
- $\vee$：または（選言）.
- $\oplus$：排他的論理和.
- $\overline{x}$：ブール変数 x の否定.
- $\bigwedge_{i=1,n} T_i : T_1 \wedge T_2 \wedge \cdots \wedge T_n$.
- $\bigvee_{i=1,n} T_i : T_1 \vee T_2 \vee \cdots \vee T_n$.
- $x \in X$：x は集合 X の要素である（x は集合 X に属する）.
- $x \notin X$：x は集合 X の要素ではない.
- $X \subseteq Y$：集合 X は集合 Y の部分集合.
- $X \subset Y$：集合 X は集合 Y の真部分集合.
- $X \cap Y$：集合 X と集合 Y の積（共通部分）.
- $X \cup Y$：集合 X と集合 Y の和.
- $\bigcap_{i=1,n} X_i : X_1 \cap X_2 \cap \cdots \cap X_n$.
- $\bigcup_{i=1,n} X_i : X_1 \cup X_2 \cup \cdots \cup X_n$.
- X^c：集合 X の補集合.
- $X \backslash Y$：差集合（集合 X から集合 Y の要素を除いた集合）.
- $|X|$：集合の基数 (cardinality). X が有限集合ならば要素数.
- 2^X：集合 X のべき集合（X の部分集合全体の集合）.
- $X \times Y$：集合 X と集合 Y の直積集合. 三つ以上の集合の直積集合についても $X_1 \times X_2 \times \cdots \times X_n$ で表す.
- "$\exists x \in X : f(x)$"：$f(x)$ が真となる $x \in X$ が存在する.
- "$\forall x \in X : f(x)$"：すべての $x \in X$ について $f(x)$ が真となる.
- $f \equiv g$：論理式 f と g は等価.

- $v = [v_i]$：第 i 成分が v_i であるベクトル v.
- $A = [a_{ij}]$：(i,j) 成分が a_{ij} である行列 A.
- A^T：行列 A の転置行列.
- $[x_1, x_2, \ldots, x_n]$：行ベクトル.
- $[x_1, x_2, \ldots, x_n]^T$：列ベクトル.
- $s_1 \to s_2$：状態 s_1 から状態 s_2 に遷移可能.
- $s \xrightarrow{\sigma} s'$：ラベル付き遷移システムにおける状態遷移.
- $m \xrightarrow{t} m'$：P/T ネットにおける，トランジションの発火に伴うマーキングの遷移.
- $\dot{x}$：時間の関数である $x(t)$ の時間微分．すなわち，dx/dt.
- Σ^*：アルファベット Σ 上の語全体の集合.
- $|s|$：文字列 s の長さ.
- $pref(s)$：文字列 s の接頭語全体の集合.
- $\delta(x, \sigma)!$：状態 x で記号 σ による遷移が定義されている.
- $P \times Q$：オートマトン P, Q の積.
- $P \| Q$：オートマトン（プロセス）P, Q の合成.
- $P \|\| Q$：プロセス P, Q のインターリービング.
- ${}^\bullet X, X^\bullet$：P/T ネットにおける，プレース（トランジション）の集合 X の前集合，後集合.
- $EN_G(x)$：オートマトン G において，状態 x で発生可能な事象の集合.
- $EN(m)$：P/T ネットにおいて，マーキング m で発火可能なトランジションの集合.
- $3\grave{}a + 2\grave{}b$：多重集合の表現.
- $\langle M, x \rangle \models f$：クリプケ構造 M の状態 x において，状態式 f が真.

第 I 部

システムのモデル化

第1章 システムの概念

本章では，まずシステムの概念，およびその分類について具体例を用いて説明し，つぎに本書が対象とするシステムの範囲を明らかにする．さらに，本書で扱う具体的内容を示す．

1.1 システムとそのモデル化

「**システム** (system)」という単語は情報工学，物理学，社会科学，生物学など，さまざまな領域において広範に使用されているが，本書ではシステムをつぎのようなものとして扱う．このような見方は，多くの学術用語辞典でも採用される一般的なものである．

- システムは複数の構成要素からできている．
- システムの構成要素は他の構成要素と相互作用を行い，あるいは，単独で動作する．
- システムは機能（ファンクション）をもち，その機能は個々の構成要素単独では得ることができない．

「システム」は，情報システムのように人工物として設計されるものもあれば，生物システムのようにはじめから自然界に存在しているものもある．システムという実体が存在するというよりは，対象を構成要素＋相互作用＋機能発現という視点で見た結果がシステムである．

システムのモデル化とは，つぎの3項目についての「見方」を与えることである．

- どのような要素から構成されているか．
- どのような相互作用が存在しているか．
- どのような機能をもっているか．

構成要素をどのような粒度（グラニュラリティ）でモデル化するかは，システムの機

能として何を対象とするのかに依存する．したがって，モデル化の際には，さらに以下についても考慮する必要がある．

- システムの機能を説明するための十分な粒度をもっているか．

ただし，モデル化の際の過分な粒度はシステムの理解を妨げるだけでなく，解析の手間を増加させる．

形式的モデル化 (formal modeling) とは，これらの「見方」を，あいまいさをできる限り排除した形で記述することである．形式的モデル化では，モデルを具体的に記述する構文（シンタックス）と，それがもつ意味（セマンティクス）を明確に区別する．シンタックスは，モデルに使われる記号や図形要素が，どのように組み合わされてモデルを構成するのかを定める．セマンティクスは，集合や関数などの数学的道具を用いて，モデルから具体的な対象（オブジェクト）への対応関係を与えることで，モデルが何を表しているかを定める．

システムの設計を形式的にモデル化することにより，設計者が意図した機能をシステムがもつかどうかをモデル上で検証することが可能である．さらに，あいまいさを排除することにより，人手の介在しない，コンピュータによる処理が可能になる．

1.2 システムの入力と出力

ある対象をシステムとして捉えたとき，通常，そのシステムには外部から直接操作可能な量，あるいは，直接計測可能な量が存在する．もしこのような量が存在しなければ，システムは外部と何のかかわりももたないことになり，システムとして認識する意味がない．それらの量は時間とともに変化する変数，すなわち時間の関数の形で表すことができる．このような変数は，入力変数と出力変数の2種類に分けることができる．

- 何らかの手段で，外部から値を直接操作可能な変数を，システムの**入力変数**という．
- 何らかの手段で，外部から値を直接計測可能な変数を，システムの**出力変数**という．

入力変数，出力変数とも一般的には複数個存在し，各々の値は時間とともに変化するので，入力変数全体は実数ベクトル

$$u(t) = [u_1(t), u_2(t), \cdots, u_m(t)]^T$$

により記述できる．同様に，出力変数全体は実数ベクトル

$$y(t) = [y_1(t), y_2(t), \cdots, y_p(t)]^T$$

により記述できる．これらをシステムの入力，および出力とよぶことにする．システム理論における慣習として，記号 u を入力に，記号 y を出力に用いる．また，本書では，ベクトルは列ベクトルで記述することを基本とするため，転置記号 T を付けている．実数ベクトルとしたのは，もっとも一般的な場合を想定したものであり，システムによっては，各変数の値として整数値のみが許される場合もある．

1.3 静的システムと動的システム

図 1.1 は簡単な**論理回路** (logic circuit) であり，つぎの入出力をもつシステムとして見ることができる．

- 入力：X, Y, Z．
- 出力：$(X \wedge Y) \vee \overline{Z}$．

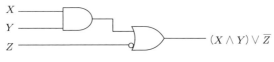

図 1.1 論理回路

この論理回路は，外部から入力 $X, Y, Z \in 0, 1$ を与え，$(X \wedge Y) \vee \overline{Z}$ を外部に出力するシステムである．時刻 t における出力変数の値は時刻 t における入力変数の値のみに依存するので，結局，このシステムはブール関数 $f(X, Y, Z) = (X \wedge Y) \vee \overline{Z}$ を表していることになる．この例のように，時刻 t の出力が時刻 t の入力の関数で表されるようなシステムを，**静的システム** (static system) とよぶ．

出力が入力の関数で表現できないようなシステムも存在する．図 1.2(a) の回路は SR ラッチとよばれる．入力変数は $S, R \in \{0, 1\}$，出力変数は $Q, \overline{Q} \in \{0, 1\}$ である．ここで，S はセット (Set)，R はリセット (Reset) の頭文字である．図 (b) は入力値に対する出力値の変化を時間軸上にプロットしたもので，タイミングチャートとよばれる．図 1.1 の論理回路と異なり，同じ入力値に対して異なる値が出力される場合があるこ

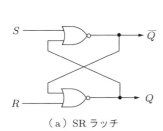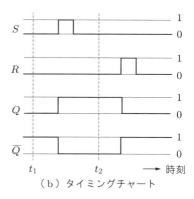

（a）SR ラッチ　　　　　　　　（b）タイミングチャート

図 1.2　順序回路

とに注意されたい．たとえば，時刻 t_1 と時刻 t_2 において入力値はともに $S=R=0$ であるが，出力値は t_1 では $Q=0$，t_2 では $Q=1$ と異なる．

SR ラッチにおける入力値と出力値の関係は，表 1.1 のように与えられる．

表 1.1　SR ラッチの入力値と出力値

S	R	$(Q, \overline{Q})$
0	0	保持
1	0	(1, 0)
0	1	(0, 1)
1	1	不使用

「保持」は，出力値が直前の値から変化しないことを表す．また，$S=R=1$ のときの動作は，回路の実現方法によっては値が不定となり，通常は使用されない．SR ラッチは 1 ビットの記憶装置（メモリ）として用いることができる．$S=1, R=0$ は 1 の書き込み，$S=0, R=1$ は 0 の書き込み，$S=R=0$ はメモリ内容の読み出しに対応する．

「保持」の場合，出力値を決めるためには，そのときの入力値以外に直前の出力値も必要とする．したがって，SR ラッチの出力は入力の関数として表すことができない．このような回路は**順序回路** (sequential circuit) とよばれる．SR ラッチにおいて，$S=R=0$ のときに出力される値はメモリの値そのものであるが，その値は過去にどのような入力が加えられてきたかに依存する．一般に，時刻 t の出力が時刻 t の入力だけではなく，過去の入力の履歴に依存するようなシステムを**動的システム** (dynamical system) とよぶ．

1.4 システムの状態

SR ラッチにおいて，ある時刻 t における Q の値は，最後に加えられた $S = R = 0$ 以外の入力値により決定し，それよりも前の入力値には依存しない．つまり，出力値を決定するためには，必ずしも過去の入力履歴のすべてが必要というわけではない．SR ラッチでは，ある時刻 t_0 における Q の値，および，時刻 t_0 と時刻 $t \geq t_0$ の間に加えられた入力値が与えられれば，時刻 t における出力値を一意に定めることができる．この場合の Q のような，出力値を決定するために入力値以外に必要な情報を**状態** (state) とよぶ．すなわち，時刻 t における入力を $u(t)$，出力を $y(t)$ としたとき，

- 時刻 t_0 におけるシステムの状態とは，時刻 $t \geq t_0$ の出力 $y(t)$ を，時刻 t_0 から時刻 t の間に加えられたすべての入力 $u(t')$，$t_0 \leq t' \leq t$ から一意に決定するために必要な情報である．

状態は時刻とともに値が変化する変数，すなわち時間の関数の集まりであり，一般には実数ベクトル

$$x(t) = [x_1(t), x_2(t), \ldots, x_n(t)]^T$$

で表すことができる．慣習的に，状態には記号 x を用いる．各 $x_i(t)$ を**状態変数**，$x(t)$ を**状態ベクトル**とよぶ．

例 1.1 一種類の清涼飲料水のボトルを販売する自動販売機がある．入力は利用者の操作であり，出力は自動販売機の動作である．

入力（利用者）:
- コインまたは紙幣を投入する．
- 選択ボタンを押す．
- つり銭レバーを操作する．

出力（自動販売機）:
- 飲料の選択ランプが点灯する．
- 売り切れランプが点灯する．
- つり銭切れランプが点灯する．
- 飲料が出てくる．
- 残金が返却される．

- コインを受け付けない（そのまま排出される）．

自動販売機の動作を考慮すると，つぎの三つの量を状態変数とすることができる．

状態変数：
- 投入された金額（残金の返却額を決めるために必要）．
- 各飲料の在庫数（売り切れの判定に必要）．
- 自動販売機内の各種コインの枚数（つり銭切れの判定に必要）．

状態変数のすべてが外部から観測可能とは限らない．たとえば，投入金額を表示する自動販売機はあるが，在庫数は在庫 0 の場合以外は表示されない．

例 1.2　図 1.3 はコイン駐車場を示したものである．入力は利用者の入庫と出庫，出力はゲートの開閉と「満・空」の表示とする．利用者が入庫するためにゲートの前に来たとき，空きスペースがあれば表示が空であり，ゲートが開く．空きスペースがなければ表示は満であり，ゲートは開かない．利用者が出庫しようとすると，常にゲートが開く．駐車場のどのスペースが空いているかは，過去の入庫・出庫の履歴によって決まるが，ゲートの開閉動作と「満・空」の表示を正しく行うためには，具体的にどの場所が空いているかを知る必要はなく，空きスペースの数だけで決定できる．したがって，「空きスペース数」を状態変数とすることができる．空きスペース数は駐車場内に物理的に存在する量ではなく，空きスペースが何個あるかを表すカウンタの値である．ゲートの制御器は空きスペース数を変数としてもち，初期値が 0，入庫があれば 1 減じ，出庫があれば 1 増やすことで，正しい値を保つことができる[†]．

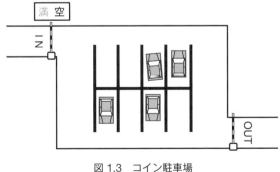

図 1.3　コイン駐車場

[†]　現実的には，1 台で 2 台分のスペースを占拠するような不法駐車の存在にも対応する必要がある．

1.5 状態方程式と状態空間

時刻 t において,その時点の状態 $x(t)$ および入力 $u(t)$ の値が与えられれば,時刻 t の出力 $y(t)$ が一意に決まる.したがって,$y(t)$ は $x(t)$, $u(t)$,および時刻 t の関数として,以下のように書ける.

$$y(t) = g(x(t), u(t), t) \tag{1.1}$$

上式は,$y(t)$ の値が時刻 t そのものにも依存してもよいことを意味する.この式を**出力方程式** (output equation) とよぶ.また,$y(t)$ は時刻 $t_0 \leq t$,そのときの状態 $x(t_0)$,および t_0 から t までの入力 $u(t')$ ($t_0 \leq t' \leq t$) が与えられれば一意に決まることから,

$$y(t) = h(x(t_0), u_{[t_0, t]}, t_0) \tag{1.2}$$

と書ける.ここで,$u_{[t_0,t]}$ は時間区間 $[t_0, t]$ における入力値を与える関数を表している.

式 (1.1), (1.2) より,$x(t)$ は $x(t_0)$, $u_{[t_0,t]}$, t_0, t の関数であり,

$$x(t) = \delta(x(t_0), u_{[t_0, t]}, t_0, t) \tag{1.3}$$

と書けることがわかる.関数 δ を**遷移関数** (transition function)[†] とよぶ.システム理論では,式 (1.3) の $x(t)$ の値が,つぎの微分方程式の一意解として得られる場合がよく扱われる.

$$\frac{d}{dt}x(t) = f(x(t), u(t), t), \quad x(t_0) = x_0 \tag{1.4}$$

この方程式を**状態方程式** (state equation) という.なお,$\frac{d}{dt}x(t)$ は慣習的に $\dot{x}(t)$ と記述するので,本書でも以後この記法を採用する.状態方程式に従ってシステムの状態が変化していく過程を,システムの**ダイナミクス** (dynamics) という.また,状態がとりうる値全体の集合を,**状態空間** (state space) という.

物理系をデジタル計算機により制御する場合,システムに含まれる変数の値を一定間隔でサンプリングし,それに応じて入力を計算してシステムに印加することになる.このようなシステムでは,状態方程式はつぎのような差分方程式の形で記述される.

$$x((k+1)T) = f(x(kT), u(kT), kT), \quad x(0) = x_0 \tag{1.5}$$

ここで,T はサンプリングの間隔である.式 (1.5) は,$k \in \mathbb{Z}$ を離散時刻とみなし,

[†] **状態遷移関数** (state transition function) とよぶこともある.

$$x(k+1) = f(x(k), u(k), k), \quad x(0) = x_0 \tag{1.6}$$

と書くこともできる．ダイナミクスが式 (1.4) で表されるようなシステムを**連続時間システム** (continuous-time system)，式 (1.6) で表されるようなシステムを**離散時間システム** (discrete-time system) とよぶ．

もし，状態方程式および出力方程式の関数 f, g が状態および入力の値にのみ依存し，時刻 t そのものには依存しないならば，関数の引数から t を除くことができる．このようなシステムを**時不変** (time-invariant) であるといい，時不変でないシステムは**時変** (time-variant) であるという．

1.6 連続状態・離散状態・ハイブリッド状態

式 (1.4) では，状態変数は微分可能であり，連続値をもつ変数（連続変数）でなければならない．ところが，SR ラッチ，自動販売機，コイン駐車場における状態は，バイナリ値（0 または 1）や自然数など，離散的な値をもつ離散変数である．さらに，同じシステム内に連続変数と離散変数が混在することもある．

例 1.3 図 1.4 は，日本庭園に置かれる「ししおどし」である．流れる水を動力として，ほぼ一定間隔で音を発生させる．竹筒に溜まった水量がしきい値を超えると，重みで竹筒が倒れて水がすべて排出され，軽くなった竹筒が元の位置に戻るときに石に当たり，音を発生させる．

入力を竹筒に入れる水量 $u(t)$，出力を発生する音量 $y(t)$ とすると，竹筒に溜まっている水量 $x_c(t)$ は時刻 t における状態変数とすることができる．ここで，$x_c(t)$ は連続変数である．さらに，竹筒が上向きのときのみ水が溜まるので，上向きか下向きかも状態とする必要がある．これは，上向きのとき 0，下向きのとき 1 の値をとる 2 値変数 $x_d(t)$ で表すことができる．以上より，状態は $x(t) = [x_c(t), x_d(t)]^T$

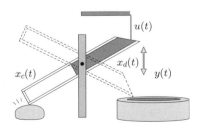

図 1.4　ししおどし

となる.

　出力 $y(t)$ についても，近似的には時刻 t に音が鳴ったとき 1，それ以外のときは 0 の 2 値変数で表現することができる．したがって，このシステムは連続値の入力を離散値の出力に変換するシステムとして見ることができる．

　すべての状態変数が連続値をとるようなシステムを**連続状態システム** (continuous-state system)，すべての状態変数が離散値をとるようなシステムを**離散状態システム** (discrete-state system) とよぶ．さらに，例 1.3 の「ししおどし」のように，連続状態と離散状態が一つのシステムに混在する場合，そのシステムを**ハイブリッドシステム** (hybrid system) という．ハイブリッドシステムの状態を**ハイブリッド状態**とよぶ．物理系をコンピュータで制御する場合，全体を一つのシステムとして記述したいときにハイブリッドシステム表現は有用である．以下で述べるような車載システムは，その典型例である．

例 1.4　図 1.5 はアダプティブ・クルーズコントロールにおけるモード遷移を図示したものである．r は車間距離，r^* は基準距離，v は車速，v^* は設定速度，Δ は定数である．先行車が離れているなど車間距離が $r^* + \Delta$ 以上のときは設定速度を保つ CC (cruise control) モードに遷移し，また，車間距離が $r^* - \Delta$ 以下になったら ACC (adaptive cruise control) モードに遷移する．さらに，各モードの中では自動変速の制御が行われる．変速動作も離散状態の変化である．各ギアに対するふるまいは連続系の状態方程式で記述される．ここで g_i, f_i は，それぞれ CC モード，ACC モードにおいて，i 段目のギアを使用しているときの状態方程式を定義する関数である．モード変化および変速動作は車速，加速度，車間距離が決められた条件を満たすことにより引き起こされる．

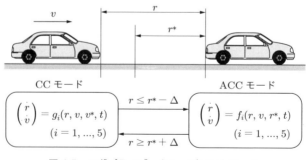

図 1.5　アダプティブ・クルーズコントロール

1.7 時間駆動と事象駆動

コンピュータを一つのシステムとして見たとき，メモリやレジスタ上に格納された値を状態として見ることができる．これらが変化するタイミングには，つぎの二つの場合がある．

- システムのクロックに同期した処理．
- 割り込み処理．

前者は時間の変化とともに自律的に状態が変化するのに対し，後者はあらかじめ予測できない何らかの要因で割り込みが発生したときに，状態が変化する．微分方程式 (1.4) や差分方程式 (1.5) に従って状態が変化するシステムは前者に相当し，このような状態変化は**時間駆動** (time-driven) であるという．一方，後者において状態を変化させる要因となったものを**事象** (event) といい，事象の発生により状態が変化するシステムは**事象駆動** (event-driven) であるという（図 1.6）．コンピュータは時間駆動と事象駆動が混在するシステムである．

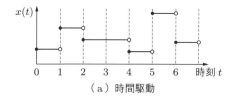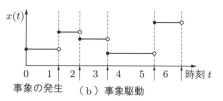

図 1.6　時間駆動と事象駆動

事象とよべるのは，たとえば以下のような出来事である．

- ボタンが押される，スイッチが入る（何らかのアクションが起こった）．
- 室温が設定値を超え，それをセンサが感知した（条件が満たされた）．
- システムに障害が発生してダウンした，停電が起こった（予測不能な突発的な出来事）．

事象は瞬間的に発生する．また，いつ起こるかはシステム外部の要因が影響するため，あらかじめ正確に予測することはできない．ただし，将来，特定の事象が起こりうるか（可能性），および，どのぐらいの確からしさで起こるか（蓋然性）については，知ることができる場合がある．

離散状態システムでは，ある瞬間に状態の値が変化する．状態が変化するタイミン

グがシステムクロックに同期している場合は時間駆動，事象の発生により任意の時刻に状態の変化が起こりうる場合は事象駆動である．事象駆動の離散状態システムを**離散事象システム** (discrete event system) とよぶ．コンピュータソフトウェア・ハードウェア，通信システム，交通システム，生産システムなど，多くの実システムは離散事象システムとして扱うことができる．

いま，$x(0)$ を初期状態，$x(k)$ を k 番目の事象 e_k が発生した直後の状態とすると，離散事象システムの状態方程式はつぎの形で表現できる．

$$x(k) = f(x(k-1), e_k, k), \quad x(0) = x_0 \tag{1.7}$$

上式において，各離散時刻 $0, 1, \ldots, k, \ldots$ に対して状態の値が定義される．離散時刻 k は，差分方程式で与えられる状態方程式 (1.5) の時刻 kT とは本質的に異なる．式 (1.5) における時刻は連続時間で与えられ，値が変化するタイミングが kT に限られるのに対し，式 (1.7) の時刻 k に対応する実時間は事象が発生するまでわからない．事象発生時にどのような状態に遷移するかは，発生した事象 e_k に依存する．

事象駆動システムには，事象発生の順序だけに着目した**時間なしモデル** (untimed model) と，事象発生までの遅延時間や動作の継続時間など時間を陽にモデル化した**時間モデル** (timed model) がある．

1.8 決定性・非決定性・確率システム

状態や出力の値が，状態方程式と出力方程式により一意に定められるようなシステムを，**決定性システム** (deterministic system) とよぶ．これに対し，システムに未知の入力やパラメータなどが存在し，状態や出力の値が一意に決められない場合がある．これはモデル化の不十分さ，ノイズや外乱の存在，システムの一部が隠蔽されていることが主な理由である．各時刻におけるシステムの状態や出力が一意に決まらず，集合の形でしか与えられないシステムを**非決定性システム** (nondeterministic system) とよぶ．これに対し，システムの不確かさを確率分布の形で扱うのが，**確率システム** (stochastic systems) である．確率システムでは，各時刻の状態や出力は確率分布の形で扱われる．

1.9 本書の内容

本書が対象とするのは，離散事象システム（決定性・非決定性・確率的），および，ハイブリッドシステム（決定性・非決定性・確率的）である．

システムのモデル化とは，状態方程式 (1.4), (1.5), (1.7) および出力方程式の具体的な表現を与えることにほかならない．状態集合は無限集合のこともあるので，式 (1.3) の状態遷移関数 δ や出力関数 y を有限の記述で表現したものがシステムのモデルである．モデルの記述には，数式のほかに図的な表現を用いることもある．

システムのモデル化によりシステムのもつさまざまな性質を知ることができるが，本書ではとくに以下の内容を扱う．

1. **基本的解析問題**：可到達性，活性，公平性，不変量の存在など，システムのふるまいに関する基本的かつ普遍的な性質の解析方法．
2. **一般的性質の検証**：システムが満たすべき任意の性質を論理式で記述し，それがモデル上で満たされているかを検証するための方法．そのために，ラベル付き遷移システムという統一的な枠組みを用いる．
3. **時間・確率に関する解析**：状態遷移に時間が伴うシステム，状態遷移が確率的に発生するシステムの解析方法．
4. **解析の効率化のための工夫**：離散状態をもつシステムにおいて，状態数がモデルのサイズに対し指数関数的に増加する「状態空間爆発」の問題に対処するための工夫．
5. **制御**：システムに望ましいふるまいをさせるための入力を決定する方法．

演習問題

1.1 以下のシステムを状態方程式で表せ．
 (1) SR ラッチ
 (2) 清涼飲料水の自動販売機（例 1.1）
 (3) コイン駐車場（例 1.2）

1.2 以下のシステムにおいて，状態変数として何が選択できるか．また，どのような事象の発生があるか．
 (1) 自動ドア
 (2) エレベーター制御システム
 (3) 浴槽の自動お湯はりシステム

第2章 オートマトンと形式言語

　離散事象システムのふるまいは，どのような事象がどのような順序で発生したかを示した事象列の形で表現できる．各事象を一つの記号で表すと，システムのふるまい全体は記号列の集合として表現できる．記号列の集合を扱う研究分野として，オートマトンと形式言語の理論がある．オートマトンは記号列の集合を定義するための形式化の方法の一つであり，各状態とそこから発生可能な事象および遷移先を表現する．また，オートマトンを図示したものを状態遷移図というが，状態と事象発生に伴う遷移先をグラフとして図示するのは自然な考え方である．

2.1 語と言語

　日本語や英語などの自然言語とは異なり，数学的に厳密に定められた規則に従って生成される文字列の集合を**形式言語** (formal language) という．まず，形式言語の定義を示す．

- 記号 (symbol) の有限集合をアルファベット (alphabet) といい，Σ で表す．
- アルファベット Σ に含まれる記号を，重複を許して有限個並べたものを，Σ 上の**語** (word) という．たとえば，アルファベット $\Sigma = \{a, b, c\}$ に対し，ab や $aabbbc$ は Σ 上の語である．語の代わりに**列** (sequence)，**文字列** (string) という用語を使うこともある．
- 語 s に含まれる記号の数をその語の長さといい，$|s|$ で表す．たとえば，語 $s = aabbbc$ の長さは 6，すなわち $|s| = 6$ である．
- 長さ 0 の語を**空語**といい，記号 ε で表す．$|\varepsilon| = 0$ である．ε は語であって記号ではないことに注意されたい．
- アルファベット Σ 上の**言語**とは，Σ 上の語の集合である．言語は有限集合であっても無限集合であってもかまわない．空語 ε を含む Σ 上のすべての語からなる集合を Σ^* で表す．Σ 上の任意の言語は Σ^* の部分集合である．

つぎに，語および言語に関するいくつかの定義を示す．これらは，本章で扱う内容を説明するための，必要最小限の定義である．

- s_1, s_2 を語としたとき，それらをつなげた語を $s_1 s_2$ で表し，s_1, s_2 の**連接** (concatenation) とよぶ．たとえば，$s_1 = ab$, $s_2 = cba$ のとき，$s_1 s_2 = abcba$ である．
- 語 s が三つの語の連接の形で $s = uvw$ と書けるとき，u, v, w をそれぞれ s の**接頭語** (prefix), **部分語** (subword), **接尾語** (suffix) という．u, v, w は空語であってもよい．
- 語 s の接頭語全体の集合を $pref(s)$ で表す．たとえば，$pref(abc) = \{\varepsilon, a, ab, abc\}$ である．また，言語 L について，L に含まれる語の接頭語全体の集合を $pref(L)$ で表す．すなわち，$pref(L) = \bigcup_{s \in L} pref(s)$ である．言語 L が $pref(L) = L$ を満たすとき，**接頭語について閉じている** (prefix-closed) という．
- Σ 上の二つの言語 L_1, L_2 の連接 $L_1 L_2$ を，$L_1 L_2 = \{s_1 s_2 \in \Sigma | s_1 \in L_1, s_2 \in L_2\}$ により定義する．
- L を言語としたとき，$L^0 = \{\varepsilon\}$, $L^2 = LL$, $L^i = L^{i-1}L$ $(i \geq 1)$ とする．このとき，無限和 $L^* := \bigcup_{i \geq 0} L^i$ を L の**閉包** (closure) という．L^* は L の語を重複を許して任意個取り出し，それらをつなげた語全体の集合である．

2.2 決定性オートマトンと状態遷移図

言語 L が無限集合ならば，それを取り扱うためには有限の記述で L を定義する必要がある．たとえば，一つのスイッチで ON/OFF を切り替えるランプがある状況を考えよう．ランプのスイッチを OFF から ON にする事象を記号 1 で，ON から OFF にする事象を記号 0 で表すと，発生しうる事象列の集合は「言葉」を用いてつぎのように表すことができる．ただし，最初と最後はランプは OFF であるとする．

$$L = \{s \in \{0,1\}^* \mid s \text{ は } 1 \text{ から始まり，} 0 \text{ と } 1 \text{ が交互に出現し，}$$
$$\text{最後は } 0 \text{ で終わる語．}\}$$

このとき，アルファベット $\Sigma = \{0, 1\}$ 上の語 s を入力とし，$s \in L$ のとき "yes" を，$s \notin L$ のとき "no" を出力する機械を考える．この機械は，最初の記号が 1，最後の記号が 0 であることを確認することに加えて，直前に入力された記号を記憶しておけば，入力された語が L に属するかどうかを判定できる．すなわち，入力した語に 1 箇所でも "00" や "11" が出現すれば，その語は L に属さない．

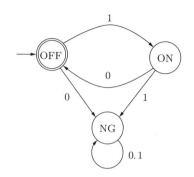

図 2.1 ランプの ON/OFF を表すオートマトン

このランプの動作は，図 2.1 のような，**オートマトン** (automaton) とよばれるモデルで記述できる．

- 丸（○および◎）はシステムの一つの状態を表す．始点のない矢印の行先で示された状態を初期状態という．また，2 重丸で示された状態を最終状態という．図では OFF, ON, NG の三つの状態があり，状態 OFF は初期状態，かつ最終状態である．
- 各状態から出ていく矢印は，矢印に付随する記号が入力されたときの遷移先を示している．図では状態 OFF において，記号 1 による遷移先が状態 ON である．
- 入力記号をすべて読み込み終わったとき，2 重丸の状態（最終状態）にいれば "yes" を出力し，一重丸の状態にいれば "no" を出力する．

たとえば，入力 $s_1 = 1010$ に対しては，状態は OFF（初期状態）→ ON → OFF → ON → OFF（最終状態）と遷移し，"yes" が出力される．また，入力 $s_2 = 1011$ に対しては，状態は OFF → ON → OFF → ON → NG と遷移し，"no" が出力される．$s_3 = 101$ に対しては，状態は OFF → ON → OFF → ON と遷移し ON で終わるので，"no" が出力される．一度でも "00" または "11" が入力されれば状態 NG に遷移し，以後はどんな入力が入ってきても，その状態に留まる．状態 NG から最終状態に遷移させる記号列は存在しないので，途中で状態 NG に遷移させるどのような記号列に対しても，"yes" が出力されることはない．

数学の用語を用いてオートマトンを定義すると，以下のようになる．

定義 2.1 決定性オートマトン

決定性オートマトン (deterministic automaton) とは，5 項組 $DA = (X, \Sigma, \delta, x_0, X_F)$ である．ここで，

1. X は状態の集合,
2. Σ はアルファベット,
3. $\delta : X \times \Sigma \to X$ は遷移関数,
4. $x_0 \in X$ は初期状態,
5. $X_F \subseteq X$ は最終状態の集合.

決定性オートマトンでは,現在の状態および発生した事象により遷移先が一つに決まるので,決定性のふるまいを表現することになる.

図 2.1 は以下の決定性オートマトンを図示したものであり,**状態遷移図** (state transition diagram) とよばれる.

1. $X = \{\mathrm{OFF}, \mathrm{ON}, \mathrm{NG}\}$,
2. $\Sigma = \{0, 1\}$,
3. $\delta(\mathrm{OFF}, 0) = \mathrm{NG}$, $\delta(\mathrm{OFF}, 1) = \mathrm{ON}$, $\delta(\mathrm{ON}, 0) = \mathrm{OFF}$, $\delta(\mathrm{ON}, 1) = \mathrm{NG}$, $\delta(\mathrm{NG}, 0) = \mathrm{NG}$, $\delta(\mathrm{NG}, 1) = \mathrm{NG}$,
4. $x_0 = \mathrm{OFF}$,
5. $X_F = \{\mathrm{OFF}\}$.

2.3　離散事象システムのモデル化に用いられるオートマトン

前節のランプの動作において,各事象列は 1 から始まり,かつ途中に "00" または "11" が出現しない限り,発生可能な事象列である.ところが図 2.1 が表すオートマトンは,発生可能で,かつ最後の状態が OFF であるような語を,それ以外の語と区別することしかできない.

離散事象システムにおいて,各事象列は,(i) システムで発生可能な事象列,および,(ii) システムで発生不能な事象列,に分類できる.さらにタスクの完了などに対応する事象列を考えるときには,(i) の事象列の中で,(iii) 特定の状態(タスクの完了状態)に至る事象列,を区別して考えることになる.定義 2.1 のオートマトンでは,(iii) の事象列は最終状態により指定できるが,(i) と (ii) を区別することはできない.

発生可能な事象列と発生不能な事象列を区別するために,遷移関数を部分関数(未定義を許す関数)として定義する方法がある.図 2.2 は,つぎのような部分関数で定義された遷移関数をもつオートマトンを図示したものである.

$\delta(\mathrm{OFF}, 0) = $ 未定義, $\delta(\mathrm{OFF}, 1) = \mathrm{ON}$, $\delta(\mathrm{ON}, 0) = \mathrm{OFF}$, $\delta(\mathrm{ON}, 1) = $ 未定義

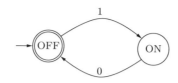

図 2.2　ランプの ON/OFF を表すオートマトン（部分関数版）

未定義の遷移は，対応する事象が発生不能であることを表す．

以後，オートマトンを離散事象システムのモデル化に用いる場合は，遷移関数を部分関数で与えたものを用いる．また，アルファベットを事象の集合に対応させ，語（文字列）を**事象列** (event sequence) とよぶ．

遷移関数は，つぎの再帰的な定義を用いて，現在の状態 $x \in X$ と語 $s \in \Sigma^*$ に対し，遷移先の状態 $x' \in X$ を定める関数 $\hat{\delta}: X \times \Sigma^* \to X$ に拡張できる．

1. 任意の $x \in X$ および空語 ε に対し，$\hat{\delta}(x, \varepsilon) = x$．
2. 任意の $s \in \Sigma^*, \sigma \in \Sigma, x \in X$ に対し，$\hat{\delta}(x, s\sigma) = \delta(\hat{\delta}(x, s), \sigma)$．

1, 2 より，任意の $\sigma \in \Sigma, x \in X$ に対して $\hat{\delta}(x, \sigma) = \delta(x, \sigma)$ が導ける．たとえば，$\hat{\delta}(\text{OFF}, 101)$ の値は，この定義を用いることにより

$$\hat{\delta}(\text{OFF}, 101)$$
$$= \delta(\hat{\delta}(\text{OFF}, 10), 1)$$
$$= \delta(\delta(\hat{\delta}(\text{OFF}, 1), 0), 1)$$
$$= \delta(\delta(\delta(\hat{\delta}(\text{OFF}, \varepsilon), 1), 0), 1)$$
$$= \delta(\delta(\delta(\text{OFF}, 1), 0), 1)$$
$$= \delta(\delta(\text{ON}, 0), 1)$$
$$= \delta(\text{OFF}, 1)$$
$$= \text{ON}$$

と定められる．$\sigma \in \Sigma$ に関しては $\hat{\delta}$ と δ の値は一致するので，以後，$\hat{\delta}$ を単に δ と表記する．さらに，本書では，状態 x と記号列 s に対し，部分関数の遷移関数 δ が定義されていることを $\delta(x, s)!$ で表す[†]．すなわち，$\delta(x, s)! \Leftrightarrow \exists x' \in X : \delta(x, s) = x'$ である．

部分関数の遷移関数をもつ決定性オートマトン DA により，つぎの二つの言語が定義される．

---

† この記法は必ずしも一般的なものではない．

- DA により生成される言語
$$L(DA) := \{s \in \Sigma^* \mid \delta(x_0, s)!\} \tag{2.1}$$

- DA により受理される言語
$$L_F(DA) := \{s \in \Sigma^* \mid \delta(x_0, s) \in X_F\} \tag{2.2}$$

$L(DA)$ は接頭語について閉じており，初期状態から任意の時点までに発生した事象列全体の集合に対応する．$L_F(DA)$ は特定の状態（たとえばタスクの完了に対応する状態）に至る事象列全体の集合に対応する．なお，$L(DA)$ はオートマトン DA の全状態を最終状態にしたとき，すなわち $X_F = X$ にしたときに受理される言語である．以後，本書では，遷移関数が部分関数で定義されているオートマトンのみを扱う．

2.4 非決定性オートマトン

非決定性の動作を表現できるオートマトンとして，以下で定義される非決定性オートマトンがある．

定義 2.2 非決定性オートマトン

非決定性オートマトン (nondeterministic automaton) とは，5 項組 $NDA = (X, \Sigma \cup \{\varepsilon\}, \delta, X_0, X_F)$ である．ここで，

1. X は状態の集合，
2. Σ はアルファベット，
3. $\delta : X \times \Sigma \cup \{\varepsilon\} \to 2^X$ は遷移関数，
4. $X_0 \subseteq X$ は初期状態の集合，
5. $X_F \subseteq X$ は最終状態の集合．

非決定性オートマトンでは，一つの記号の入力に対して複数の遷移先を割り当てることができる．初期状態も集合で与えることができ，さらに，空語 ε の入力に対して遷移先を定義することにより，入力がなくても状態遷移が起こりうる（これを ε-遷移とよぶ）．

例 2.1 旅行代理店に切符を購入する二つの窓口がある．一つは鉄道の切符を販売する窓口（窓口 1）であり，もう一つはバスの切符を販売する窓口（窓口

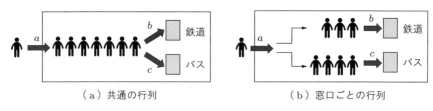

図 2.3　切符の購入窓口と待ち行列

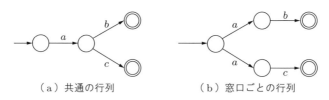

図 2.4　切符の購入窓口のオートマトン表現

2）である．図 2.3 に，(a) 共通の待ち行列がある場合，(b) 窓口ごとに待ち行列ができる場合，の 2 通りの状況を示した．事象としては，a（店に入り行列に並ぶ），b（窓口 1 で切符を買う），c（窓口 2 で切符を買う）の三つを考える．

共通の行列がある場合は，列に並んだ後，事象 b, c のどちらも選択可能であり，そのふるまいは図 2.4(a) の決定性オートマトンでモデル化できる．これに対し，窓口ごとの行列の場合は，どちらの行列に並んだかによりその後の選択肢が変わり，そのふるまいは図 (b) の非決定性オートマトンで表現できる．

非決定性オートマトンの状態 $x \in X$ から，ε-遷移のみにより到達できる状態集合に x 自身を加えたものを ε-閉包とよび，$Cl_\varepsilon(x)$ で表す．さらに，状態の部分集合 $X' \subseteq X$ について，$Cl_\varepsilon(X') = \bigcup_{x \in X'} Cl_\varepsilon(x)$ とする．この記法を用いて，非決定性オートマトンについても，つぎのように遷移関数 δ を $\hat{\delta} : X \times \Sigma^* \to X$ に拡張できる．

1. 任意の $x \in X$ および空語 ε に対し，$\hat{\delta}(x, \varepsilon) = Cl_\varepsilon(x)$．
2. 任意の $s \in \Sigma^*$, $\sigma \in \Sigma$, $x \in X$ に対し，$\hat{\delta}(x, s\sigma) = \bigcup_{x' \in \hat{\delta}(x, s)} Cl_\varepsilon(\delta(x', \sigma))$．

決定性オートマトンのときと同様に，$\hat{\delta}$ を単に δ と表記する．

非決定性オートマトン NDA により生成される言語 $L(NDA)$ および受理される言語 $L_F(NDA)$ は，つぎのように定義される．

$$L(NDA) := \{s \in \Sigma^* \mid \delta(x_0, s) \neq \emptyset\} \tag{2.3}$$

$$L_F(NDA) := \{s \in \Sigma^* \mid \delta(x_0, s) \cap X_F \neq \emptyset\} \tag{2.4}$$

2.5 有限オートマトンと正則表現

状態の集合が有限集合であるようなオートマトンを**有限オートマトン**という．有限オートマトンにより受理される言語を式の形で表現する手段として，以下で定義される**正則表現** (regular expression)[†]がある．

定義 2.3　正則表現

1. $\emptyset$ および ε は正則表現であり，それぞれ空集合，言語 $\{\varepsilon\}$ を表す．
2. 任意の $\sigma \in \Sigma$ に対し σ は正則表現であり，言語 $\{\sigma\}$ を表す．
3. r と s をそれぞれ言語 R, S を表す正則表現としたとき，$rs, r+s, r^*$ は正則表現であり，それぞれ言語 $RS, R \cup S, R^*$ を表す．
4. 規則 1～3 を有限回適用してできるもの以外は正則表現ではない．

例 2.2　図 2.5 の決定性有限オートマトンにより受理される言語は，つぎの正則表現で表される．

$$(ac^*(b + ac^*a))^*$$

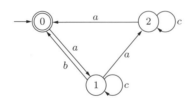

図 2.5　有限オートマトン

この正則表現は，つぎのような事象の発生過程として理解することができる．まず，a の発生により状態 1 に遷移して c を任意回発生させる．つぎに b の発生で状態 0 に戻るか，または，a の発生により状態 2 に遷移して c を任意回発生した後に，a の発生により状態 0 に戻る．この過程を任意回実行させるような事象列の集合が受理される言語である．

以下は，有限オートマトンに関してよく知られた結果である．詳細については，専門書（たとえば [1] など）を参照されたい．

[†] 正規表現とよぶこともある．

- 任意の決定性有限オートマトンに対し，それにより受理される言語を表現する正則表現を構成できる．
- 任意の正則表現に対し，それが表す言語を受理する非決定性有限オートマトンを構成できる．
- 任意の非決定性有限オートマトンから，同じ言語を受理する決定性有限オートマトンを構成できる．
- 与えられた決定性有限オートマトンと同じ言語を受理する決定性有限オートマトンで，状態数最小のものを構成するアルゴリズムが存在する．さらに，同じ正則言語を受理する状態数最小の決定性有限オートマトンは，状態の名前の付け替えを除いて，ただ一つ存在する．

決定性有限オートマトンにより定義できる言語の集合（言語のクラスとよぶ）を**正則言語** (regular language) とよぶ．決定性有限オートマトン，非決定性有限オートマトン，および正則表現により定義できる言語のクラスは等しく，それは正則言語である．決定性有限オートマトン，非決定性有限オートマトン，および正則表現は，一般に無限集合である正則言語を「有限の記述で」定義するための道具として用いられる．

2.6　出力付きオートマトン

オートマトンに出力記号を定める出力関数 λ を加えたオートマトン（出力付きオートマトン）として，**Moore 機械**と **Mealy 機械**がある．両者の違いは出力関数の定義域にある．X を状態の集合，Σ を入力アルファベット，Γ を出力アルファベットとしたとき，出力関数はそれぞれつぎのように定義される．

- **Moore 機械**　$\lambda : X \to \Gamma$（状態にのみ依存して出力記号が決まる）．
- **Mealy 機械**　$\lambda : X \times \Sigma \to \Gamma$（状態と入力記号の組に対して出力記号が決まる．言い換えれば，状態遷移に対して状態が決まる）．

状態遷移図上では，Moore 機械は状態に対して出力記号を描くことで出力関数を表現するが，Mealy 機械では状態遷移を表す矢印上に「入力記号/出力記号」の形で表す（図 2.6）．

出力付きオートマトンは，入力記号列を出力記号列に変換する機械として見ることができる．たとえば，図 (a) の Moore 機械に対しては，表 2.1 のような変換が行われる．初期状態は x_0 で，記号 a が入力されると現在の状態にのみ依存した記号 0 が出力

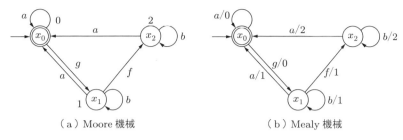

（a）Moore 機械　　　　　（b）Mealy 機械

図 2.6　出力付きオートマトン

表 2.1　Moore 機械の入出力と状態

入力	a	g	f	b	b	a
状態	x_0	x_0	x_1	x_2	x_2	x_2
出力	0	0	1	2	2	2

され，状態は x_0 のまま変化しない．その後記号 g が入力されると記号 0 が出力され，状態は x_1 に遷移する[†]．以後，同様に動作する．

図 (b) の Mealy 機械は，図 (a) の Moore 機械と同じ入出力記号の変換を行う．一般に，Moore 機械の状態数は，同じ入出力変換を行う Mealy 機械の状態数と比較すると，同じか，より多くなる．

2.7　オートマトンの合成

オートマトンの状態はシステムの大域的状態を表現している．大規模なシステムは一般に複数のサブシステムをもち，各サブシステムごとに局所的な状態をもつ．このようなシステムの構造を表現するために，個々のサブシステムごとにオートマトンで記述し，それらを合成することでシステム全体を構成していく方法が用いられる．このような方法として，以下で定義されるオートマトンの積と合成がある．

定義 2.4　オートマトンの積

$DA_i = (X_i, \Sigma_i, \delta_i, x_{0i}, X_{Fi})$, $i = 1, 2$ を二つの決定性オートマトンとする．このとき，決定性オートマトン

$$DA_1 \times DA_2 = (X_1 \times X_2, \Sigma_1 \cap \Sigma_2, \delta, (x_{01}, x_{02}), X_{F1} \times X_{F2}) \quad (2.5)$$

[†] 出力のタイミングとしては，状態遷移後に遷移先の状態に依存した記号が出力される，と定義している書籍もある．

を DA_1, DA_2 の積 (product) という．ここで，遷移関数 $\delta((x_1,x_2),\sigma)$ は，$\delta_1(x_1,\sigma)!$ かつ $\delta_2(x_2,\sigma)!$ のときにのみ定義されて，

$$\delta((x_1,x_2),\sigma) = (\delta_1(x_1,\sigma), \delta_2(x_2,\sigma)) \tag{2.6}$$

である．

定義 2.5 オートマトンの合成

$DA_i = (X_i, \Sigma_i, \delta_i, x_{0i}, X_{Fi}), i = 1, 2$ を二つの決定性オートマトンとする．このとき，決定性オートマトン

$$DA_1 \parallel DA_2 = (X_1 \times X_2, \Sigma_1 \cup \Sigma_2, \delta, (x_{01}, x_{02}), X_{F1} \times X_{F2}) \tag{2.7}$$

を DA_1, DA_2 の**合成** (composition) という[†]．ここで，遷移関数 $\delta((x_1,x_2),\sigma)$ は，つぎのように与えられる．

$$\delta((x_1,x_2),\sigma) = \begin{cases} (\delta_1(x_1,\sigma), \delta_2(x_2,\sigma)) & \text{if } \delta_1(x_1,\sigma)! \wedge \delta_2(x_2,\sigma)! \\ (\delta_1(x_1,\sigma), x_2) & \text{if } \delta_1(x_1,\sigma)! \wedge \sigma \notin \Sigma_2 \\ (x_1, \delta_2(x_2,\sigma)) & \text{if } \sigma \notin \Sigma_1 \wedge \delta_2(x_2,\sigma)! \end{cases} \tag{2.8}$$

合成したオートマトン $DA_1 \parallel DA_2$ の各状態は，二つのオートマトン DA_1, DA_2 の状態の組である．二つのオートマトン共通の事象 ($\Sigma_1 \cap \Sigma_2$) に対しては二つのオートマトンが同期して遷移し，各オートマトン固有の事象 ($\Sigma_1 \backslash \Sigma_2$ および $\Sigma_2 \backslash \Sigma_1$) に対しては，それぞれのオートマトンにおいて独立に遷移する．このように，積および合成は，オートマトンの集合上に定義される演算である．

例 2.3 図 2.7 のオートマトン DA_1, DA_2 の積を図 2.8 に，合成を図 2.9 に示す．なお，破線で示した状態は初期状態 (x_0, y_0) から到達できない状態なので，これらの状態を削除しても，生成される言語および受理される言語は変化しない．

[†] 並列合成 (parallel composition) とよぶ場合もある．

2.7 オートマトンの合成

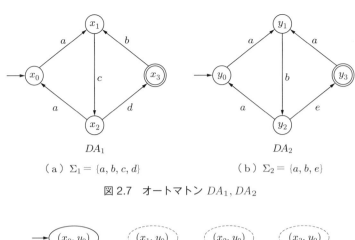

図 2.7 オートマトン DA_1, DA_2

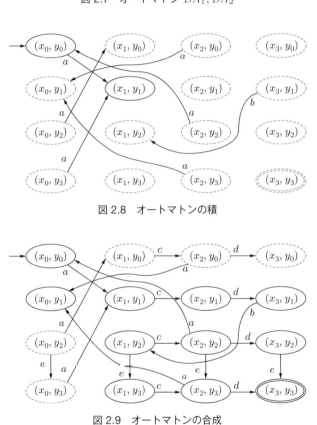

図 2.8 オートマトンの積

図 2.9 オートマトンの合成

例 2.4 [哲学者の食事問題] コンピュータにおいて，共有リソースをもつ複数の動作プロセスが同時進行的に動作するようなプログラムを，**並行プログラム** (concurrent program) という．並行プログラムの実行において，複数のプロセ

スが，互いの処理が終了し，資源が解放されるのを待ち続ける状況を**デッドロック** (deadlock) という．以下で述べる**哲学者の食事問題** (dining philosophers problem) は，このような状況を抽象化した問題である [2,3]．

図 2.10 のように，5 人の哲学者 $P_1, \ldots, P_5$ が円卓に着いている．円卓の中央には食べ物が置いてあり，それを食べるには各人の左右にある 2 本のフォーク（P_1 ならフォーク F_1 と F_2）が必要である．各哲学者は食事をしているか，瞑想にふけっているかのいずれかである．デッドロックが発生するのは，たとえばつぎのような状況である．各哲学者が一斉に右側のフォークを取り上げ，左側のフォークが使用可能になるのを待ち続ける．円卓に置かれたフォークが共有資源であり，タスク（食事）を開始するためには，それらの資源が必要である．

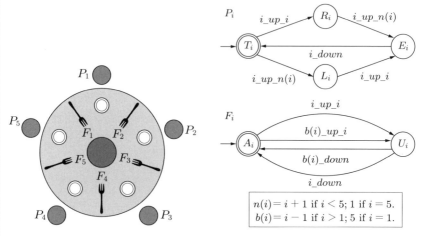

図 2.10　哲学者の食事問題　　図 2.11　哲学者の食事問題のオートマトンモデル

哲学者の食事問題の状況は，つぎのようなオートマトンの合成としてモデル化できる．

$$DP_5 = P_1 \parallel P_2 \parallel P_3 \parallel P_4 \parallel P_5 \parallel F_1 \parallel F_2 \parallel F_3 \parallel F_4 \parallel F_5$$

ここで，各 P_i, F_i は，それぞれ哲学者の状態遷移，フォークの状態遷移を表すオートマトンである（図 2.11）．オートマトン P_i の状態は，T_i (Thinking：瞑想中)，E_i (Eating：食事中)，R_i (右側のフォークのみを取り上げている)，L_i (左側のフォークのみを取り上げている) の四つであり，オートマトン F_i の状態は A_i (Available：利用可能) と U_i (Used：使用中) の二つである．状態遷移は，i_up_j（哲学者 i がフォーク j を取り上げる），および，i_down（哲学者 i が両手

に持ったフォークをテーブルに置く）の2種類である†．円卓になっているため，フォーク5の左隣はフォーク1であり，また哲学者1の右隣は哲学者5である．これを表現するために，関数 $n(i), b(i)$ を用いている．

哲学者の食事問題は，この先，オートマトン以外のモデル化手法においても例題として扱う．それにより，各モデル化手法の類似点と相違点を明らかにする．

2.8 ω-言語とω-オートマトン

WEBサービスによる予約システムなど，多くの情報システムでは，外部からの要求に応答して結果を返すことで，継続的にサービスを提供するものが多い．このようなシステムは，入力データを与えて起動し，それに基づいてデータを加工したり，計算を行い結果を出力して停止するような計算機プログラムとは異なり，明示的な停止というものが存在しない．このようなタイプのシステムを**リアクティブシステム** (reactive system) とよぶ．

停止しないシステムのふるまいを扱うための道具として ω-**言語**がある．通常の言語は，もしそれが無限集合ならば無限個の記号列を含み，かつ，含まれる記号列の長さには上界は存在しない．しかし，個々の記号列の長さは有限である．これに対し，ω-言語は無限長の記号列のみからなる集合として定義される．アルファベット Σ を与えたとき，Σ の記号からなる無限長の記号列（ω-語）全体の集合を Σ^ω により表す．また，$L \subseteq \Sigma^\omega$ を ω-言語という．

ω-言語を受理する機械として ω-オートマトンがある．ω-オートマトンにはいくつかの種類があるが，いずれも $OA = (X, \Sigma, \delta, X_0, AC)$ の形で定義される．ここで，X は状態の有限集合，Σ はアルファベット，$\delta : X \times \Sigma \to 2^X$ は遷移関数，$X_0 \subseteq X$ は初期状態の集合，AC は受理条件であり，以下のものが代表的である．

- **Büchi オートマトン**：AC は状態の部分集合 $X_F \subseteq X$ により与えられる．ω-語 ρ は，X_F の状態を無限回訪れるときに受理される．
- **Muller オートマトン**：AC は状態のべき集合の部分集合 $F \subseteq 2^X$ により与えられる．ω-語 ρ は，無限回訪れる状態が F のある要素に一致するときに受理される．

Büchi オートマトンは Muller オートマトンの特別な場合になっている．また，有限

---

† オートマトンの定義では，これらの文字列と1対1に対応する記号を割り当てることになる．

オートマトンと同様に，遷移関数が $\delta : X \times \Sigma \to X$ で定義されるとき決定性，そうでないとき非決定性という．

正則表現 A が無限に繰り返されることを A^ω で表すことにする．図 2.12 はアルファベット $\{0,1\}$ 上の ω-言語で，0 の出現回数が有限回であるような ω-言語，すなわち $(0+1)^*1^\omega$，を受理する非決定性の Büchi オートマトンである．非決定性の Büchi オートマトンにより受理される言語を ω-正則言語という．

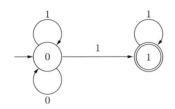

図 2.12 非決定性の Büchi オートマトン

2.5 節で述べたように，有限オートマトンにおいては，決定性オートマトンと非決定性オートマトンで受理能力に差はなかったが，Büchi オートマトンでは，非決定性のオートマトンが受理する言語のクラスは決定性のものよりも真に大きい．実際，図 2.12 と同じ ω-言語を受理する決定性の Büchi オートマトンは存在しない．

2.9 ツール

状態遷移図を用いたシステムの記述はもっとも自然なものであり，多くのツールに採用されている．オートマトンを用いてシステムをモデル化するためのツールとして，たとえば以下のものが利用できる．

- LTSA (Labelled Transition System Analyser)
  https://www.doc.ic.ac.uk/ltsa/

ツール上で，オートマトンの合成も行うことができる．

演習問題

2.1 例 1.2 のコイン駐車場をオートマトンでモデル化せよ．
2.2 部分関数で定義された決定性オートマトンを，全域関数で定義された決定性オートマトンに変換する方法を述べよ．

2.3 部分関数で定義されたオートマトンにおいて，つぎのような状態は特別な意味をもつ．それぞれどのような状況に対応するかを説明せよ．
   (1) すべての事象の発生が定義されない状態．
   (2) その状態から無限長の事象列が発生可能であるが，最終状態に遷移させる事象列は存在しない状態．
2.4 有限状態で，かつ，停止しないシステムをモデル化したオートマトンは，その状態遷移図が有向グラフとしての閉路をもつことを示せ．
2.5 例 2.4 の哲学者の食事問題において，哲学者が 2 人の場合の DP_2 の状態遷移図を描き，2 人の哲学者が互いに相手の持つフォークが空くのを待ち続ける状況が発生しうることを確認せよ．
2.6 DA_1, DA_2 を決定性オートマトンとしたとき，以下が成り立つことを示せ．
   (1) $L(DA_1 \times DA_2) = L(DA_1) \cap L(DA_2)$
   (2) $L_F(DA_1 \times DA_2) = L_F(DA_1) \cap L_F(DA_2)$
2.7 DA_1, DA_2 を決定性オートマトンとしたとき，$L(DA_1 \parallel DA_2)$ と $L(DA_i)$ ($i = 1, 2$), $L(DA_1 \times DA_2)$ はどのような関係にあるか．
2.8 同じ言語を表す，複数の異なる正則表現が存在する例を示せ．

第3章 ペトリネット

オートマトンの合成により，サブシステムのローカルな状態，およびサブシステム間の動作の同期を表現することができる．オートマトンの合成と同様に，システム内に同時進行的に発生する事象を表現することができるモデル化の手法として，**ペトリネット** (Petri net[†]) がある [4]．ペトリネットの特徴として，システム内に存在する資源（リソース）の数を明示的に表現できることが挙げられる．資源数の変更を，モデルの構造を変えることなく表現できる．オートマトンの合成でモデル化可能なシステムは，すべてペトリネットでモデル化することができる．この意味で，ペトリネットはオートマトンの合成の一般化になっている．さらに，ペトリネットをグラフィカルなプログラミング言語に拡張したモデルもあり，モデル化と解析を行うためのソフトウェアも整備されている．

ペトリネットのオリジナルのアイデアは，1960年代にドイツのCarl Adam Petri博士により示された．ペトリネットはオートマトンと同様に図表現が可能であり，複数の動作が並行に実行される様子を図の上で表現することができる．また，モデルの作成も，GUIを用いたツールにより計算機上で行うことができる．

3.1 ペトリネットの定義

ペトリネットにはさまざまな拡張モデルが存在するが，以下に定義するプレース／トランジションネットが基本的なモデルである．通常，ペトリネットといった場合はこのモデルを指す．

定義 3.1 プレース／トランジションネット
プレース／トランジションネット (place/transition net) とは，4項組 $PN = (P, T, A, m_0)$ である．ここで，

1. $P = \{p_1, p_2, \ldots, p_n\}$ は**プレース** (place) の有限集合，

[†] Petri は人名であるので，頭文字は常に大文字である．

2. $T = \{t_1, t_2, \ldots, t_m\}$ は**トランジション** (transition) の有限集合,
3. $A : (P \times T) \cup (T \times P) \to \mathbb{N}$ はプレースとトランジションの間の**アーク** (arc) の数を与えるアーク関数,
4. $m_0 : P \to \mathbb{N}$ は初期**マーキング** (marking).

以下,プレース／トランジションネットを P/T ネットと略記する.

P/T ネットは,2種類の頂点(プレース◯とトランジション□)がアーク→で結ばれたグラフ(有向2部グラフ)として表現できる.プレースはシステムのローカル状態を表現し,トランジションは状態遷移の規則を表現する.また,マーキングは各プレース上に指定された個数の黒丸(**トークン** (token))を置くことで表現する.個々のトークンはシステムに存在する資源(リソース)を表す.図 3.1 はつぎの P/T ネットを図示したものである.

1. $P = \{p_1, p_2, p_3\}$,
2. $T = \{t_1, t_2, t_3\}$,
3. $A(p_1, t_1) = 2$, $A(t_1, p_2) = 1$, $A(t_1, p_3) = 1$, $A(p_2, t_2) = 1$, $A(t_2, p_3) = 1$, $A(p_3, t_2) = 1$, $A(p_3, t_3) = 1$, $A(t_3, p_1) = 1$, これ以外は $A(\cdot, \cdot) = 0$,
4. $m_0(p_1) = 3$, $m_0(p_2) = 0$, $m_0(p_3) = 1$.

図 3.1 では $A(p_1, t_1) = 2$ に対して 2 本の矢印が描かれているが,図 3.2 に示すように,数字 2 を付けた 1 本の矢印で描くこともある.この場合,アークに付けられた数値をアーク重みとよぶ.また,トークンを描く代わりに,トークン数を数字で示すこともある.

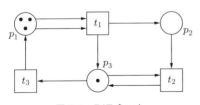
図 3.1 P/T ネット

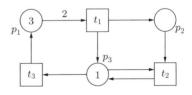
図 3.2 アーク重みを用いた P/T ネット

$A(p_i, t_j) > 0$ であるとき,プレース p_i をトランジション t_j の入力プレース,t_j を p_i の出力トランジションという.同様に,$A(t_j, p_i) > 0$ であるとき,プレース p_i をトランジション t_j の出力プレース,t_j を p_i の入力トランジションという.プレースまたはトランジション $x \in P \cup T$ について,つぎの記法を用いる.

$$^\bullet x = \{y \in P \cup T \mid A(y, x) > 0\}$$

$$x^{\bullet} = \{y \in P \cup T \mid A(x,y) > 0\}$$

$^{\bullet}x$ を x の前集合 (pre-set), $x^{\bullet}$ を x の後集合 (post-set) といい, それぞれ入力プレース (トランジション) の集合, 出力プレース (トランジション) の集合を表記するときに用いる. この記法はプレースの部分集合, トランジションの部分集合に対しても用いる. すなわち, X をプレースまたはトランジションの部分集合としたとき, $^{\bullet}X = \bigcup_{x \in X} {}^{\bullet}x$, $X^{\bullet} = \bigcup_{x \in X} x^{\bullet}$ とする.

P/T ネットのマーキング, すなわち各プレースに置かれたトークンの配置はシステムの状態であり, トランジションの**発火**とよばれる事象より, 以下のように遷移する. 現在のマーキングを m としたとき,

- トランジション t_j は, すべてのプレース p_i について[†1]

$$m(p_i) \geq A(p_i, t_j) \tag{3.1}$$

が成り立つとき, **発火可能** (fireable), あるいは, **発生可能** (enabled) であるという.
- 発火可能なトランジションは発火することができる.
- トランジション t_j の発火により, $A(p_i, t_j)$ 個のトークンが t_j の各入力プレース p_i から取り除かれ, $A(t_j, p_i)$ 個のトークンが各出力プレースに加えられる (図 3.3). 発火後のマーキングを m' とすると, 各プレース p_i について

$$m'(p_i) = m(p_i) - A(p_i, t_j) + A(t_j, p_i) \tag{3.2}$$

が成り立つ.
- トランジションの発火は一瞬で起こり, あるトランジションの「発火中」にほかのトランジションの発火が起こることはない[†2].

トランジションの発火を繰り返すことで, マーキングの遷移列を生成していくこと

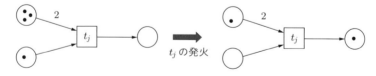

図 3.3　トランジションの発火

[†1] p_i が t_j の入力プレースでなければ $A(p_i, t_j) = 0$ なので, 「t_j のすべての入力プレース p_i について」としても同じである.

[†2] このような動作を**原子動作** (atomic action) という.

ができる．これがペトリネットの実行であり，インタラクティブに発火させるトランジションを選択して発火させる過程を，**トークンゲーム** (token game) とよぶ．また，発火させるトランジションの系列を**発火系列** (firing sequence) とよぶ[†]．図 3.4 は発火系列 $t_1 t_2 t_3$ によるマーキングの遷移を図示したものである．

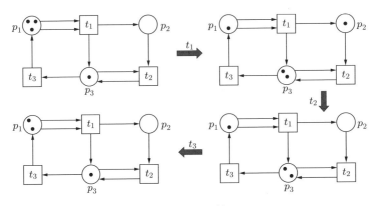

図 3.4　トークンゲーム

3.2　資源と競合／並行

トークンは数えられる資源に対応する．また，トランジションは十分な数の資源が揃えば発火可能である．ここで注意しておきたいのは，発火可能なトランジションが必ず発火するわけではないということである．図 3.5 において，トランジション t_1, t_2 はいずれも発火可能である．しかし，一方が発火すれば他方は発火することはできない．その理由は，プレース p_2 にあるトークンが両方のトランジションの発火に必要

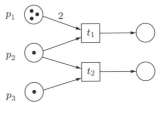

図 3.5　競合

[†] マーキング m から，発火系列 $s = t_{i1} t_{i2} \cdots t_{ik}$ のトランジションを順次発火させていくことができるとき，マーキング m において発火系列 s は発火可能であるという．

だからである．このようなとき，二つのトランジションは**競合** (conflict) しているという．

図 3.6(a) のように，p_2 のトークンを二つにすれば競合は解消され，二つのトランジション t_1, t_2 は独立に発火できる．このようなとき，二つのトランジションは**並行** (concurrent) であるという．動作の並行性とは，複数の動作が互いに影響を与えずに発生する状況に対応する．これに対し，図 3.6(b) のように，使用した資源を即座に戻せば，やはり両方のトランジションが発火できるが，同じ資源が発火に必要であるので，並行とはいえない．ただし，無競合であるとはいえる．なお，図 3.6(b) の t_1, t_2 と p_2 の間にある往復のアークは，図 3.7 のように，トランジション側の終端が黒丸のアーク（テストアーク）を用いて描くこともある．

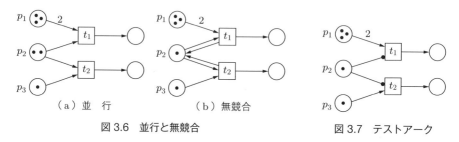

図 3.6　並行と無競合　　　　　　　　図 3.7　テストアーク

このように，ペトリネットは資源と競合，並行性に関係したさまざまな状況を表現する能力をもっている．

3.3 モデル化の例

P/T ネットによるモデル化の例を示す．

例 3.1 [**生産者/消費者問題**]　マルチスレッドプログラミングの例題として有名な問題の一つに，**生産者/消費者問題**がある [5]．生産者はデータを作り出し，それを有限容量のバッファに置く．消費者はバッファからデータを取り出し使用する．生産者と消費者が異なるスレッドとして実装されているときに，デッドロックを起こさず，さらに，バッファに容量を超えてデータを置く（オーバーフロー），あるいは空のバッファからデータを取り出す（アンダーフロー）動作を起こさないようにする仕組みを与えるのが問題の目的である．

生産者 1 人，消費者 1 人，バッファ容量 1 の場合としたとき，P/T ネットによ

る解を図 3.8 に示す．生産者プロセスは ready to produce, ready to deliver の 2 状態である．二つのトランジション produce, deliver をもち，deliver によりバッファにデータを置く．消費者プロセスは ready to remove, ready to consume の 2 状態である．二つのトランジション remove, consume をもち，remove によりバッファからデータを取り出す．いずれもトークンが置かれたプレースが現在の状態である．バッファについては，プレース buffer empty, buffer full 内のトークン数が，それぞれバッファの空き個数，および占有個数を表す．ペトリネットでは，トランジションの入力プレースにトークンがないと発火は起こらない．あるプレースのトークン数が 0 のときに発火するトランジションを実現するためには，buffer empty と buffer full のように対になるプレースを用意し，二つのプレースのトークン数の合計が変化しないようにアークを接続する方法が用いられる．

図 3.8 のマーキングから，トランジションを発火させていったときのトークンゲームを図 3.9 に示す．発火可能なトランジションを灰色で示した．この P/T ネットではデッドロックは発生せず，また，オーバーフロー，アンダーフローを

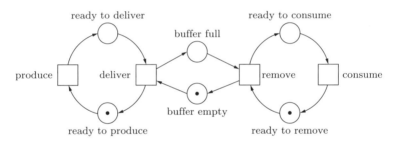

図 3.8　生産者／消費者問題のペトリネットによる解

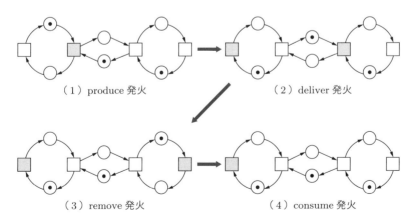

図 3.9　生産者／消費者問題のトークンゲーム

起こすようなバッファの操作列は発生しない．

例 3.2　哲学者の食事問題　図 3.10 は，例 2.4 の哲学者の食事問題を P/T ネットでモデル化したものである．各哲学者に対応した五つの P/T ネットが，共有資源であるフォークの置き場所を表すプレースで結合された形をしている．哲学者 i が瞑想しているときには，プレース T_i に 2 個のトークンが入る．右または左側のフォークを取り上げると，プレース R_i またはプレース L_i にトークンが移る．左右のフォークが揃ったら食事を開始し，プレース E_i にトークンが移る．食事が終了したら左右のフォークを戻し，瞑想に移る．生産者／消費者問題のモデルとは異なり，哲学者の人数の変更のためには対応する P/T ネットを追加しなければならない．これは，各哲学者が円卓上でどのフォークを使用できるかを表現するためである．

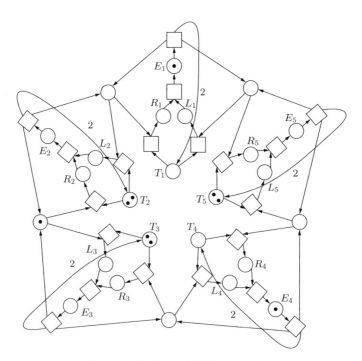

図 3.10　哲学者の食事問題（P/T ネット）

3.4 P/T ネットの状態空間

プレースの集合を $P = \{p_1, p_2, \ldots, p_n\}$ とすると，マーキング m は n 次元の非負整数ベクトル $[m(p_1), m(p_2), \ldots, m(p_n)]^T$ と同一視できる．P/T ネット $PN = (P, T, A, m_0)$ におけるトランジションの発火による状態遷移の様子は，n 次元非負整数ベクトルを状態とする決定性オートマトン $DA_{PN} = (R_{PN}, T, \delta_{PN}, m_0, R_{PN})$ により表現できる．ここで，遷移関数 $\delta_{PN} : \mathbb{N}^n \times T \to \mathbb{N}^n$ は部分関数であり，$\delta_{PN}(m, t_j) = m'$ はマーキング m においてトランジション t_j が発火可能であり，発火によりマーキングが m' に遷移することを表す．また，

$$R_{PN} := \{m \in \mathbb{N}^n \mid \exists s \in T^* : \delta_{PN}(m_0, s) = m\} \tag{3.3}$$

は初期マーキングからトランジションの発火により到達可能なすべてのマーキングの集合であり，PN の**可到達集合** (reachability set) とよぶ．P/T ネットでは最終状態はとくに指定されないので，オートマトン DA_{PN} の最終状態の集合は可到達集合 R_{PN} としている．

マーキング m, m' および発火系列 s について，$\delta_{PN}(m, s) = m'$ であることを $m \xrightarrow{s} m'$ で，さらに，$\delta_{PN}(m, s)!$ であることを $m \xrightarrow{s}$ で表すことにする．図 3.11 と図 3.12 は，P/T ネットとその状態遷移図を示したものである．前者の P/T ネットは可到達集合が有限集合であるのに対し，後者の P/T ネットは可到達集合が無限集合である．図 3.12 の P/T ネットでは，初期マーキング $[1, 0, 0]^T$ から $t_1 t_3$ という発火系列により，マーキングは $[1, 1, 0]^T$ に変化する．P/T ネットの発火規則 (3.1) では，発火には必要な数「以上」のトークンがあればよい．このことから以下の性質が導ける．

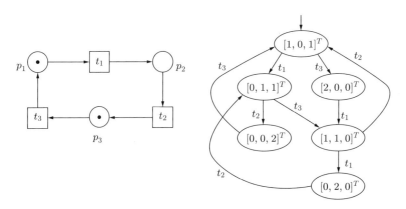

図 3.11 状態遷移図（有限状態）

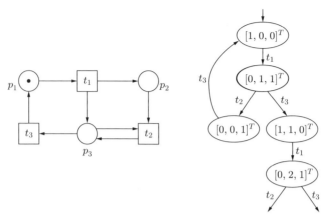

図 3.12　状態遷移図（無限状態）

- 発火系列 $s \in T^*$ について $m \xrightarrow{s} m'$ かつ $m \leq m'$ ならば，m から s の発火を任意回繰り返すことができる．結果として，$m' - m$ の非零成分に対応するプレースのトークン数は任意に大きくできる．

図 3.11 の P/T ネットは**有界** (bounded)，図 3.12 の P/T ネットは**非有界** (unbounded) であるという．

3.5　ラベル付き P/T ネットと有限オートマトン

$PN = (P, T, A, m_0)$ を P/T ネットとする．また，Σ を記号の有限集合（すなわち，アルファベット）とする．各トランジション $t \in T$ に Σ の記号を割り当てる関数 $l : T \to \Sigma$ を PN に導入したモデルを，**ラベル付き P/T ネット**という．

ラベル付き P/T ネットの初期マーキングにおいて発火可能な発火系列 $t_{(1)} t_{(2)} \cdots t_{(n)}$ を，各トランジションに付けられたラベルの系列 $l(t_{(1)}) l(t_{(2)}) \cdots l(t_{(n)})$ に変換する．このようにして得られる記号列の集合を，ラベル付き P/T ネットにより生成される言語という．

与えられた有限オートマトンから，それと同じ言語を生成するラベル付き P/T ネットを，以下のように構成することができる．

- オートマトンの各状態を一つのプレースで置き換える．オートマトンの初期状態に対応するプレースにトークンを一つ置き，そのほかのプレースは空とする．
- オートマトンの各遷移を，その遷移と同じ記号を割り当てたトランジションで

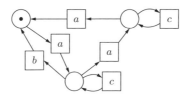

図 3.13 ラベル付き P/T ネット

置き換える．

図 2.5 の決定性有限オートマトンと図 3.13 のラベル付き P/T ネットは，同じ言語を生成する．

3.6 オートマトンの合成との比較

図 3.8 の P/T ネットがモデル化した生産者／消費者問題の解は，図 3.14 に示すオートマトンの合成でも表現できる．この例だけでは，二つのモデルに大きな違いは存在しない．ペトリネットが得意とするのは，資源量の変化に柔軟に対応できることである．図 3.15 は生産者 2 人，消費者 3 人，バッファ容量 2 に対する生産者／消費者問

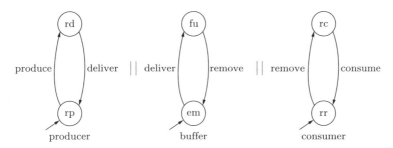

図 3.14 生産者／消費者問題の解（オートマトンの合成）

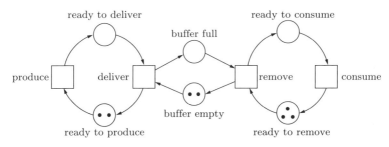

図 3.15 生産者／消費者問題（生産者 2，消費者 3，バッファ容量 2）の P/T ネットによる解

題をペトリネットによりモデル化したものである．図 3.8 と比較すると，各資源（生産者，バッファの空スペース，消費者）に対応するトークンの数を変えただけである．オートマトンの合成では，個々の生産者，消費者に対応するオートマトンを複製し，またバッファのふるまいも変更する必要がある．

生産者／消費者問題の P/T ネットのように，一つのトークンが各プロセスの状態に対応しているときは，プロセスの数を増やすためにはトークンの数を増やすだけでよい．ところが，哲学者の食事問題の P/T ネットモデル（図 3.10）では，各哲学者の状態は，プレース E_i, T_i, R_i, L_i に対するトークン配置により表現される．すなわち，以下のようになる．

- 食事中：$m(E_i) = 1$，ほかは 0．
- 瞑想中：$m(T_i) = 2$，ほかは 0．
- 右フォーク取り上げ：$m(T_i) = 1, m(R_i) = 1$，ほかは 0．
- 左フォーク取り上げ：$m(T_i) = 1, m(L_i) = 1$，ほかは 0．
- 左右フォーク取り上げ：$m(R_i) = 1, m(L_i) = 1$，ほかは 0．

各トークンがどの哲学者に対応するかは区別する必要があるので，哲学者ごとに別々のプレースを用意しなくてはならない．また，各フォークに対応するトークンも，フォークの数だけでなく円卓上の位置に関する情報も発火に必要なので，やはり位置ごとに別々のプレースを用意する必要がある．したがって，プロセス数を増やすためには，グラフ構造自体を複製しなければならない．

3.7 カラーペトリネット

哲学者の食事問題をモデル化した P/T ネットのように，多数のプロセスからなるシステムのモデル化では，モデル内に多くの同型な部分モデルが含まれることがある．同型な部分モデルを「折り畳む」ことで，より小さい表現で対象をモデル化するのが**高水準ペトリネット** (high-level Petri net) [6] とよばれるペトリネットの拡張モデルである．ここでは，高水準ペトリネットに分類されるモデル化手法の一つである**カラーペトリネット** (coloured Petri net)[†] [7] について説明する．

カラーペトリネットは，P/T ネットを以下のように拡張したものである．

- プレースおよびトークンに抽象データ型を定義する．これにより，個々のトー

[†] 本書ではオリジナルの表記を尊重して "coloured" を用いた．

クンを区別して扱うことができる．
- トランジションの発火において，どのようなトークンを入力・出力するかをアーク上やトランジション内に記述できる．これらの記述には，ユーザー定義の関数も使用することができる．

カラーペトリネットのカラーとは「色」のことであり，初期のカラーペトリネットの定義では，トークンを色分けすることで区別していたことが名前の由来である．本書で説明するカラーペトリネットでは，単なるトークンの色付けではなく，プログラミング言語で用いられる抽象データ型を導入している．

図 3.16 は，哲学者の食事問題をカラーペトリネットでモデル化したものである．

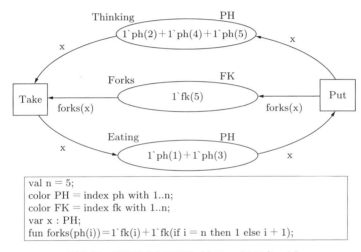

図 3.16 哲学者の食事問題（カラーペトリネット）

- 各哲学者はデータ型（カラー）PH の値により区別される．データ型 PH は ph(1), ..., ph(n) の値をもつ．ここで，n はパラメータで，5 に設定されている．同様に，各フォークはデータ型 FK の値 fk(1), ..., fk(n) により区別される．
- 同じ値をもつトークンが複数存在することも許される．たとえば，値 a のトークンが 3 個，値 b のトークンが 2 個あることを $3`a + 2`b$ で表す．このように，同じ要素を複数もつことができる集合を，**多重集合** (multiset) という．
- x は変数であり，データ型 PH をもつ．forks はユーザー定義の関数であり，哲学者 ph(i) の左右にあるフォークを指定する．円卓なので，哲学者 ph(n) の使用するフォークは fk(n) と fk(1) になる．

図 3.17 は，カラーペトリネットにおけるトランジションの発火の様子を図示したも

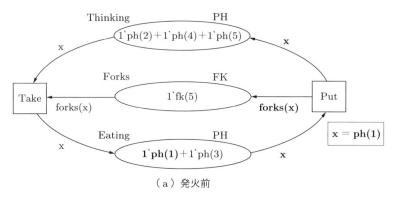

（a）発火前

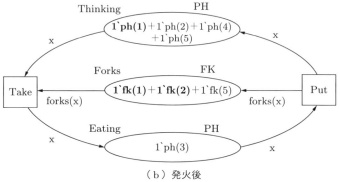

（b）発火後

図 3.17　トランジション Put の発火

のである．トランジションと，それに接続しているアーク上の変数への値割り当ての組に対して発火が定義される．図では，トランジション Put は値割り当て x = ph(1) に対して発火可能であり，発火によりトークン 1`ph(1) がプレース Eating から取り去られ，関数 forks(x) によってプレース Forks にトークン 1`fk(1)+1`fk(2) が，プレース Thinking にトークン 1`ph(1) が加えられる．

カラーペトリネットによるモデル化および解析をサポートするツールとして，CPN Tools [8] が公開されている．CPN Tools は GUI によるモデル作成，シミュレーション，状態空間生成など，さまざまな機能が実装されている．CPN の実行エンジンには関数型言語の Standard ML [9] が用いられており，プログラムのコードをモデル内に記述することもできる．

3.8 オブジェクトペトリネット

カラーペトリネットにおいて，トークンは値をもつデータであるが，トークン自体を，データとそれを操作する手続きを併せもつ「オブジェクト」としてモデル化するのが**オブジェクトペトリネット** (object Petri net) [10] である．ここでは，オブジェクトペトリネットの一つである **RENEW**(REference NEt Workshop) [11] について説明する．RENEW は以下の特徴をもつ．

- ペトリネットのテンプレート（ひな型）を定義し，実行時にはそのインスタンス（実体）を動的に生成することができる．インスタンスどうしは並行に動作する．これは，オブジェクト指向言語のクラスとインスタンスの関係と同じである．同型な部分システムがシステム内に複数存在する場合は，テンプレートを一つ定義し，そのインスタンスを実行時に生成すればよい．
- インスタンスへの参照（リファレンス）を，別のインスタンス上のプレースに置くことができる．リファレンスを通じて，ほかのインスタンス上のトランジションの発火の制御ができる．
- トランジションには通信チャンネルを定義することができる．インスタンスへの参照と通信チャンネルを用いて，トランジション発火時にインスタンス間の通信ができる．通信によりデータの受け渡しが可能である．

図 3.18 に RENEW の例を示す．ネット a の [ ] は，黒丸のトークンと同じ意味である．ネット a のインスタンスにおいて，トランジション t_1 が発火すると，トランジションに定義されたコード "$x : new\, b$" によりネット b のインスタンスが生成され，それへの参照が変数 x に代入される．つぎに，ネット a のトランジション t_2 が，参照 x

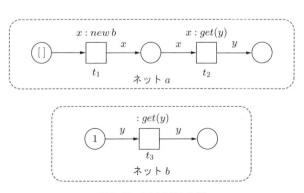

図 3.18　RENEW の例

が指すネット b のトランジション t_3 と同期して発火し，通信チャンネル $get()$ により値 $y = 1$ がネット b からネット a に送られる．

RENEW 自体は Java で書かれている．ソースコードが公開されているので，ユーザー定義の関数の追加なども可能である．オブジェクトペトリネットを用いることで，動作の主体であるオブジェクトと，それがもつ手続き，および外部環境とのインタフェースを明確に区別して記述することが可能になる．

哲学者の食事問題の RENEW によるモデル化の例を，図 3.19 および図 3.20 に示す．

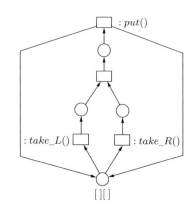

図 3.19　RENEW の例 (ネット ph)

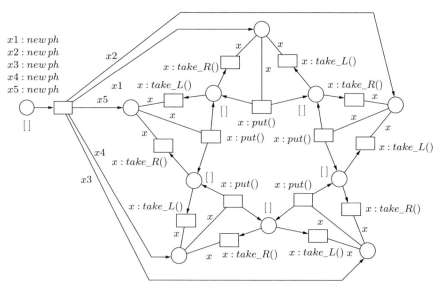

図 3.20　RENEW の例（ネット $table$）

- 図 3.19 は，哲学者のふるまいを表すネット ph である．ふるまい自体は図 3.10 の P/T ネットに定義されたものと同一である．
- 図 3.20 は，円卓と，そこに置かれたフォークの位置関係をモデル化したネット $table$ である．最初に哲学者ネットのインスタンスが生成され，各プレースに配置される．図中で矢印のないアークはテストアークである．
- 各哲学者が食事のときにどのフォークを使用するかは，哲学者と外部環境のインタフェースを表すコード $x : take\_R()$, $x : take\_L()$, $x : put()$ により表現される．ここで，変数 x に哲学者ネットへの参照が束縛され，ネット $table$ のトランジションと哲学者ネットのトランジションが同期して発火する．

フォークをネットで表現し，さらに個々のフォークを区別できるような情報を埋め込むことで，CPN によるモデル（図 3.16）のような折り畳んだ表現も可能である．

3.9 ツール

ペトリネットのツールに関しては，Web サイト Petri Nets World

http://www.informatik.uni-hamburg.de/TGI/PetriNets/index.php

においてデータベース化されている．また，本章で扱った二つのツールは，以下の Web サイトから入手できる．

- CPN Tools　　http://cpntools.org/
- RENEW　　http://www.renew.de/

演習問題

3.1　例 1.2 のコイン駐車場を P/T ネットでモデル化せよ．
3.2　P/T ネットにおいて先端が白丸のアークを抑止アークといい，接続されたプレースにトークンが一つ以上あると，トランジションの発火が許可されない．図 3.21 の P/T ネットは抑止アークをもつが，これと同じふるまいをする抑止アークをもたない P/T ネットを示せ．
3.3　十字路の交差点における信号機の動作を，P/T ネットでモデル化せよ．
3.4　P/T ネットが有界であるための十分条件を挙げよ．
3.5　図 3.9 の生産者／消費者問題（生産者 2, 消費者 3, バッファ容量 2）の P/T ネットをオートマトンの合成によりモデル化しようとしたら，どのような表現が可能か．

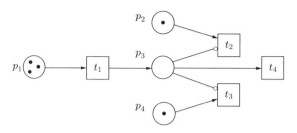

図 3.21　抑止アークをもつ P/T ネット

3.6 決定性有限オートマトン DA を与えたとき，$DA = DA_{PN}$ となる P/T ネット PN は必ず存在するか．

第4章　プロセス代数

　オートマトンやペトリネットでは，サブシステムを表現したモデルを合成（オートマトンの場合），あるいは構成要素を結合（ペトリネットの場合）することによりサブシステム間の相互作用をモデル化し，システム全体のモデルを組み立てていく方法が採られる．また，モデルは図的な表現が可能であり，GUI エディタによる作成が可能である．

　一般に，集合とその上に定義される演算を合わせたものを代数系という．本章で紹介する**プロセス代数** (process algebra) [12] とは，プロセスの集合上に演算を定義することで，複雑なプロセスを演算により合成的に記述していくための手法である．また，オートマトンやペトリネットとは異なり，数式のようにテキスト形式によりモデルを定義していくことが可能である．プロセスに対し，そのふるまいを表現した図表現を与えることは可能であるが，図表現はプロセスに対して一意に与えられるとは限らない．

　プロセス代数として代表的なものに，CCS(Calculus of Communicating Systems) [13]，CSP(Communicating Sequential Processes) [3]，ACP(Algebra of Communicating Processes) [14] がある．本章では CSP のサブセットを用いて，プロセス代数の概要について説明する．また，演算の定義については，オートマトンやペトリネットとの比較ができる最小限のものに留めた．より厳密な定義は参考文献を参照されたい．

4.1　プロセスと演算

　プロセス代数では，プロセスの集合とプロセス集合上の演算により複雑なプロセスを記述していく．以下，プロセス代数で用いられる代表的な演算を説明する．

4.1.1　プロセス

　プロセス (process) とは，オブジェクトが生成する事象列のパターンのことである．どのような事象列を生成するかは，後述の演算を用いた式により定義していく．プロ

セス P には，そのプロセスが潜在的に生成可能なアルファベット αP が定義される．プロセス P は αP に含まれない事象を発生させることはないが，αP に含まれる事象をすべて発生させるとは限らない．

あらかじめ用意されているプロセスとして $STOP_A$ がある．$STOP_A$ はアルファベットが A であり，何の事象も発生させないプロセスを表す．

4.1.2 接頭語

プロセス P，事象 $a \in \alpha P$ に対して，

$$(a \to P)$$

は事象 a を発生させ，その後プロセス P のふるまいをするプロセスを表す演算である．すなわち，式 $(a \to P)$ は，事象 a がこのプロセスの接頭語であることを表している．$\alpha(a \to P) = \alpha P$ であり，$a \notin \alpha P$ のときは，この演算は用いることができない．

接頭語の演算を 2 回適用したプロセス $(a \to (b \to P))$ は，事象列 ab を発生させ，その後プロセス P のふるまいをするプロセスを表す．このとき，括弧を省略し，$(a \to b \to P)$ と略記する．

$a \in A$ のとき，プロセス

$$(a \to STOP_A)$$

のふるまいは，図 4.1(a) の状態遷移図で表すことができる．プロセスは状態に対応し，事象が発生すると，その後のふるまいを表すプロセスに対応する状態に遷移する．$STOP_A$ は，何の事象も発生させない**デッド** (dead) な状態として表される．

図 4.1 接頭語と再帰

4.1.3 再帰

停止しないプロセスは，**再帰** (recursion) を用いて定義できる．プロセス P，事象 $a \in \alpha P$ に対して，つぎの再帰式の解として得られるプロセスは，事象 a を発生させ，その後自身と同じふるまいをするプロセスを表す．

$$P = (a \to P)$$

すなわち，

$$P = (a \to P)$$
$$= (a \to a \to P)$$
$$= (a \to a \to a \to P)$$
$$= \cdots$$

なので，プロセス P は事象 a を無限に発生させ続ける．

プロセス P のふるまいは，図 4.1(b) のように，ループを含む状態遷移図で表すことができる．このような再帰式の一般形を $X = F(X)$ とする．$F()$ はプロセス X に対する演算により定義される関数であり，上式の場合 $F(P) = (a \to P)$ である．再帰式 $X = F(X)$ は，右辺の $F(X)$ が接頭語から始まるとき[†]，一意解をもつことが知られている．X のアルファベットを A とし，再帰式 $X = F(X)$ が一意解をもつとき，その解として得られるプロセスを $\mu X : F(X)$ で表す．

4.1.4 選択

状態遷移図上の分岐に対応する演算として**選択**がある．同じアルファベットをもつ二つのプロセス P, Q および $a, b \in \alpha P = \alpha Q$ に対し，

$$(a \to P \mid b \to Q)$$

は，最初に事象 a または事象 b を発生させ，その後は，もし a が発生したら P のふるまいを，b が発生したら Q のふるまいをするプロセスを表す．アルファベットについては，$\alpha(a \to P \mid b \to Q) = \alpha P = \alpha Q$ である．選択肢は三つ以上でもかまわない．選択肢が三つ以上の場合のプロセスは，つぎのように表される．

$$(a \to P \mid b \to Q \mid \cdots \mid z \to R)$$

より一般化した選択の表現として，つぎの記法がある．B を事象の集合，$P(x)$ を $x \in B$ に依存して決まるプロセスとしたとき，

$$(x : B \to P(x))$$

は，最初に B の任意の事象 x を選択し，その後，発生した事象 x に依存したプロセス $P(x)$ のふるまいをするプロセスを表す．この定義を用いると，アルファベット A の事象を発生させ続けるプロセス RUN_A を，以下のように定義できる．

[†] このようなプロセス $F(X)$ は，ガードされているという．

$$RUN_A := (x : A \to RUN_A)$$

4.1.5 相互作用

オートマトンの合成と同様な演算として，プロセスの**相互作用** (interaction) がある．相互作用は，共通な事象は同期して，それ以外の事象は独立して発生させることで，二つのプロセスを合成する演算である．演算を表す記号として，オートマトンの合成と同じ $\|$ を用いる．たとえば，二つのプロセス

$$
\begin{aligned}
&P = (a \to c \to P), \\
&Q = (b \to c \to Q), \\
&a \in \alpha P \backslash \alpha Q, \quad b \in \alpha Q \backslash \alpha P, \quad c \in \alpha P \cap \alpha Q
\end{aligned}
\tag{4.1}
$$

の合成 $P \| Q$ は，図 4.2 の状態遷移図により表されるプロセスになる．共通の事象である c は同期して，それ以外の各プロセス固有の事象である a, b は独立に発生する．合成したプロセスのアルファベットは二つのプロセスのアルファベットの和集合になる．すなわち，$\alpha(P \| Q) = \alpha P \cup \alpha Q$ である．

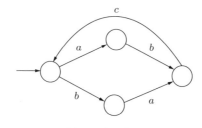

図 4.2　相互作用

相互作用 $P \| Q$ のふるまいは，以下の法則群により規定される．ただし，$a \in \alpha P \backslash \alpha Q$, $b \in \alpha Q \backslash \alpha P$, $c, d \in \alpha P \cap \alpha Q$ である．

L1. $P \| Q = Q \| P$.
L2. $P \| (Q \| R) = (P \| Q) \| R$.
L3. $P \| STOP_{\alpha P} = STOP_{\alpha P}$.
L4. $P \| RUN_{\alpha P} = P$.
L5. $(c \to P) \| (c \to Q) = c \to (P \| Q)$.
L6. $(c \to P) \| (d \to Q) = STOP_{\alpha P \cup \alpha Q}$ $(c \neq d)$.
L7. $(a \to P) \| (c \to Q) = a \to (P \| (c \to Q))$.
L8. $(c \to P) \| (b \to Q) = b \to ((c \to P) \| Q)$.

L9. $(a \to P) \parallel (b \to Q) = (a \to (P \parallel (b \to Q))) \mid b \to ((a \to P) \parallel Q))$.

これらの法則を用いると，演算子 $\parallel$ を含んだプロセスを，$\parallel$ を用いない形で表現できる．

例 4.1 式 (4.1) の P, Q の相互作用 $P \parallel Q$ は，

$$\begin{aligned}
P \parallel Q &= (a \to c \to P) \parallel (b \to c \to Q) \\
&= (a \to ((c \to P) \parallel (b \to c \to Q)) \mid b \to ((a \to c \to P) \parallel (c \to Q))) \\
&\qquad \text{[L9]} \\
&= (a \to b \to ((c \to P) \parallel (c \to Q)) \mid b \to a \to ((c \to P) \parallel (c \to Q))) \\
&\qquad \text{[L7, L8]} \\
&= (a \to b \to c \to (P \parallel Q) \mid b \to a \to c \to (P \parallel Q)) \quad \text{[L5]} \\
&= \mu X : (a \to b \to c \to X) \mid (b \to a \to c \to X)
\end{aligned}$$

となる．

4.1.6 プロセスのラベル付け

P をプロセスとしたとき，$l{:}P$ は P のアルファベットの各記号 x を，その前にラベル l を付けた記号 $l.x$ で置き換えたプロセスを表す．プロセスの**ラベル付け**は，同型なプロセスを複数個作り出したいときに便利である．図 4.3 に示したプロセスは，on/off を繰り返すプロセス $SWITCH$ （図 (a)）と，それと同型な二つのプロセスの合成（図 (b)）であり，独立に動作する二つのスイッチのふるまいを表現している．

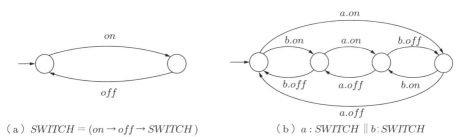

（a）$SWITCH = (on \to off \to SWITCH)$　　　（b）$a{:}SWITCH \parallel b{:}SWITCH$

図 4.3　プロセスのラベル付け

4.1.7 ラベルの付け替え

プロセスに現れる事象名を，別の記号に置き換えるのが**ラベルの付け替え**である．P

をプロセス，A を記号の集合，f を $\alpha P \to A$ の単射な関数としたとき，$f(P)$ は P の各事象 x を $f(x)$ に変更したプロセスを表す．関数 f による記号の変更を指定するために，以下のような，付け替えるラベルを 1 対 1 で指定する記法を用いることにする．

$$P/\{newlabel_1/oldlabel_1, \ldots, newlabel_n/oldlabel_n\}$$

たとえば，$P = (x \to y \to P)$ のとき，

$$P/\{a/x, b/y\} = (a \to b \to P/\{a/x, b/y\})$$

である．指定しなかった記号はそのままである．

複数のプロセス間で同期して実行させたい事象がある場合，まずラベルの付け替えにより同じ名前にし，その後合成することにより同期させることができる．

4.1.8 隠　蔽

システムをモデル化するとき，発生する事象は，外部から観測可能な事象と，外部から直接には観測できない（あるいは観測する必要のない）事象の二つに分類される．外部から観測できない事象をシステムの内部事象として隠し，外部から観測されるシステムのふるまいを表すプロセスを作り出すのが**隠蔽** (concealment) である．異なるプロセスでも，内部事象を隠蔽することで，同じふるまいをするプロセスになることがある．

$$P \backslash \{label_1, \ldots, label_n\}$$

は，プロセス P から事象 $label_1, \ldots, label_n$ を隠蔽したプロセスを表す．このとき，$\alpha(P \backslash \{label_1, \ldots, label_n\}) = \alpha P \backslash \{label_1, \ldots, label_n\}$ である．接頭語については，$a \in C$ のとき $(a \to P) \backslash C = P \backslash C$，$a \notin C$ のとき $(a \to P) \backslash C = (a \to P \backslash C)$ となる．選択については，$B \cap C = \emptyset$ ならば

$$(x : B \to P(x)) \backslash C = (x : B \to (P(x) \backslash C))$$

となる．また，相互作用については，$\alpha P \cap \alpha Q \cap C = \emptyset$ ならば，分配則

$$(P \parallel Q) \backslash C = (P \backslash C) \parallel (Q \backslash C)$$

が成り立つ．$B \cap C \neq \emptyset$ の場合や，$\alpha P \cap \alpha Q \cap C \neq \emptyset$ の場合のふるまいを定義するためには，新たな演算の導入が必要になることから，本書では扱わない．

4.1.9 インターリービング

同じアルファベットをもつ複数のプロセスが，同期することなく並行に動作する状況

を表現するために用いられるのが**インターリービング** (interleaving) である．記号としては ||| を用いる．たとえば，$P = (a \to b \to P)$, $Q = (c \to d \to Q)$ で $\alpha P = \alpha Q$ のとき，$P|||Q$ は，二つの事象列 $s_1 = ababab\cdots$ と $s_2 = cdcdcd\cdots$ の任意の部分文字列が交互に出現するような事象列全体の集合になる．

事象列 s の最初の記号を s_0 で，2番目以降の事象列を s' で表すことにする．二つの事象列 t, u のインターリービングの集合 $Interleaving(t, u)$ は，以下の規則によって定義される．

1. $\varepsilon \in Interleaving(t, u) \Leftrightarrow t = \varepsilon \wedge u = \varepsilon$.
2. 事象列 s について，$s \in Interleaving(t, u) \Leftrightarrow s \in Interleaving(u, t)$.
3. 事象 x および事象列 s について，
$xs \in Interleaving(t, u) \Leftrightarrow (t \neq \varepsilon \wedge t_0 = x \wedge s \in Interleaving(t', u))$
$\vee (u \neq \varepsilon \wedge u_0 = x \wedge s \in Interleaving(t, u'))$.

たとえば，$Interleaving(ab, cd) = \{abcd, acbd, cabd, acdb, cadb, cdab\}$ である．また，$x{:}P \| y{:}P$ と $P|||P$ の違いは，前者が発生した事象がどちらのプロセスのものであるかどうかが区別されるのに対し，後者は区別されないことである．

4.2 プロセスの例

プロセス代数によるモデル化の例を示す．

例 4.2 容量 1 のバッファは，つぎのプロセスとして記述できる．

$$BUFF = (in \to out \to BUFF)$$

in はバッファにデータを置く事象，out はバッファからデータを取り出す事象である．二つの容量 1 のバッファを直列に結合することで，容量 2 のバッファ TWO_BUFF を作ることができる．バッファの結合および内部動作の隠蔽は，以下のような演算の組合せで表現できる．

$$(a{:}BUFF \parallel (b{:}BUFF/\{a.out/b.in\}))/\{in/a.in, out/b.out\}) \backslash \{a.out\}$$

図 4.4 に二つのバッファを結合したプロセスの状態遷移図を示す．さらに，$a.in$ をバッファ全体の in に，$b.out$ をバッファ全体の out とし，内部動作である $a.out$ を隠蔽することで，TWO_BUFF が得られる．

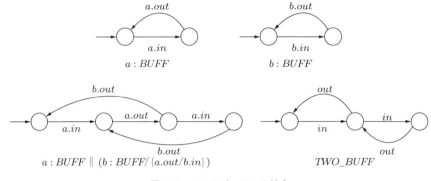

図 4.4 二つのバッファの結合

例 4.3 例 3.1 に示した生産者／消費者問題の解は，プロセス代数を用いると，つぎのように記述できる．

$PRODUCER = (produce \rightarrow deliver \rightarrow PRODUCER)$
$CONSUMER = (remoce \rightarrow consume \rightarrow CONSUMER)$
$BUFF = (in \rightarrow out \rightarrow BUFF)$
$SYSTEM = PRODUCER \parallel BUFF/\{deliver/in, remove/out\}$
$\qquad \parallel CONSUMER$

さらに，図 3.15 の生産者 2，消費者 3，バッファ容量 2 の場合の生産者／消費者問題のプロセス代数表現について考える．まず，バッファは TWO_BUFF を用いる．複数の生産者，消費者については，同期する事象は各生産者の deliver と TWO_BUFF の in，各消費者の consume と TWO_BUFF の out であり，いずれも多対 1 の関係にある．図 3.15 の P/T ネットのように，各生産者，消費者を区別する必要のない場合は，同一プロセスのインターリービングを導入することで，つぎのようにモデル化できる．

$SYSTEM = (PRODUCER \interleave PRODUCER)$
$\qquad \parallel TWO\_BUFF/\{deliver/in, remove/out\}$
$\qquad \parallel (CONSUMER \interleave CONSUMER \interleave CONSUMER)$

図 3.15 の P/T ネットと比較すると，資源の数の変化に対しては，ほぼ同等の柔軟な表現が可能である．

4.3 ツール

プロセス代数のツールとして代表的なものを以下に示す．プロセス代数に分類されるモデル化手法にはさまざまなものが存在し，各手法に対応したツールが用意される．これらのツールを用いて，モデル作成および検証を行える．

- FDR：CSP に基づいたツール．
  https://www.cs.ox.ac.uk/projects/fdr/
- PAT：CSP#に基づいたツール．
  http://pat.comp.nus.edu.sg/
- mCRL2：ACP に基づいたツール．
  https://www.mcrl2.org/

演習問題

4.1 $x, y \in C$ のとき，$(x \to P | y \to Q) \backslash C$ はどのようなふるまいをするプロセスになるか．
4.2 再帰式 $X = c \to X$ の解において c を隠蔽すると，どのようなプロセスになるか．
4.3 例 2.4 の哲学者の食事問題をプロセス代数でモデル化せよ．
4.4 十字路の交差点における信号機の動作を，プロセス代数を用いてモデル化せよ．
4.5 例 4.2 の TWO_BUFF は二つのバッファが直列に結合されたものだったが，二つのバッファが並列に存在するプロセスの表現を考えよ．

第 II 部

性質・ふるまいの記述

第5章 時相論理によるシステムの性質の記述

　第I部で解説したオートマトン，ペトリネット，プロセス代数は，対象とするシステムにおいてどのような規則で事象列が発生するかを記述したものである．これに対し，発生する事象列が満たす性質を記述することで，システムがどのようなふるまいをするかを表現する方法がある．**時相論理** (temporal logic) はそのような手法の一つである．時相論理は，システムのふるまいに関する仕様 (specification) や性質 (property) を記述するための道具として用いられる．時相論理では，各式の意味がモデル上で厳密に定義される．これにより，与えられた性質が満たされるかどうかを，計算機処理により判定することが可能になる．

5.1　線形時間と分岐時間

　動的システムでは，時間の経過とともにシステムの状態が変化する．各状態に対して真か偽かが定まる命題を考えたとき，命題の真偽値は状態遷移に伴って変化する．時相論理では，命題の真偽値は時間軸上の各時点に対して与えられる．時間軸についても，未来が一意に確定するか（決定性），あるいは，複数の可能性があるか（非決定性）により分類される[†]．前者を**線形時間**，後者を**分岐時間**という．

　図5.1は，状態遷移図を現在の状態から時間軸に沿って展開したものであり，計算木とよぶ．線形時間論理では分岐は存在しないが，分岐時間論理では未来は一意ではなく，可能なふるまいは木の根からの経路（計算経路）に対応する．

　時相論理にもさまざまな種類があるが，本書では，プログラム検証などでよく用いられる**計算木論理** (computation tree logic)，および**線形時間論理**について説明する．計算木論理は分岐時間を扱い，線形時間論理はその名のとおり線形時間を扱う．まず計算木論理である **CTL*** [15,16] について述べ，さらに，CTL* に制限を加えた CTL および線形時間論理の LTL について説明する．

[†] 過去も扱う論理の場合は，過去についても決定性，非決定性を考慮する．

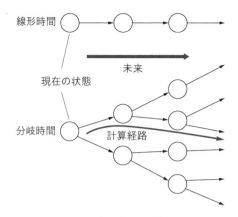

図 5.1　線形時間と分岐時間

5.2　CTL* 式の構文

時相論理は，記号列がその論理の式 (formula) であるかどうかを定める「構文 (sintax)」と，各論理式に真偽値を与える「意味 (semantics)」の二つにより定義される．CTL* の式は，以下の状態式 (state formula) と経路式 (path formula) の 2 種類の式からなる．状態式ではシステムの各状態に対して真偽値が与えられる．また，経路式では状態遷移列，すなわち状態遷移図上の経路に対して真偽値が与えられる．

- 状態式
  - あらかじめ真偽値が与えられている命題を原子命題といい，その集合を AP とする．原子命題 $a \in AP$ は状態式である．
  - もし f_1 と f_2 が状態式ならば，$\neg f_1, f_1 \vee f_2, f_1 \wedge f_2, f_1 \to f_2$ は状態式である．
  - もし g が経路式ならば，$\mathrm{E}\,g$ および $\mathrm{A}\,g$ は状態式である．
- 経路式
  - もし f が状態式ならば，f は経路式でもある．
  - もし g_1 と g_2 が経路式ならば，$\neg g_1, g_1 \vee g_2, g_1 \wedge g_2, g_1 \to g_2, \mathrm{X}\,g_1, \mathrm{F}\,g_1, \mathrm{G}\,g_1, g_1\,\mathrm{U}\,g_2$ は経路式である．

E, A, X, F, G, U を**時相作用素** (temporal operator) という．それぞれの文字は，Exists, All, neXt, Future, Globally, Until が由来である．否定 $\neg$，論理和 $\vee$，論理積 $\wedge$，論理包含 $\to$ については，古典論理と同じである．

5.3 CTL* 式の意味

CTL* 式の各作用素の直観的な意味はつぎのとおりである（図 5.2）.

- $\mathrm{E}\,g$：g がある経路で成り立つ.
- $\mathrm{A}\,g$：g がすべての経路で成り立つ.
- $\mathrm{X}\,g$：g がつぎの状態で成り立つ.
- $\mathrm{F}\,g$：g が経路上のある状態で成り立つ.
- $\mathrm{G}\,g$：g が経路上のすべての状態で成り立つ.
- $g_1\,\mathrm{U}\,g_2$：経路上で g_2 が真になるまでは g_1 は真である.

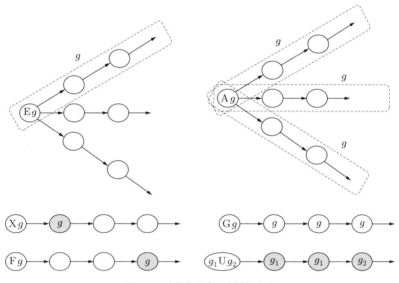

図 5.2　時相作用素の直観的意味

なお，$\mathrm{A}\,g \equiv \neg\mathrm{E}(\neg g)$，$g_1 \vee g_2 \equiv \neg(\neg g_1 \wedge \neg g_2)$，$g_1 \to g_2 \equiv \neg g_1 \vee g_2$，$\mathrm{F}\,g \equiv true\,\mathrm{U}\,g$，$\mathrm{G}\,g \equiv \neg\mathrm{F}(\neg g)$ が成り立つので，$\neg, \wedge, \mathrm{U}, \mathrm{E}, \mathrm{X}$ があれば，それ以外の作用素をすべて表現することができる．ここで，$true$ は常に真である命題である（同様に，$false$ は常に偽である命題である）.

CTL* 式の意味は，**クリプケ構造** (Kripke structure) により定義される．クリプケ構造とは，4 項組 $M = (X, X_0, R, \ell)$ である．ここで，X は状態の有限集合，$X_0 \subseteq X$ は初期状態の集合，$R \subseteq X \times X$ は遷移関係の集合，$\ell: X \to 2^{AP}$ は各状態に対しそ

こで真になる原子命題の集合を割り当てる関数である．遷移関係 R は全域的であることが要求される．すなわち，任意の状態 $x \in X$ について，$(x, x') \in R$ であるような状態 x' が，少なくとも一つは存在する．

クリプケ構造は，状態遷移に記号が割り当てられていない有限オートマトンとして見ることができる．また，R の各要素 (x, x') は時間の進行に伴う状態の変化を表しており，遷移関係が全域的であるというのは，時間の進行は止まらないことを意味している．遷移関係の全域性より，クリプケ構造が表現するシステムのふるまいは，状態の無限列になる．

例 5.1 図 2.11 の哲学者の食事問題をモデル化したオートマトンモデルに対するクリプケ構造は，図 5.3 に示すオートマトンの合成に一致する (演習問題 2.5 を参照)．各遷移に対応する事象記号は無視され，各状態にはそこで真になる原子命題の集合が指定される．このクリプケ構造では，各オートマトンの状態 $(T_i, R_i, L_i, E_i, A_i, U_i, i = 1, 2)$ を原子命題としている．さらに，遷移関係を全域化するために，哲学者がフォークの空きを待っているときには $wait$ の動作を実行し続ける遷移を追加している．

この図には，デッドロックが発生する二つの状態 $\{R_1, R_2, U_1, U_2\}$，$\{L_1, L_2, U_1, U_2\}$ が存在し，いったんこれらの状態に遷移すると，それ以降はそこに留まり続ける．

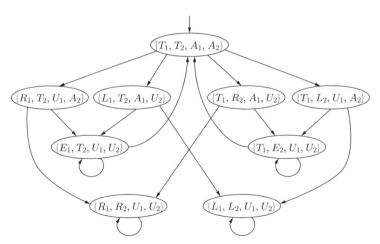

図 5.3　哲学者の食事問題のクリプケ構造 (2 人の場合)

状態式（経路式）の意味は，クリプケ構造 $M = (X, X_0, R, \ell)$，および状態 $x \in X$（経路 π）の組に対し，式の真偽値を割り当てることにより与えられる．ここで，クリ

プケ構造 M の経路 π とは，状態の無限列 $\pi = x_0, x_1, x_2, \ldots$ のことである．

クリプケ構造 M の状態 x において状態式 f が真であることを，$\langle M, x \rangle \models f$ で表す．同様に，クリプケ構造 M の経路 π において経路式 g が真であることを，$\langle M, \pi \rangle \models g$ で表す．p を原子命題，f, f_i を状態式，g, g_i を経路式としたとき，各式の意味は以下のように定義される．

- 状態式

    x をクリプケ構造 M の状態とする．
    - $\langle M, x \rangle \models p \Leftrightarrow p \in \ell(x)$.
    - $\langle M, x \rangle \models \neg f \Leftrightarrow \langle M, x \rangle \models f$ ではない．
    - $\langle M, x \rangle \models f_1 \wedge f_2 \Leftrightarrow \langle M, x \rangle \models f_1$，かつ，$\langle M, x \rangle \models f_2$．
    - $\langle M, x \rangle \models \mathrm{E} g \Leftrightarrow \langle M, \pi \rangle \models g$ であるような，状態 x からの経路 π が存在する．
    - $\langle M, x \rangle \models \mathrm{A} g \Leftrightarrow$ 状態 x からのすべての経路 π について $\langle M, \pi \rangle \models g$．

- 経路式

    $\pi = x_0, x_1, x_2, \ldots$ をクリプケ構造 M の経路とし，π_0 により経路 π の最初の状態 x_0 を，π^i により経路 π の x_i から始まる接尾語 $x_i, x_{i+1}, \ldots$ を表す．
    - $\langle M, \pi \rangle \models f \Leftrightarrow \langle M, \pi_0 \rangle \models f$．
    - $\langle M, \pi \rangle \models \neg g \Leftrightarrow \langle M, \pi \rangle \models g$ ではない．
    - $\langle M, \pi \rangle \models g_1 \wedge g_2 \Leftrightarrow \langle M, \pi \rangle \models g_1$，かつ，$\langle M, \pi \rangle \models g_2$．
    - $\langle M, \pi \rangle \models \mathrm{X} g \Leftrightarrow \langle M, \pi^1 \rangle \models g$．
    - $\langle M, \pi \rangle \models g_1 \mathrm{U} g_2 \Leftrightarrow$ ある $k \geq 0$ について $\langle M, \pi^k \rangle \models g_2$ であり，かつ，すべての $0 \leq j < k$ について，$\langle M, \pi^j \rangle \models g_1$．

5.4 時相作用素の組合せ

時相作用素は，組み合わせて用いることができる．時相作用素の組合せがもつ意味を，図 5.4, 5.5 に示す．ここで，黒丸で示した状態では f が真，それ以外の状態では f は偽である．また，それぞれの組合せの直観的意味はつぎのとおりである．

E, A と F, G の組合せ：

- EF f：現在の状態 x_0 からのある経路上で f が真になる．
- AF f：現在の状態 x_0 からのすべての経路上で f が真になる．

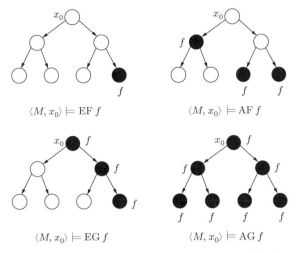

図 5.4　時相作用素の組合せ 1：E, A と F, G の組合せ

- EG f：現在の状態 x_0 からのある経路上で常に f が真である．
- AG f：現在の状態 x_0 からのすべての経路上で常に f が真である．

G と F の組合せ：

- GF f：経路上の任意の状態から将来 f が真になる．これは，経路上で f が真になる状態が無限回出現することを意味する．
- FG f：経路上のある状態以降は常に f が真になる．これは，f が偽であるような状態は経路上に有限個しか存在しないことを意味する．

図 5.5　時相作用素の組合せ 2：G と F の組合せ

例 5.2　図 5.3 のクリプケ構造における状態式の例を示す．ここで，各哲学者の状態 E_i, T_i を原子命題とする．すなわち，E_i, T_i は，システムがその状態にいるとき真，そうでないときに偽となる命題とみなす．

- EF E_1：哲学者 1 は将来食事をすることが可能である．
- AGEF E_1：どのような状態に遷移しても，そこから哲学者 1 が将来食事をすることが可能である．

- $AG(E_1 \to AF T_1)$：哲学者 1 が食事をしているならば，将来必ず瞑想状態に遷移する．
- $AG \neg (E_1 \land E_2)$：2 人の哲学者が同時に食事中であることはない．
- $EGF E_1$：哲学者 1 は無限回食事をすることが可能である．

5.5 安全性と活性

時相論理によりシステムのさまざまな性質を記述することができる．システムの満たすべき性質は**安全性** (safety property) と**活性** (liveness) の二つに分類できる．安全性は何か「悪いこと」が決して起こらない性質であり，活性は何か「良い」ことが将来いつかは起こる性質である．

哲学者の食事問題において，「2 人の哲学者が同時に食事中であることはない」性質は安全性であり，「どのような状態に遷移しても，そこから哲学者 1 が将来食事をすることが可能である」性質は活性である．

システムが与えられた安全性を満たすかどうかを調べるためには，クリプケ構造上に安全性に対する反例が存在しないことを示せばよい．反例が存在するとしたら，初期状態から有限の状態遷移の範囲で見つかるはずである．これに対し，活性を満たすかどうかを調べるためには，有限の範囲の探索では不可能である．有限の範囲で性質を満たしていたとしても，それ以降に性質を満たさないかもしれない．ただし，クリプケ構造は有限状態なので，ある活性が満たされるかどうかは有限の手続きで検証可能である．その手続きについては第 12 章「モデル検査」で詳しく述べる．

5.6 CTL と LTL

CTL^* の構文において，経路式の定義を以下のように制限した時相論理を **CTL** とよぶ．

- 経路式（**CTL**）
    - もし g_1 と g_2 が状態式ならば，$Xg_1, Fg_1, Gg_1, g_1 U g_2$ は経路式である．

また，f を状態式として原子命題のみを含む経路式としたとき，状態式を Af の形のみに制限した時相論理を **LTL** (Linear Temporal Logic) という．すなわち，LTL

の経路式はつぎのように定義される.

- **経路式（LTL）**
  - もし p が原子命題ならば, p は経路式でもある.
  - もし g_1 と g_2 が経路式ならば, $\neg g_1, g_1 \vee g_2, g_1 \wedge g_2, g_1 \rightarrow g_2, \mathrm{X}g_1, \mathrm{F}g_1, \mathrm{G}g_1, g_1 \mathrm{U} g_2$ は経路式である.

LTL 式の先頭の A は省略できる. LTL では, 計算経路の分岐にかかわる性質, すなわち, すべての経路で成り立つか, 少なくとも一つの経路で成り立つか, を記述することはできない.

CTL と LTL の表現能力は異なり, また, 一方が他方のサブセットというわけではない.

演習問題

5.1 例 5.2 の論理式の各状態における真偽を示せ.
5.2 CTL で許される時相作用素の組合せを挙げよ.
5.3 LTL の式ではない CTL の式を示せ. また, CTL の式ではない LTL の式を示せ.
5.4 CTL* の式で, CTL および LTL の式ではないものを挙げよ.
5.5 AFG a と AFAG a の真偽が異なるクリプケ構造を示せ.
5.6 EGF b と EGEF b の真偽が異なるクリプケ構造を示せ.
5.7 「障害が 2 回発生したら必ず点検が行われる」という性質は CTL で表現できるか.

第6章 遷移システム・ラベル付き遷移システム

遷移システム (transition system)，およびラベル付き遷移システム (labelled transition system) は動的システムのふるまいを表現するための道具であり，オートマトンの一般化として見ることもできる．オートマトンは本来，形式言語の生成器／受理器であり，言語と不可分の関係にあるため，状態空間の一般的表現としては遷移システムを用いる [17]．離散状態システムのふるまいを表現する遷移システムは，状態遷移図やクリプケ構造そのものであるが，遷移システムは連続状態システムに対しても定義できる．

システムを記述したさまざまなモデルのふるまいを遷移システムで与えることにより，その後の解析や検証を統一的に行うことができる．たとえば，ペトリネットでモデル化されたシステムが，時相論理で記述された性質を満たしているかどうかを検証するためには，ペトリネットから遷移システムへの変換規則を与えればよい．さらに，原子命題とそれらの各状態における真偽値を与えることで，クリプケ構造が得られる．

6.1 定 義

遷移システムには，状態遷移にラベルをもたない遷移システムと，ラベルをもつラベル付き遷移システムの2種類がある．遷移システムは以下で定義される．

定義 6.1 遷移システム

遷移システムとは，$TS = (X, \rightarrow, [X_0, [X_F]], [\Pi, \ell])$ である†．ここで，

1. X は状態の集合，
2. $\rightarrow \subseteq X \times X$ は遷移関係，
3. $X_0 \subseteq X$ は初期状態の集合，
4. X_F は最終状態の集合，
5. Π は命題の集合，

---

† $[\cdot]$ は，省略される場合がある構成要素を表す．

6. $\ell : X \to 2^\Pi$ は，各状態にそこで真になる命題の集合を割り当てる関数．

遷移システムの状態集合 X は有限とは限らない．また，状態空間も可算集合である必要はなく，n 次元実数空間 $\mathbb{R}^n$ の部分集合として定義される非可算無限集合であってもよい．また，ある状態 x からの遷移先の集合 $\{x' \in X \mid (x, x') \in \to\}$ は，無限集合であってもかまわない．$(x, x') \in \to$ であることを，$x \to x'$ と書く．

遷移システムの各状態遷移にラベルを割り当てたものが，以下で定義されるラベル付き遷移システムである．

定義 6.2　ラベル付き遷移システム

ラベル付き遷移システムとは，$LTS = (X, \Sigma, \to, [X_0, [X_F]], [\Phi, \ell])$ である．ここで，

1. X は状態の集合，
2. Σ はラベルの集合，
3. $\to \subseteq X \times \Sigma \times X$ は遷移関係，
4. $X_0 \subseteq X$ は初期状態の集合，
5. X_F は最終状態の集合，
6. Φ は命題の集合，
7. $\ell : X \to 2^\Phi$ は，各状態にそこで真になる命題の集合を割り当てる関数．

ラベルの集合はアルファベット（記号の有限集合）だけとは限らず，実数のような非可算無限集合も許される．また，各状態において，同じラベルが付けられた異なる遷移先があってもかまわない．すなわち，非決定性の状態遷移が許される．$(x, \sigma, x') \in \to$ であることを $x \xrightarrow{\sigma} x'$ と書く．なお，遷移システム $TS = (X, \to)$ は，すべての遷移が同じラベル τ をもつラベル付き遷移システム $LTS = (X, \{\tau\}, \to)$ と等価である．

$LTS = (X, \Sigma, \to)$ により生成される言語を，オートマトンと同様に定義する．オートマトンの遷移関数 δ と同様に，遷移関係 $\to$ をラベルの列 $s \in \Sigma^*$ に対する遷移関係 $\to^*$ に拡張する．すなわち，(i) 任意の $x \in X$ について $x \xrightarrow{\varepsilon}^* x$，(ii) $x \xrightarrow{s\sigma}^* x' \Leftrightarrow \exists x'' \in X : x \xrightarrow{s}^* x'' \wedge x'' \xrightarrow{\sigma} x'$．この記法を用いて，$LTS$ の状態 $x \in X$ から生成される言語は，

$$L(LTS, x) := \{s \mid \exists x' \in X : x \xrightarrow{s}^* x'\} \tag{6.1}$$

により定義される．

6.2 ふるまいの等価性

ラベル付き遷移システムにおいて，二つの状態 $x, x' \in X$ からシステムが「同じふるまい」をするときに x と x' は同値である，とするような同値関係をどのように与えるべきかについて考える．この問題は，二つのラベル付き遷移システムがあったとき，それらのふるまいが「同じである」ことを定義する問題である．

モデル化の方法によっては，同じシステムに対する複数の記述が可能な場合がある．このとき，二つのモデルがどのような意味で同じであるかを厳密に規定しておくことは有用である．たとえば，システムのふるまいに関する仕様を記述したモデルと，それを実装したモデルの二つのモデルがあったとき，仕様が正しく実装されているかどうか判断するときなどに，「ふるまいの等価性」の概念が基準として利用できる．

連続状態，離散状態を問わず，ラベル付き遷移システムにおいて，「同じふるまい」をどのように定義するかについては，以下のいずれかに基づく場合が多い．

1. **言語等価性** (language equivalence)
2. **双模倣性** (bisimulation)
3. **同型性** (isomorphism)

定義 6.3 言語等価性

$LTS = (X, \Sigma, \rightarrow)$ をラベル付き遷移システムとする．以下に定義される X 上の同値関係 $\sim_L$ を，言語等価性という．

$$\sim_L := \{(x, x') \mid L(LTS, x) = L(LTS, x')\} \tag{6.2}$$

与えられた正則言語を受理する状態数最小の決定性有限オートマトンは一意に決定できることから（2.5 節参照），決定性のシステムに対しては，言語等価性を「同じふるまい」の定義として問題ないように思える．ところが，非決定性のシステムに対しては，言語等価性では，例 2.1 切符の購入窓口に示したような，各状態における発生可能な事象集合の違いを認識することができない．これを可能にするのが，つぎに定義する双模倣性である．

定義 6.4 模倣・双模倣

$LTS = (X, \Sigma, \rightarrow)$ をラベル付き遷移システムとする．X 上の 2 項関係 $S \subseteq X \times X$ は，以下を満たすとき，LTS の**模倣** (simulation) であるという．

> xSy のとき，もし $x \xrightarrow{\sigma} x'$ ならば，
> $y \xrightarrow{\sigma} y'$ かつ $x'Sy'$ であるような $y' \in X$ が存在する．

さらに，S とその逆関係 S^{-1} がともに模倣ならば，S を**双模倣**とよぶ．

双模倣は，事象列の発生可能性だけでなく，各事象発生による遷移先の状態の対応付けまで要求している点が言語等価性と異なる．

つぎの補題は定義 6.4 より明らかである．

補題 6.5

$LTS = (X, \Sigma, \rightarrow)$ をラベル付き遷移システムとし，S を LTS の双模倣とする．このとき，もし xSx' ならば，$L(LTS, x) = L(LTS, x')$ である．

S と S' がともに双模倣ならば，それらの和も双模倣である．したがって，最大の双模倣が存在する．状態集合上の 2 項関係 $\sim_B$ を

$$x \sim_B y \Leftrightarrow xSy \text{ であるような双模倣 } S \text{ が存在する．}$$

により定義すると，$\sim_B$ は状態集合上の同値関係になり，それは最大の双模倣である．

以下のように，二つのラベル付き遷移システムに対して双模倣を定義する場合がある．

定義 6.6 二つのラベル付き遷移システムの模倣・双模倣

$LTS_i = (X_i, \Sigma, \rightarrow_i), i = 1, 2$ を二つのラベル付き遷移システムとする．2 項関係 $S \subseteq X_1 \times X_2$ は，以下を満たすとき，LTS_2 による LTS_1 の模倣という．

1. 任意の $x \in X_1$ に対して，$(x, y) \in S$ であるような $y \in X_2$ が存在する．
2. xSy のとき，もし $x \xrightarrow{\sigma}_1 x'$ ならば，$y \xrightarrow{\sigma}_2 y'$ かつ $x'Sy'$ であるような $y' \in X_2$ が存在する．

2 項関係 $S \subseteq X_1 \times X_2$ が LTS_2 による LTS_1 の模倣であり，かつ，S の逆関係 $S^{-1} \subseteq X_2 \times X_1$ が LTS_1 による LTS_2 の模倣であるとき，2 項関係 S は，LTS_1 と LTS_2 の双模倣であるという[†]．

遷移システムにおける双模倣も同様に定義される．すなわち，二つの状態間の同じラベルでの遷移が存在する条件を，単に遷移が存在する条件に置き換えればよい．

[†] LTS_2 による LTS_1 の模倣 S，および LTS_1 による LTS_2 の模倣 S' が存在するだけでは不十分であり，$S' = S^{-1}$ のときのみ S は双模倣になる．

同型性は，双模倣の特別な場合として，つぎのように定義される．

定義 6.7　二つのラベル付き遷移システムの同型性

$LTS_i = (X_i, \Sigma, \rightarrow_i)$, $i = 1, 2$ を二つのラベル付き遷移システムとする．LTS_1 と LTS_2 は，以下を満たす 2 項関係 $\sim_I$ が存在するとき，同型であるという．

1. $\sim_I$ は X_1 から X_2 への全単射である．
2. $\sim_I$ は LTS_1 と LTS_2 の双模倣である．

例 6.1　第 4 章で説明したように，プロセスのふるまいは状態遷移図（ラベル付き遷移システム）で記述することができる．したがって，プロセスの等価性も，ラベル付き遷移システムの等価性により与えることができる．

つぎのプロセスは，図 2.3 の切符の購入窓口を記述したものである．

$$P = a \rightarrow (b \rightarrow STOP_{\alpha P} \mid c \rightarrow STOP_{\alpha P})$$
$$Q = (a \rightarrow b \rightarrow STOP_{\alpha P} \mid a \rightarrow c \rightarrow STOP_{\alpha P})$$

また，対応するラベル付き遷移システムは図 2.4 である．

二つのプロセス P, Q が生成する事象列の集合は，ともに

$$\{\varepsilon, a, ab, ac\}$$

であり等しい．しかし，プロセス P は事象 a を発生させた後，事象 b と c のいずれも選択できるのに対し，プロセス Q では事象 a の発生時に，つぎに発生可能な事象が決まってしまう．この意味で二つのプロセスは等価でない．双模倣は，このようなプロセス P, Q のふるまいを区別することができる．二つのプロセス P, Q から作られる遷移システムには双模倣は存在せず，二つのプロセスのふるまいが異なるという判断ができる．これに対し，図 6.1 に示した 2 項関係は双模倣で

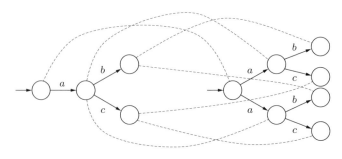

図 6.1　双模倣

ある．左のプロセスは鉄道とバスの両方の切符が購入できる窓口が一つ，右側のプロセスは同様な窓口が二つ存在する状況を表現している．ただし，この 2 項関係は全単射ではないので，二つのプロセスは同型ではない．

各状態に対し，その状態で真になる命題集合が定義されたラベル付き遷移システム $LTS = (X, \Sigma, \rightarrow, \Phi, \ell)$ では，「同じふるまい」の要件として，対応する状態対に対し，各状態において真となる命題集合の一致も含める必要がある．任意の 2 状態 $x, x' \in X$ について，

$$x \sim x' \Rightarrow \ell(x) = \ell(x') \tag{6.3}$$

であるような X 上の同値関係 $\sim$ は，**命題保存**であるという．

6.3 可到達集合の計算

$LTS = (X, \Sigma, \rightarrow, X_0)$ をラベル付き遷移システムとする．状態の部分集合 $\mathcal{R} \subseteq X$ を**領域** (region) とよぶ．領域 $\mathcal{R} \subseteq X$ に対し，それに含まれる状態からラベル $\sigma \in \Sigma$ で到達可能な状態の集合 $Post_\sigma(\mathcal{R})$ を，以下のように定義する．

$$Post_\sigma(\mathcal{R}) := \{x' \in X \mid x \in \mathcal{R} \land x \xrightarrow{\sigma} x'\} \tag{6.4}$$

同様に，領域 $\mathcal{R} \subseteq X$ に対し，それに含まれる状態にラベル $\sigma \in \Sigma$ で到達可能な状態の集合 $Pre_\sigma(\mathcal{R})$ を定義する．

$$Pre_\sigma(\mathcal{R}) := \{x \in X \mid \exists x' \in \mathcal{R} : x \xrightarrow{\sigma} x'\} \tag{6.5}$$

初期状態集合 $X_0 \subseteq X$ から到達可能な状態集合（可到達集合）は，表 6.1 のアルゴリズムに示すように，$Post_\sigma(\cdot)$ を繰り返し適用することで計算できる．また，表 6.1 のアルゴリズムにおける $Post_\sigma(\cdot)$ を $Pre_\sigma(\cdot)$ で置き換えることで，与えられた状態集

表 6.1 可到達集合の計算アルゴリズム

```
1: R := X_0;
2: repeat {
3:     R' := R;
4:     R := R' ∪ ⋃_{σ∈Σ} Post_σ(R);
5: } until R' ≠ R;
6: R を出力．
```

合に到達可能なすべての状態からなる集合を計算することができる．なお，領域 $\mathcal{R}$ が無限集合のときは，記号表現など，無限状態を有限の記述で表現できる方法が必要である．

6.4 連続状態をもつ遷移システムの離散抽象化

連続状態をもつ（ラベル付き）遷移システムに対し，状態集合上に「同じふるまい」を表現する同値関係を導入することで，離散状態集合をもつ（ラベル付き）遷移システムが得られる．これを**離散抽象化** (discrete abstraction) [18] という．

$LTS = (X, \Sigma, \rightarrow, \Phi, \ell)$ をラベル付き遷移システムとする．命題保存な同値関係 $\sim$ を与えたとき，$\sim$ から命題保存な双模倣を求めるアルゴリズムを表 6.2 に示す．アルゴリズムは状態集合の分割 $\Pi := X/\sim$ からスタートし，以下の条件が満たされるまで，$Pre_\sigma(\cdot)$ により領域を分割していく．

$$\forall \mathcal{R}, \mathcal{R}' \in \Pi, \forall \sigma \in \Sigma : \mathcal{R}' \subseteq Pre_\sigma(\mathcal{R}) \vee \mathcal{R}' \cap Pre_\sigma(\mathcal{R}) = \emptyset \quad (6.6)$$

この条件は，任意の $x \in \mathcal{R}'$ について，x からラベル σ の遷移で $\mathcal{R}$ の状態に遷移できるか，または，$\mathcal{R}'$ のどの状態からもラベル σ の遷移により $\mathcal{R}$ の状態に遷移できないことを表している．すなわち双模倣の条件を表している．

表 6.2 ラベル付き遷移システムの双模倣分割アルゴリズム

```
1:  ～ は命題保存な同値関係; Π := X/～;
2:  while ∃R, R' ∈ X/～ ∃σ ∈ Σ:
        R₁ := R ∩ Pre_σ(R') ≠ ∅ ∧ R₁ ≠ R {
3:      R₂ := R\Pre_σ(R');
4:      Π := (Π\{R}) ∪ {R₁, R₂};
5:  }
6:  Π を出力．
```

ラベル付き遷移システム $LTS = (X, \Sigma, \rightarrow)$ および X 上の同値関係 $\sim$ が与えられたとき，ラベル付き遷移システム $LTS/\sim := (X/\sim, \Sigma, \rightarrow_\sim)$ を，LTS の $\sim$ による**商ラベル付き遷移システム** (quotient labelled transition system) という．ここで，$X/\sim$ は状態集合の $\sim$ による同値類の集合であり，$[x]_\sim$ により状態 $x \in X$ を含む同値類を表す．また，遷移関係 $\rightarrow_\sim$ は，各状態対 $x, x' \in X$ に対し，$[x]_\sim \xrightarrow{\sigma}_\sim [x']_\sim \Leftrightarrow x \xrightarrow{\sigma} x'$ により与える．遷移システム $TS = (X, \rightarrow)$ の**商遷移システム**についても，同様に定義できる．

例 6.2 つぎの状態方程式でモデル化される連続状態システムを考える．

$$\begin{bmatrix} \dot{x}_1 \\ \dot{x}_2 \end{bmatrix} = \begin{bmatrix} 0 & -1 \\ 1 & 0 \end{bmatrix} \begin{bmatrix} x_1 \\ x_2 \end{bmatrix}$$

$x(t) = [x_1(t), x_2(t)]^T$ の軌跡は原点を中心とする円になる．すなわち，

$$\begin{bmatrix} x_1(t) \\ x_2(t) \end{bmatrix} = \begin{bmatrix} \cos t & -\sin t \\ \sin t & \cos t \end{bmatrix} \begin{bmatrix} x_1(0) \\ x_2(0) \end{bmatrix}$$

である．

命題集合を $\Phi = \{\phi_1, \phi_2\}$ とし，各状態 $[x_1, x_2] \in \mathbb{R}^2$ に対し，そこで真となる命題集合を指定する関数 ℓ をつぎのように与える．

$$\ell([x_1, x_2]) = \begin{cases} \{\phi_1\} & \text{if } 0 \leq x_1 \leq 1 \wedge x_2 = 0 \\ \{\phi_2\} & \text{if } -1 \leq x_1 < 0 \wedge x_2 = 0 \\ \emptyset & \text{otherwise} \end{cases}$$

命題の真偽値により，状態空間はつぎの三つの領域に分割される．

$$\begin{aligned} \mathcal{R}_1 &= \{[x_1, x_2] \mid 0 \leq x_1 \leq 1 \wedge x_2 = 0\}, \\ \mathcal{R}_2 &= \{[x_1, x_2] \mid -1 \leq x_1 < 0 \wedge x_2 = 0\}, \\ \mathcal{R}_3 &= \mathbb{R}^2 \backslash (\mathcal{R}_1 \cup \mathcal{R}_2) \end{aligned} \tag{6.7}$$

この分割を初期分割として双模倣アルゴリズムを適用することで，以下の五つの領域が得られる（図 6.2）．

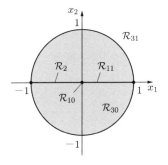
図 6.2 双模倣アルゴリズムの適用結果

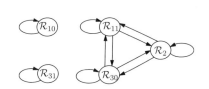
図 6.3 商遷移システム

$$\begin{aligned}
\mathcal{R}_{10} &:= \{[0,0]\}, \\
\mathcal{R}_{11} &:= \{[x_1, x_2] \mid 0 < x_1 \leq 1 \land x_2 = 0\}, \\
\mathcal{R}_{2} &:= \{[x_1, x_2] \mid -1 \leq x_1 < 0 \land x_2 = 0\}, \\
\mathcal{R}_{30} &:= \{[x_1, x_2] \mid x_1^2 + x_2^2 \leq 1\} \backslash (\mathcal{R}_1 \cup \mathcal{R}_2), \\
\mathcal{R}_{31} &:= \{[x_1, x_2] \mid x_1^2 + x_2^2 > 1\}
\end{aligned} \tag{6.8}$$

この分割を商集合とする同値関係を $\sim_B$ とすると，図 6.3 の商遷移システムが得られる．

命題集合と，各状態における命題の真偽値を与える関数をもつ遷移システム $TS = (X, \rightarrow, X_0, \Phi, \ell)$ は，遷移関係 $\rightarrow$ が全域的であるならば，クリプケ構造そのものである．

時相論理式 f が与えられたとき，各状態 $x \in X$ について，もし

$$\langle TS, x \rangle \models f \Leftrightarrow \langle TS/\sim, [x]_\sim \rangle \models f \tag{6.9}$$

が成り立つような状態集合上の同値関係 $\sim$ が存在すれば，商遷移システム $TS/\sim$ 上で時相論理式 f の真偽が判定できる．

同値関係 $\sim$ が式 (6.9) を満たすための条件として，つぎの結果が知られている [18]．

定理 6.8

CTL 式 f に対し，もし命題保存の同値関係 $\sim$ が双模倣ならば，式 (6.9) が成り立つ．

連続状態システムであっても，状態集合上に双模倣が存在し，さらに，それにより導かれる商遷移システムが有限状態ならば，CTL 式の充足判定が有限の手続きで実行できる．この考えは，ハイブリッドシステムのモデル検査で用いられる（第 12 章参照）．

演習問題

6.1 決定性のラベル付き遷移システムでは，言語等価性と双模倣性が一致することを示せ．

6.2 決定性のラベル付き遷移システムの言語等価性は，必ずしも遷移システムの同型性を意味しない．例を示せ．

6.3 例 6.2 の商遷移システムを双模倣アルゴリズムにより求めよ．

6.4 容量 1 の二つのバッファが直列に結合されている場合と，並列に置かれている場合のラベル付き遷移システムをそれぞれ示し，遷移システムの等価性の観点から比較せよ．

第 III 部

拡張モデル

第7章 時間・確率システムのモデル化

いままでの章で説明したモデル化手法は，事象の発生間隔やタスクの実行に必要な作業時間など，事象発生に関する時間制約を考慮していなかった．また，事象発生についても，どの程度発生しやすいかなど，蓋然性に関する情報は与えられなかった．本章では，事象発生に関する時間制約や，事象発生に関する確率を導入したモデル化手法について述べる．時間に関する制約は，クロック変数という単位時間あたり値が 1 増加する変数の導入，およびクロック変数を含む制約式で表現される．また，時間は決定性のものだけでなく，実数区間で与えられたり，確率分布の形で与えられるモデルもある．事象発生に関する確率は，潜在的に発生可能な事象集合上の離散確率分布で与える場合が多い．

時間・確率モデルは，時間制約を扱う実時間システム (real time system) のモデル化や，システムの処理能力を評価する性能評価モデル (performance evaluation model) として用いられる．

7.1 決定性時間モデル

状態遷移に伴う時間制約を記述可能なモデル化手法について説明する．ここでいう時間とは，事象発生の順序のみを扱う離散時間ではなく，整数，有理数，実数など数値で与えられる時刻を扱う時間であり，実時間での反応や処理が要求されるシステムにおける時間制約の記述に用いられる．

時間モデルは，決定性の時間を扱うモデルと確率的な時間を扱うモデルの二つに分類できる．第2～4章で説明した時間なしの各モデル化手法それぞれに対して，時間および確率を導入したモデルが存在する．ここでは，オートマトンおよびペトリネットの拡張モデルについて紹介する．同様な考えに基づいた，プロセス代数に時間を導入したモデルも存在する [19]．

7.1.1 時間オートマトン

時間オートマトン (timed automaton) は，時刻の経過を記憶するためのクロック変

数を導入し，クロック変数に関する制約条件を状態遷移の条件として記述可能なオートマトンである [20]．以下に定義を示す．

定義 7.1 時間オートマトン

時間オートマトンは，7項組 $TA = (Loc, \mathcal{C}, Lab, Edg, Inv, Loc_0, Loc_F)$ である．ここで，

1. Loc はロケーションの集合，
2. $\mathcal{C}$ はクロック変数の集合，
3. Lab はアルファベット，
4. $Edg \subseteq Loc \times \Phi(\mathcal{C}) \times Lab \times 2^{\mathcal{C}} \times L$ はトランジションとよばれる辺の集合（ここで，$\Phi(\mathcal{C})$ はクロック制約の集合），
5. $Inv : Loc \to \Phi(\mathcal{C})$ は各ロケーションにクロック制約を割り当てる関数（インバリアントとよばれる），
6. $Loc_0 \subseteq Loc$ は初期ロケーションの集合，
7. $Loc_F \subseteq Loc$ は最終ロケーションの集合．

クロック制約 $\Phi(\mathcal{C})$ は，$x, y \in \mathcal{C}, k \in \mathbb{N}, op \in \{<, \leq, =, \geq, >\}$ としたとき，以下の形をした式の連言により与えられる[†1]．

$$x \ op \ k \ \text{または} \ x - y \ op \ k \tag{7.1}$$

インバリアントは，システムがそのロケーションにいる間は満たされていなければならない条件を表す．インバリアントが満たされなくなった時点で，ほかのロケーションへの遷移が発生するか，または，時間の進行が停止する[†2]．

時間オートマトンは，オートマトンにクロック変数とクロック値に関する遷移条件を与えたものである．状態は離散状態であるロケーションとクロック値の組で表現される．また，遷移条件にクロック値に関する制約を与えることができる．

例 7.1 図 7.1 は時間オートマトンの例である．各ロケーションはグラフの頂点 l_0, l_1, l_2 として，各トランジションはグラフの辺として描かれており，$Loc_0 = \{l_0\}$, $Loc_F = \{l_2\}$ である．クロック変数は x, y の二つであり，各辺には，クロック制約，Lab の記号，およびリセットするクロック変数の集合が示されている．図ではインバリアントは省略されているが，すべてのロケーションで「常に真」である

[†1] $x \ op \ k$ の形式のみを許す場合もある．
[†2] 言い換えると，状態遷移の軌跡がそこで停止する．

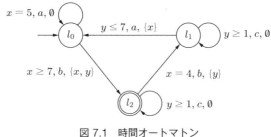

図 7.1　時間オートマトン

とする.

時間オートマトンでは，つぎの 2 種類の状態遷移が定義される.

1. 時間の経過：クロック変数の値は，時間の経過とともに変化率 1 で増加する. 各クロック変数に非負実数値[†]を割り当てる関数 $v : \mathcal{C} \to \mathbb{R}^+$ を**クロック値**とよび，さらにクロック値全体の集合を V で表す. 現在のクロック値が v であるとき，t 時間後のクロック値 v' は $v'(x) = v(x) + t, x \in \mathcal{C}$ になる. このクロック値 v' を $v + t$ で表す. クロック値が現在のロケーションのインバリアントを満たしている限り，時間が経過する.

2. 事象の発生：各トランジションは 5 項組 (l, ϕ, σ, r, l') で表される. ここで, $l, l' \in Loc$ はトランジションの始点と終点のロケーション，ϕ はクロック制約（ガード (guard) とよばれる），$\sigma \in Lab$ は事象を表す記号, $r \subseteq \mathcal{C}$ はリセットするクロック変数の集合である. ある時刻においてクロック値がガードを満たすならば，ロケーション l からロケーション l' への遷移が発生し事象 σ を発生させる. さらに，遷移後に r に含まれるクロック変数は値を 0 にリセットされ，それ以外のクロック変数の値は変化しない. すなわち，ロケーション間の遷移が発生したとき，クロック変数の値はリセットされるか，または，遷移前の値を引き継ぐかの 2 通りが存在する. さらに，遷移前後のクロック値は，それぞれのロケーションにおけるインバリアントを満たしていなければならない.

クロック変数の値は時間の経過とともに変化率 1 で増加するか，あるいは，事象の発生により 0 にリセットされるかだけなので，必ず非負である.

クロックの部分集合 $\mathcal{C}' \subseteq \mathcal{C}$ に対し，$reset(\mathcal{C}', v)$ はクロック値 v において，$\mathcal{C}'$ に含まれるクロック変数の値を 0 にリセットしたクロック値を表す. また，クロック制約 $\phi \in \Phi(\mathcal{C})$ にクロック値 v を代入したときの真偽値を $v(\phi)$ で表す.

[†] 非負整数値，非負有理数値で定義するモデルもある.

7.1 決定性時間モデル

時間オートマトンの可能なふるまいは，状態の遷移列である**ラン** (run) で表される．図 7.1 の時間オートマトンは，つぎのようなランを生成する．ここで，クロック値 v をベクトル $[v(x), v(y)]$ で表現している．

$$(l_0, [0,0]) \xrightarrow{5} (l_0, [5,5]) \xrightarrow{a} (l_0, [5,5]) \xrightarrow{2} (l_0, [7,7])$$
$$\xrightarrow{b} (l_2, [0,0]) \xrightarrow{1} (l_2, [1,1]) \xrightarrow{c} (l_2, [1,1])$$

より簡潔に，

$$(l_0, [0,0]) \xrightarrow{5, a} (l_0, [5,5]) \xrightarrow{2, b} (l_2, [0,0]) \xrightarrow{1, c} (l_2, [1,1])$$

と表すこともある．さらに，発生した事象と発生時刻の組の列

$$(a, 5)(b, 7)(c, 8)$$

を**時間付き語** (timed word) とよぶ．初期ロケーションから出発して最終ロケーションに至る時間付き語の集合が，時間オートマトンが生成する**時間付き言語** (timed language) になる．

時間オートマトン TA から，そのふるまい全体を表すラベル付き遷移システム $LTS(TA)$ $= (X, Lab \cup \mathbb{R}^+, \to)$ を構成することができる．ここで，$X = Loc \times V$ はロケーションとクロック値の組である状態の集合であり，遷移関係 $\to$ はつぎの二つの遷移関係 $\xrightarrow{a}$ と $\xrightarrow{t}$ の和である．

1. **遷移ステップ関係**：$\exists (l, \phi, a, r, l') \in Edg : v \in Inv(l) \land v(\phi) \land v' = reset(r, v) \land v' \in Inv(l')$ のとき，$(l, v) \xrightarrow{a} (l', v')$．
2. **時間ステップ関係**[†]：$t \in \mathbb{R}^+$ について $\forall 0 \leq t' \leq t : v + t' \in Inv(l)$ のとき，$(l, v) \xrightarrow{t} (l, v + t)$．

遷移ステップ関係のラベルは発生事象であるが，時間ステップ関係のラベルは経過時間である．$LTS(TA)$ の時間ステップ関係における非負実数 t を，任意の時間の経過を表す一つのラベル $\tau \notin Lab$ に抽象化した，時間抽象化ラベル付き遷移システム $LTS^\tau(TA) = (X, Lab \cup \{\tau\}, \to)$ を考えることもある．$LTS^\tau(TA)$ の遷移関係 $\to$ は，つぎの遷移ステップ関係 $\xrightarrow{a}$ ($a \in Lab$) と，時間ステップ関係 $\xrightarrow{\tau}$ の 2 種類からなる．

1. **遷移ステップ関係**：$\exists (l, \phi, a, r, l') \in Edg : v \in Inv(l) \land v(\phi) \land v' = reset(r, v) \land v' \in Inv(l')$ のとき，$(l, v) \xrightarrow{a} (l', v')$．
2. **時間ステップ関係**：ある $t \in \mathbb{R}^+$ が存在して $\forall 0 \leq t' \leq t : v' = v + t' \in Inv(l)$

[†] クロック制約が線形式の連言であることから，この条件は $v \in Inv(l) \land v + t \in Inv(l)$ と等価である．

のとき，$(l,v) \xrightarrow{\tau} (l,v')$.

7.1.2 時間ペトリネット

ペトリネットにおけるトランジションの発火に時間を導入した，いくつかのモデル化手法がある．トランジションの発火に単純に発火継続時間を導入すると，発火開始によりトークンが入力プレースから取り去られ，発火終了時に出力プレースにトークンが加えられることになり，発火中はそれらのトークンは消失してしまう．これは，資源の保存性を考えたときに望ましくない性質であるため，そのかわりに発火可能になってから，実際に発火するまでの遅延時間を導入したモデルが提案されている．

トランジションの発火に時間制約を導入したペトリネットとして代表的なものに，**タイムペトリネット** (time Petri net) と**タイムドペトリネット** (timed Petri net) がある．両方ともP/Tネットを拡張したモデルである[†]．二つのモデルはともにクロックをもつが，前者はトランジションがクロックをもつのに対し，後者はトークンがクロックをもつという違いがある．

タイムペトリネット

タイムペトリネット [21] では，各トランジション t_i に事象に対応するラベル，および時間区間 $[e(t_i), l(t_i)]$ が与えられる．ここで，$e(t_i), l(t_j) \in \mathbb{R}^+$, $e(t_i) \leq l(t_j)$ である．タイムペトリネットの発火規則を以下に示す．

- 発火可能な各トランジション t_i には非負整数値が割り当てられる．値を割り当てる関数 $v: T \to \mathbb{R}^+$ をクロック値とよぶ．タイムペトリネットの状態は，マーキング m とクロック値 v の対 (m, v) で表される．
- $v(t_i)$ の値はトランジション t_i が発火可能になった時点で 0 にリセットされ，時間経過とともに増加する．ただし，$v(t_i)$ の値は，そのトランジションに定義された時間区間を超えることはできない．すなわち $v(t_i) \leq l(t_i)$ である．時間経過に伴う状態の変化は

$$(m, v) \xrightarrow{t} (m, v+t)$$

となる．ここで，$v+t$ の意味は，時間オートマトンのクロック値と同じである．
- P/Tネットとして発火可能なトランジション t_i は，$v(t_i) \in [e(t_i), l(t_i)]$ のときに発火できる．上記のクロック値の上限の制約から，継続して発火可能なトランジション t_i は，$v(t_i)$ が $l(t_i)$ に達するまでに「必ず」発火しなければならな

[†] 時間ペトリネットとよぶと，どちらのモデルか区別できなくなるので，本書では「タイム」，「タイムド」と表記することで区別する．

い（さもなければ，すべてのクロック値の増加が停止する）．

より厳密な状態遷移に関する意味論については [22] に詳しい．

図 7.2 はタイムペトリネットの例である．図において，初期状態から 3 単位時間経過後に t_1 が発火し，さらに 1.5 単位時間経過後に t_2 が発火したときの，状態遷移列を以下に示す．クロック値はベクトルで表記しており，'−' は対応するトランジションが P/T ネットとして発火不能であることを表している．

$$([2,1,0],[0,-]) \xrightarrow{3} ([2,1,0],[3,-]) \xrightarrow{\sigma_1} ([1,0,1],[-,0]) \xrightarrow{1.5} ([1,0,1],[-,1.5])$$
$$\xrightarrow{\sigma_2} ([1,1,0],[0,-])$$

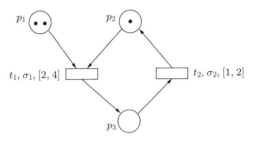

図 7.2　タイムペトリネット

タイムドペトリネット

タイムドペトリネット [23] では，各トークンにクロック変数が割り当てられる．また，各アークに時間区間が与えられる．発火規則を以下に示す．

- 各トークンにはクロック値を表す非負実数値が割り当てられる．したがって，トークンを非負整数値と同一視することができる．クロック値は時間経過に従って増加する．マーキングは，非負実数の多重集合を成分としてもつ，プレースの個数の次元をもつベクトルで表される．たとえば，プレース p_j にトークン 0.5 が 1 個とトークン 3 が 2 個存在するとき，それらは非負実数の多重集合 $1`0.5 + 2`3$ により表される．
- 各アークには時間区間が定義され，その区間に含まれるクロック値をもつトークンのみが発火に利用できる．
- 発火により出力プレースにトークンが出力されるが，そのクロック値には出力アークの時間区間内の値が非決定的に割り当てられる．

図 7.3 はタイムドペトリネットの例である．状態遷移の例を示す．

$[2`0, 1`0, \emptyset] \xrightarrow{2.5} [2`2.5, 1`2.5, \emptyset] \xrightarrow{\sigma_1} [1`2.5, \emptyset, 1`0] \xrightarrow{1} [1`3.5, \emptyset, 1`1]$
$\xrightarrow{\sigma_2} [1`3.5, 1`0.5, \emptyset]$

タイムペトリネットとタイムドペトリネットの違いとして，トランジションとトークンのどちらがクロックをもつのかに加え，前者が与えられた時間区間内での発火が強制されるのに対し，後者は強制されないことが挙げられる．

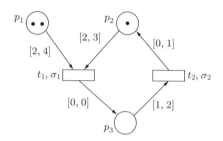

図 7.3 タイムドペトリネット

7.2 確率的時間モデル

発生可能になってから，実際に状態遷移が発生するまでの遅延時間を確率的に与えるモデルを紹介する．確率的な時間は，システムへの処理要求がある確率分布に従ってランダムに発生するのを表現する際などに用いられ，設計の論理的正しさだけでなく，システムの性能評価を行うためのモデルに導入される場合が多い．

7.2.1 連続時間マルコフ連鎖

状態遷移の遅延時間が確率分布の形で与えられる代表的モデル化手法として，**連続時間マルコフ連鎖** (continuous time Markov chain) がある．

状態空間 S が離散集合であり，また，時間が非負実数の集合 $\mathbb{R}^+$ で与えられる確率過程 $\{X(t) \in S, t \in \mathbb{R}^+\}$ は，任意の整数 n および任意の時刻の系列 $t_1 < t_2 < \cdots < t_n < t_{n+1}$ について以下の性質を満たすとき，連続時間マルコフ連鎖とよばれる[†]．また，この性質を**マルコフ性**とよぶ．

$$\begin{aligned} &Pr[X(t_{n+1}) = j \mid X(t_1) = i_1, X(t_2) = i_2, \ldots, X(t_n) = i_n] \\ &= Pr[X(t_{n+1}) = j \mid X(t_n) = i_n] \end{aligned} \tag{7.2}$$

[†] このモデルは，待ち行列理論，確率過程を扱う多くの書籍で取り上げられている．たとえば，[24]．

ここで，$j \in S, i_k \in S\ (k=1,\ldots,n)$ である．

マルコフ性は，将来の状態が現在の状態にのみ依存し，過去に訪れた状態の履歴には依存しないことを表す．すなわち，上式において，$X(t_1)=i_1, X(t_2)=i_2,\ldots,X(t_{n-1})=i_{n-1}$ がもつ情報は無視してもかまわない．さらに，状態遷移確率が時刻に依存しない，すなわち

$$Pr[X(t_{n+1})=j \mid X(t_n)=i] = Pr[X(t_{n+1}-t_n)=j \mid X(0)=i] \quad (7.3)$$

を満たすとき，斉次的 (homogeneous) であるという．以下の説明では，斉次的マルコフ連鎖を扱う．

τ_i を状態 i に留まっている時間を表す確率変数とする．言い換えると，τ_i は，状態 i に到着してからつぎの遷移が起こるまでの遅延時間である．マルコフ性から，τ_i は状態 i にどれだけ長く留まっていたかには依存しない．すなわち，

$$Pr[\tau_i > s+t \mid \tau_i > s] = Pr[\tau_i > t] \quad (7.4)$$

が成り立つ．これを満たす確率密度関数は，つぎの $f_{\tau_i}(t)$ に限られることが知られている [24]．

$$f_{\tau_i}(t) = f_{\tau_i}(0) e^{-f_{\tau_i}(0)t} \quad (7.5)$$

これは，パラメータ $\lambda_i = f_{\tau_i}(0)$ をもつ指数分布にほかならない．指数分布 $f(x;\lambda) = \lambda e^{-\lambda x}$ の期待値は $1/\lambda$，分散は $1/\lambda^2$ である．

いま，$p_{ij}(s,t) := Pr[X(t)=j|X(s)=i]$（時刻 s における状態が i であるときに，時刻 t における状態が j である確率）とする．マルコフ連鎖が斉次的，すなわち，$p_{ij}(s,s+t) = p_{ij}(0,t)$ であるならば，$p_{ij}(t) := Pr[X(s+t)=j|X(s)=i]$ とおくことができる．マルコフ性から

$$p_{ij}(s+t) = \sum_k p_{ik}(s) p_{kj}(t) \quad (7.6)$$

が成り立ち，行列 $H(t) := [p_{ij}(t)]$ を考えると

$$H(s+t) = H(s)H(t) \quad (7.7)$$

が得られる．これを，連続時間マルコフ連鎖における Chapman–Kolmogorov 方程式という．

$H(t)$ を微分すると，

$$\frac{dH(t)}{dt} = \lim_{\Delta t \to 0} \frac{H(t+\Delta t) - H(t)}{\Delta t} = H(t) \lim_{\Delta t \to 0} \frac{H(\Delta t) - I}{\Delta t} = H(t)Q \quad (7.8)$$

となる．ここで，I は単位行列であり，$Q := \lim_{\Delta t \to 0} \dfrac{H(\Delta t) - I}{\Delta t}$ は**遷移率行列** (transition rate matrix) とよばれる．Q の各成分 q_{ij} を**遷移率** (transition rate) とよび，つぎの値になる．

$$\begin{aligned} q_{ii} &= \lim_{\Delta t \to 0} \frac{p_{ii}(\Delta t) - 1}{\Delta t}, \\ q_{ij} &= \lim_{\Delta t \to 0} \frac{p_{ij}(\Delta t)}{\Delta t} \quad (i \neq j) \end{aligned} \tag{7.9}$$

遷移率には，つぎのような意味を与えることができる．

- $-q_{ii}$ は状態 i から i 以外の状態への瞬間的な遷移率を表す．もし時刻 t における状態が i のとき，時間区間 $[t, t+\Delta t]$ において i 以外の状態への遷移が起こる確率は $-q_{ii}\Delta t + o(\Delta t)$ により与えられる．ここで，$o(\Delta t)$ は $\lim_{\Delta t \to 0} \dfrac{o(\Delta t)}{\Delta t} = 0$ を満たす任意の関数である．

- $q_{ij}(i \neq j)$ は状態 i から状態 j への瞬間的な遷移率を表す．もし時刻 t における状態が i のとき，時間区間 $[t, t+\Delta t]$ において状態 j への遷移が起こる確率は，$q_{ij}\Delta t + o(\Delta t)$ により与えられる．

$\sum_j p_{ij}(t) = 1$ より $\sum_j q_{ij} = 0$ なので，

$$-q_{ii} = \sum_{j \neq i} q_{ij} \tag{7.10}$$

が成り立つ．したがって，q_{ii} は状態 i から i 以外の状態への遷移率の合計にほかならない．システムが特定の状態に留まる時間を**滞留時間** (sojourn time) とよぶ．状態 i の滞留時間はパラメータ $-q_{ii}$ をもつ指数分布に従い，その平均値は $1/-q_{ii}$ である．

連続時間マルコフ連鎖は，矢印上に遷移率を与えた状態遷移図として表現することができる．

例 7.2 **待ち行列** (queue) とは，ランダムに発生するリクエストに対してサービスを提供する状況をモデル化するための方法である [24]．

図 7.4 は待ち行列を図示したものである．顧客がシステムに到着すると待ち行列の最後尾に並び，サーバーによる処理を受けるまで待ち行列内に待機する．待ち行列の先頭の顧客から順にサービスを受ける．$A(t) = Pr[Y \leq t]$ は顧客の到着間隔 Y に関する確率分布関数，$B(t) = Pr[Z \leq t]$ はサービス時間 Z に関する確率分布関数である．$A(t), B(t)$ により待ち行列の長さが決まる．

図 7.4 の待ち行列において，$A(t), B(t)$ がともに指数分布であり，待ち行列の

図 7.4 待ち行列

長さ（容量）に上限がない場合の状態遷移は，図 7.5 の連続時間マルコフ連鎖で表すことができる．ここで，μ, λ はそれぞれ指数分布 $A(t), B(t)$ のパラメータであり，それらの逆数である $1/\mu, 1/\lambda$ は，それぞれ平均到着間隔，平均サービス時間を表す．

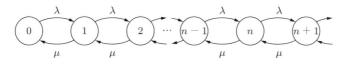

図 7.5 待ち行列のマルコフ連鎖表現

7.2.2 確率ペトリネット

ペトリネットにおいて，トランジションの発火に指数分布で与えられる遅延時間を導入したのが，（連続時間）**確率ペトリネット** (stochastic Petri net) である [25, 26]．確率ペトリネットとは，5 項組 $SPN = (P, T, A, m_0, \Lambda)$ である．ここで，$PN = (P, T, A, m_0)$ は P/T ネットであり，$\Lambda : T \times \mathbb{N}^{|P|} \to \mathbb{R}^+$ は各トランジションにマーキング依存の**発火率** (firing rate) を割り当てる関数である．マーキング m において，トランジション t_i が発火可能になってから実際に発火するまでの遅延時間は，パラメータ $\Lambda(t_i, m)$ の指数分布に従う．

TR_{ij} を，マーキング m_i において発火可能であり，かつ，発火によりマーキングを m_j に遷移させるトランジションの集合，すなわち

$$TR_{ij} = \{t_k \in T \mid m_i \xrightarrow{t_k} m_j\}$$

とする．このとき，確率ペトリネットのふるまいは，つぎの連続時間マルコフ連鎖で表現できる．

- マルコフ連鎖の状態空間 S は，PN の可到達集合である．すなわち，$S = R_{PN}$．
- マーキング m_i からマーキング m_j への遷移率は，

$$q_{ij} = \sum_{t_k \in TR_{ij}} \Lambda(t_k, m_i) \quad (i \neq j)$$

である.また,$q_{ii} = -\sum_{k \neq i} q_{ik}$ である.

図 7.6 は確率ペトリネットと,それに対応する連続時間マルコフ連鎖である.この例では,各トランジションの発火率はマーキングに依存しない定数として与えられている.

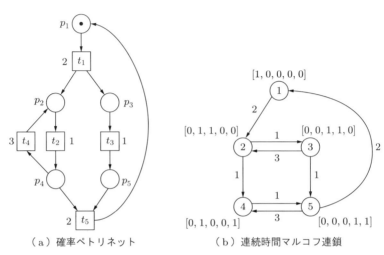

（a）確率ペトリネット　　　　（b）連続時間マルコフ連鎖

図 7.6　確率ペトリネットと対応する連続時間マルコフ連鎖

確率ペトリネットにおいて,トランジションの入力プレースに十分な数のトークンがあるとき,複数回の発火を同時に許す発火方式が提案されている.図 7.7 を例にして,トランジションの発火における 3 種類の発火方式を以下で説明する.図において,トランジション t_1 の入力プレースには 3 回分の発火を可能にするだけのトークンが存在する.このとき,t_1 の発生可能度 (enabling degree) は 3 であるという.

1. **単一サーバー・セマンティクス**：一つのトランジションが同時に発火できる回数は 1 以下である.図 (a) においてトランジション t_1 が発火可能になったとき,指数分布に従う発火遅延時間が与えられる.t_1 が発火後においても引き続

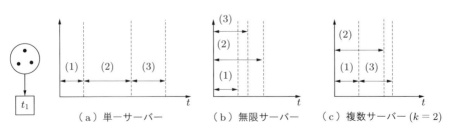

（a）単一サーバー　　　（b）無限サーバー　　　（c）複数サーバー ($k = 2$)

図 7.7　トランジションの発火方式

き発火可能ならば，新しい発火遅延時間が与えられる．したがって，3 回の発火は逐次的に起こる．

2. **無限サーバー・セマンティクス**：発生可能度の分だけ発火遅延時間が生成され，その数のトランジションが同時に発火する．単一サーバー・セマンティクスにおいて，トランジション t_1 の複製が無限個存在する場合と等価である．

3. **複数サーバー・セマンティクス**：最大並列度 k が与えられており，発生可能度と k のうち，大きくないほうの並列度で同時に発火する．図 (c) では $k=2$ としている．単一サーバー・セマンティクスにおいて，トランジション t_1 の複製が k 個存在する場合と等価である．

なお，一つの確率ペトリネットにおいて，複数の発火方式が混在する場合もある．

7.2.3 一般化確率ペトリネット

確率ペトリネットに，時間 0 で発火する即時トランジションを導入したのが**一般化確率ペトリネット** (generalized stochastic Petri net) [27, 28, 29] である．

図 7.8 に一般化確率ペトリネットの例を示す．トランジション t_1, t_2 は**時間トランジション** (timed transition) とよばれ，t_1 にはマーキング依存の発火率 $m_1\alpha$ (m_1 は p_1 のトークン数) が，t_2 にはマーキング非依存の発火率 β が与えられる．トランジション t_3, t_4 は**即時トランジション** (immediate transition) とよばれ，重み $w(t_3) = 0.9$, $w(t_4) = 0.1$ が与えられている．この図では，時間トランジションは四角（□）で，即時トランジションは棒（▮）で描くことで区別している．

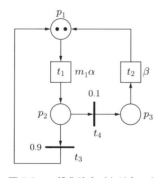

図 7.8　一般化確率ペトリネット

発火規則は以下のとおりである．ここで，現在のマーキング m において発生可能なトランジションの集合を $EN(m)$ とする．

- もし $EN(m)$ が時間トランジションのみを含むならば，確率ペトリネットと同

様に，与えられた発火率から生成される指数分布の遅延時間に従って，$EN(m)$ の各トランジションが発火する．
- もし $EN(m)$ が即時トランジションを含んでいる場合は，時間トランジションは発火せずに，即時トランジションのみが瞬時に（時間 0 で）発火する．
- 即時トランジションどうしが競合関係にある場合は，競合集合に基づいて発火する．ここで競合集合とは，トランジションどうしが競合するという関係の反射的推移的閉包により与えられる同値類のことである†．同じ競合集合内の即時トランジションは，あらかじめ定義された確率分布に従って発火する．確率分布の定義には，競合集合に対しマーキング依存の発火確率を定義する，トランジションに与えられた重みに比例した確率で発火させる，発火の優先度を与えるなど，いくつかの方法がある．異なる競合集合の即時トランジションは同時に発火する．

図 7.8 において p_2 にトークンがあれば，即時トランジション t_3 と t_4 は競合する．トランジションの重みに基づいて発火確率を与える場合，t_3 は確率 $0.9/(0.9+0.1)$ で，t_4 は確率 $0.1/(0.9+0.1)$ で発火する．

7.3 離散時間確率システムのモデル

離散時間モデル，すなわち事象発生の順序のみを考慮するモデルで，発生する事象や遷移先が確率的に定義されるモデルが存在する．このようなモデルの中で，遷移後の状態が現在の状態にのみ依存して確率的に与えられるマルコフモデルがよく用いられる．状態遷移が外部から制御可能か否か，また，状態が外部から観測可能か否かにより，表 7.1 に示す 4 種類のモデルに分類することができる．これらはすべて，状態とその遷移を表現した，オートマトンに基づいたモデル化手法である．

表 7.1　離散時間マルコフモデルの分類

マルコフモデル		制御	
		不可能	可能
状態観測	可能	確率オートマトン I，マルコフ連鎖	確率オートマトン II，マルコフ決定過程
	不可能	隠れマルコフモデル	部分観測マルコフ決定過程

---

† たとえば，t_1 と t_2 が競合し，また，t_2 と t_3 が競合している場合，t_1, t_2, t_3 は同じ競合集合に含まれる．

7.3.1 確率オートマトン

オートマトンにおいて,ある状態からの遷移先が複数存在するとき,遷移先の集合上に離散確率分布を与えたモデル化手法が,以下で定義される**確率オートマトン** (probabilistic automaton) である.

定義 7.2 確率オートマトン I

確率オートマトンとは 5 項組 $PA = (X, \Sigma, \delta, \mu, \pi_0)$ である.ここで,

1. X は状態の集合,
2. Σ はアルファベット,
3. $\delta : X \times \Sigma \to X$ は遷移関数,
4. $\mu : X \times \Sigma \to [0, 1]$ は遷移確率,
5. $\pi_0 : X \to [0, 1]$ は初期状態の確率分布.

μ は各状態 $x \in X$ について $\sum_{\sigma \in \Sigma} \mu(x, \sigma) = 1$ を満たし,また π_0 は $\sum_{x \in X} \pi_0(x) = 1$ を満たさなければならない.

状態 $x \in X$ において,各記号 $\sigma \in \Sigma$ が確率 $\mu(x, \sigma)$ で選択され,状態 $\delta(x, \sigma)$ に遷移する.状態遷移は自律的に発生し,発生する記号を外部から制御することはできない.確率オートマトン PA は記号列を確率的に生成する.記号列 $s = \sigma_1 \sigma_2 \cdots \sigma_n$ が生成される確率 $Pr[s]$ は,

$$Pr[s] = \sum_{x \in X} \pi_0(x) \prod_{i=1}^{n} \mu(\delta(x, s_{i-1}), \sigma_i) \tag{7.11}$$

である.ここで,$s_0 = \varepsilon$, $s_i = \sigma_1 \cdots \sigma_i$ $(i > 0)$ である.

確率オートマトンを,ε-遷移を含まない非決定性オートマトンを拡張する形で,以下のように定義する場合もある.

定義 7.3 確率オートマトン II

確率オートマトンとは 4 項組 $PA = (X, \Sigma, \mu, \pi_0)$ である.ここで,

1. X は状態の集合,
2. Σ はアルファベット,
3. $\mu : X \times \Sigma \to Distr(X)$ は,状態および記号の対に離散確率分布を割り当てる関数,
4. $\pi_0 : X \to [0, 1]$ は初期状態の確率分布.

ここで，離散集合 X 上の離散確率分布とは，$X = \{x_1, x_2, \ldots, x_n\}$ のとき，各 x_i に $\sum_{i=1,n} p_i = 1$ を満たす遷移確率 $p_i \in [0,1]$ を割り当てる関数のことであり，$Distr(X)$ はそのような関数全体の集合を表す．確率オートマトン II では，外部から各状態における記号の選択が可能である．ただし，その記号が表す事象の発生によりどの状態に遷移するかは，μ により確率的に与えられる．

7.3.2 離散時間マルコフ連鎖

状態空間 S が離散集合，時間が離散時間（すなわち非負整数の集合 $\mathbb{N}$）で与えられる確率過程 $\{X(k) \in S, k \in \mathbb{N}\}$ は，任意の整数 n について以下を満たすとき，**離散時間マルコフ連鎖** (discrete-time Markov chain) [24] とよばれる．

$$Pr[X(n+1) = j \mid X(1) = i_1, X(2) = i_2, \ldots, X(n) = i_n]$$
$$= Pr[X(n+1) = j \mid X(n) = i_n] \tag{7.12}$$

ここで，$j \in S, i_k \in S \ (k = 1, \ldots, n)$ である．

マルコフ性の条件を緩和し，有限長の状態の履歴に依存する確率過程が扱われることもある．以下を満たす有限の自然数 m が存在するとき，確率過程 $\{X(k) \in S, k \in \mathbb{N}\}$ は m 次マルコフ連鎖 (Markov chain of order m) という．

$$Pr[X(n+1) = j \mid X(1) = i_1, X(2) = i_2, \ldots, X(n) = i_n]$$
$$= Pr[X(n+1) = j \mid$$
$$X(n-m+1) = i_{n-m+1}, X(n-m+2) = i_{n-m+2}, \ldots, X(n) = i_n]$$
$$\tag{7.13}$$

連続時間マルコフ連鎖と同様に，状態遷移確率が時刻そのものに依存しない，すなわち

$$Pr[X(n+1) = j \mid X(n) = i] = Pr[X(1) = j \mid X(0) = i] \tag{7.14}$$

を満たすとき，斉次的であるという．以下，斉次的マルコフ連鎖について説明する．

マルコフ連鎖において，状態 i から状態 j に遷移する遷移確率を

$$p_{ij} = Pr[X(1) = j \mid X(0) = i]$$

とする．ただし，

$$\sum_j p_{ij} = 1 \tag{7.15}$$

である．p_{ij} を (i,j) 成分にもつ行列 $P = [p_{ij}]$ を，**遷移確率行列** (transition probability matrix) とよぶ．

1ステップの遷移確率 p_{ij} を与えたとき，n ステップ後の遷移確率 $p_{ij}^{(n)} = Pr[X(n) = j|X(0) = i]$ は，つぎのように再帰的に計算できる．

$$p_{ij}^{(n)} = \sum_k p_{ik}^{(n-1)} p_{kj} \tag{7.16}$$

行列 $H(m) := [p_{ij}^{(m)}]$ を定義すると，以下の関係が得られる．

$$H(m+n) = H(m)H(n) \tag{7.17}$$

これを離散時間マルコフ連鎖の Chapman–Kolmogorov 方程式という．$H(1) = P$ なので

$$H(m) = H(m-1)P \tag{7.18}$$

であり，さらに $H(0) = I$ であることから

$$H(m) = P^m \tag{7.19}$$

が得られる．

斉次的な離散時間マルコフ連鎖は，頂点を状態とした有向グラフにより表現できる．有向辺 (i,j) は $p_{ij} \neq 0$ のときに描かれ，確率 p_{ij} を辺のラベルとして与える．

例 7.3 つぎの遷移確率行列をもつ離散時間マルコフ連鎖は，図 7.9 により表現される．

$$P = \begin{bmatrix} 0.5 & 0.5 & 0 \\ 0.5 & 0 & 0.5 \\ 0 & 0 & 1 \end{bmatrix} \tag{7.20}$$

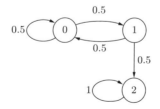

図 7.9　離散時間マルコフ連鎖の図表現

確率オートマトン I $PA = (X, \Sigma, \delta, \mu, \pi_0)$ において，離散時刻 k における状態値を $x(k)$ とすると，確率過程 $\{x(k) \in X, k \in \mathbb{N}\}$ は離散時間マルコフ連鎖になる．このと

き，状態 x_i を状態 x_j に遷移させる記号の集合を Σ_{ij} とすると，状態間の遷移確率は

$$p_{ij} = \sum_{\sigma \in \Sigma_{ij}} \mu(x_i, \sigma)$$

により与えられる．

確率システムでは，各時点 k における状態値 $X(k)$ は確率的にしか与えられない．$\pi_i(k) = Pr[X(k) = i]$ としたとき，$\pi_i(k)$ を第 i 成分とするベクトル $\pi(k) = [\pi_i(k)]$ は状態集合上の離散確率分布を与える．離散時間マルコフ連鎖では，$\pi(k)$ が離散時刻の経過とともにどのように変化するかが解析の対象になる．

埋め込まれたマルコフ連鎖

連続時間マルコフ連鎖 $\{X(t) \in S, t \in \mathbb{R}^+\}$ が図 A.2 のような標本路を発生させるとき，n 番目の離散状態の値を表す確率変数 Y_n により定義される確率過程 $\{Y_n \in S, n \in \mathbb{N}\}$ は，離散時間マルコフ連鎖になる．このとき，$\{Y_n \in S, n \in \mathbb{N}\}$ を，連続時間マルコフ連鎖 $\{X(t) \in S, t \in \mathbb{R}^+\}$ に**埋め込まれたマルコフ連鎖** (embedded Markov chain) とよぶ．

連続時間マルコフ連鎖がエルゴード的（第 11 章を参照）なとき，それに埋め込まれた離散時間マルコフ連鎖の遷移確率は，連続時間マルコフ連鎖の遷移率の大きさに比例した値になる．すなわち，

$$p_{ij} = \begin{cases} \dfrac{q_{ij}}{\sum_{k \neq i} q_{ik}} & \text{if } j \neq i \\ 0 & \text{if } j = i \end{cases} \tag{7.21}$$

である．

7.3.3 マルコフ決定過程

マルコフ決定過程 (Markov decision process) [30,31] は，確率オートマトン II に，状態遷移によって得られる報酬 (reward) を加えたモデルである．以下に定義を示す．

定義 7.4 マルコフ決定過程

マルコフ決定過程とは，5 項組 $MDP = (X, \Sigma, \mu, R, x_0)$ である．ここで，

1. X は状態の集合，
2. Σ はアルファベット，
3. $\mu : X \times \Sigma \to Distr(X)$ は遷移確率分布，
4. $R : X \times \Sigma \to \mathbb{R}$ は報酬関数，
5. $x_0 \in X$ は初期状態．

マルコフ決定過程は，環境とエージェントの関係を表現するモデルとして論じられることが多い．エージェントは環境の状態 $x \in X$ を観測し，行動 $\sigma \in \Sigma$ を決定する．環境の状態は行動により確率的に変化するが，このときエージェントは報酬 $R(x, \sigma)$ を得る．各状態において，エージェントがどのような行動を選択するのかを与える関数 $\xi : X \to \Sigma$ をポリシー (policy) とよぶ．

与えられたマルコフ決定過程に対し，最適なポリシーを求める最適化問題を考えることができる．ポリシーに対する評価関数は，得られる報酬の大きさに基づいて定義されるべきであるが，状態遷移を無限回繰り返したときの報酬の合計は無限大に発散してしまう．そこで，総報酬を有限な値に収束させるために，1 ステップの遷移ごとに報酬に割引率 γ $(0 \leq \gamma < 1)$ を乗じたものの無限和

$$\sum_{t=0}^{\infty} \gamma^t R(x_t, \sigma_t) \tag{7.22}$$

を考え，その期待値をポリシーの評価とするのが一般的である．ここで，$x_t \in X$ は t ステップ目の状態，σ_t はポリシーにより決定された行動である．

ポリシー ξ を与えたときの式 (7.22) の期待値 $V_\xi(x_0)$ は，つぎの再帰式で表現できる．

$$V_\xi(x) = R(x, \xi(x)) + \sum_{x' \in X} P_\sigma(x, x') \gamma V_\xi(x') \tag{7.23}$$

ここで，$P_\sigma(x, x')$ は X 上の離散確率分布 $\mu(x, \sigma)$ における状態 x' の確率，すなわち，状態 x において行動 σ を選択したときに状態 x' に遷移する確率である．$V_\xi(x_0)$ を最大化するポリシー ξ を求める問題は，線形計画法や動的計画法により解くことができる [32]．また，状態遷移分布および報酬関数が未知の場合に，最適なポリシーを学習するアルゴリズムとして，**Q-学習** (Q-learning) がある [31]．

7.3.4 隠れマルコフモデル

隠れマルコフモデル (hidden Markov model) [33] は，離散時間マルコフ連鎖において，状態値 $X(t)$ を直接観測することができず，現在の状態値 $x(t)$ に依存した確率で決定される出力値 $y(t)$ のみが観測できる状況を表現するモデルである．初期においては，主に音声認識に利用された [34]．以下に定義を示す．

定義 7.5 隠れマルコフモデル

隠れマルコフモデルとは，5 項組 $HMM = (X, \Gamma, P, y, \pi_0)$ である．ここで，

1. $X = \{x_1, \ldots, x_n\}$ は状態の離散集合，
2. $\Gamma = \{o_1, \ldots, o_m\}$ は出力記号の離散集合，

3. $P = [p_{ij}]$ は遷移確率行列．
4. $y : X \to Distr(\Gamma)$ は出力関数[†]．
5. $\pi_0 : X \to [0,1]$ は初期状態の確率分布．

状態 x_i において記号 $o_j \in \Gamma$ を出力する確率を y_{ij} とすると，出力関数 y は行列 $Y = [y_{ij}]$ で表すことができる．

例 7.4 自動販売機における飲料の売り上げは，天候および気温に影響される．自動販売機における飲料売り上げモデルは，以下のような隠れマルコフモデルとして表現することができる．

天候を晴，曇，雨の三つに，気温を高，中，低の三つに分類すると，状態は (天候，気温) の対により表現される．さらに，過去の気候データから，状態間の遷移確率を与えることができる．飲料についても，冷茶，冷コーヒー，温茶などのグループに分類する．(天候，気温) の状態により，各飲料グループが選択される離散確率分布が決まる．このとき，作業者（ルートマン）は，商品の補充時に売り上げのみを知ることができる．

あるシステムが隠れマルコフモデルで表現できると仮定し，システムからの出力系列が与えられたとする．このときに扱われる代表的な問題として，以下の二つがある．

1. **状態系列の最尤推定問題**：モデルのパラメータが既知のとき，与えられた出力系列を生成する状態遷移列の中で尤度がもっとも高いものを求める問題である．解法として，ビタビアルゴリズム (Viterbi algorithm) [35] が知られている．
2. **モデル推定問題**：モデルのパラメータが未知のとき，与えられた出力系列からパラメータを推定する問題である．解法としてバウム–ウェルチアルゴリズム (Baum–Welch algorithm) [36] が知られている．

7.3.5 部分観測マルコフ決定過程

部分観測マルコフ決定過程 (partially observable Markov decision process) とは，マルコフ決定過程において，状態は直接観測できず，出力関数によってのみ推定できる状況を表現するモデルである．エージェントの行動の学習など，人工知能分野などで多くの応用例がある [37]．以下に定義を示す．

[†] 出力関数の値域を連続の確率分布で与える場合もある．

7.3 離散時間確率システムのモデル

定義 7.6　部分観測マルコフ決定過程

部分観測マルコフ決定過程とは，7項組 $POMDP = (X, \Sigma, \Omega, \mu, y, R, b_0)$ である．ここで，

1. X は状態の集合，
2. Σ はアルファベット，
3. Ω は観測記号の集合，
4. $\mu : X \times \Sigma \to Distr(X)$ は遷移確率分布，
5. $y : X \times \Sigma \to Distr(\Omega)$ は観測関数，
6. $R : X \times \Sigma \to \mathbb{R}$ は報酬関数，
7. $b_0 : X \to [0,1]$ は初期状態の確率分布．

部分観測マルコフ決定過程では，状態を直接知ることはできず，状態と行動によって決まる確率的な観測結果から状態を推定する．推定結果は状態集合上の確率分布 $b : X \to [0,1]$, $\Sigma_i b(x_i) = 1$ の形で得られ，b を信念状態 (belief state) とよぶ．部分観測マルコフ決定過程におけるポリシーは，信念状態 b が与えられたときに，つぎにとる行動 $\sigma \in \Sigma$ を決定する関数として定義される．ポリシー ξ を実装したエージェントは，つぎの二つのことを行う（図 7.10）．

1. 環境からの出力を観測し，信念状態を更新する．
2. 更新した信念状態から，つぎの行動を決定する．

最適なポリシーは，各信念状態を個々の状態とするマルコフ決定過程を考え，それに対する最適なポリシーとして定義できる．すなわち，部分観測マルコフ決定過程における最適なポリシーを求める問題は，マルコフ決定過程における最適なポリシーを求める

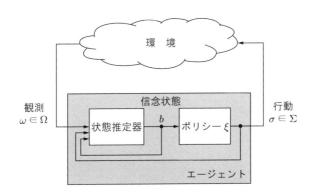

図 7.10　部分観測マルコフ決定過程

問題に帰着できる．このマルコフ決定過程を，信念マルコフ決定過程 (belief Markov decision process) とよぶ．ただし，状態数は大幅に増加するため，計算量の増加が大きな問題となる．

7.4 ツール

本章で扱った，時間・確率システムのモデル化と解析を行うための代表的ツールを以下に示す．

- UPPAAL：時間オートマトン．
  http://www.uppaal.org/
- GreatSPN：時間・確率ペトリネット．
  http://www.di.unito.it/~greatspn/index.html
- MATLAB：各種ツールボックスにおいて，マルコフ連鎖関連の計算がサポートされている．たとえば，Econometrics Toolbox．

演習問題

7.1 タイムペトリネットで表現可能だが，タイムドペトリネットでは表現できないシステムの例を示せ．また，タイムドペトリネットで表現可能だが，タイムペトリネットでは表現できないシステムの例を示せ．

7.2 マルコフ性を満たすような確率過程の例を挙げよ．また，マルコフ性を満たさないような確率過程の例を挙げよ．

7.3 m 次離散時間マルコフ連鎖と等価な（1次）マルコフ連鎖が存在することを示せ．

7.4 図 7.6 の連続時間マルコフ連鎖の遷移率行列を求めよ．

7.5 複数・無限サーバーの発火方式でモデル化するのが妥当なシステムの例を挙げよ．

7.6 無限サーバー・セマンティクスを採用した確率ペトリネットにおいて，単一サーバー・セマンティクスと同じふるまいをするトランジションを構成する方法を考えよ．

第8章 ハイブリッドシステムのモデル化

連続ダイナミクスと離散ダイナミクスを併せもつハイブリッドシステムのためのモデル化手法について説明する．ハイブリッドシステムについては，離散ダイナミクスを中心に扱ってきた理論計算機科学の立場からは，各離散状態に連続変数のダイナミクスを定義するモデル化の方法が提案されている．これに対し，連続ダイナミクスを中心に扱ってきたシステム制御理論の立場からは，連続ダイナミクスが与えられた条件により切り替わるモデル化の方法が提案されている．本章では，前者のモデル化手法としてハイブリッドオートマトンを，後者のモデル化手法として区分的線形システムを説明する．さらに，ペトリネットに連続ダイナミクスを導入したハイブリッドペトリネットについても述べる．

8.1 ハイブリッドオートマトン

ハイブリッドオートマトンは，クロックという連続変数をもつ時間オートマトンの一般化であり，時間オートマトンを包含する形で定義される．

8.1.1 定義

ハイブリッドオートマトン (hybrid automaton) は，離散ダイナミクスを表現するオートマトンの各状態に，微分方程式で記述されるような連続ダイナミクスを定義したモデルである [38]．

--- 定義 8.1 ハイブリッドオートマトン ---
ハイブリッドオートマトンは，8項組 $HA = (Loc, Var, Lab, Edg, Act, Inv, X_0, X_F)$ である．ここで，

1. Loc はロケーションの有限集合．
2. Var は実数値をとる変数の有限集合．
   - 各変数 x に実数 $v(x) \in \mathbb{R}$ を割り当てる関数 $v : Var \to \mathbb{R}$ を付

値[†](valuation) という. 付値全体の集合を V で表す.

- ロケーション $l \in Loc$ と付値 $v \in V$ の対 (l, v) を,ハイブリッドオートマトンの状態という.状態の集合を X とする.

3. Lab はアルファベット.
4. Edg はトランジションとよばれる辺の有限集合.各トランジション $e \in Edg$ は 4 項組 $e = (l, a, \mu, l')$ であり,$l, l' \in Loc$ はロケーション,$a \in Lab$ はラベル,$\mu \subseteq V \times V$ は遷移関係である.トランジション e は状態 (l, v) において,ある付値 $v' \in V$ が存在して $(v, v') \in \mu$ であるとき発生可能であるという.遷移後の状態 (l', v') を状態 (l, v) の遷移後継 (transition successor) という.
5. 非負実数の集合 $\mathbb{R}^+$ から付値の集合 V への関数をアクティビティ (activity) という.Act は各ロケーション $l \in Loc$ にアクティビティの集合を割り当てる関数.
6. Inv は各ロケーション $l \in Loc$ に付値の部分集合 $Inv(l) \subseteq V$ を割り当てる関数.$Inv(l)$ をロケーション l のインバリアントという.
7. $X_0 \subseteq X$ は初期状態の集合.
8. $X_F \subseteq X$ は最終状態の集合.

ハイブリッドオートマトンは,時間オートマトンにおけるクロックを,任意のダイナミクスにより変化する連続変数に拡張したものである.以下,ハイブリッドオートマトンの各構成要素のもつ意味について説明する.

- ロケーションは離散状態を表す.
- トランジションの集合 Edg は離散的状態遷移を定義する.各トランジション $e = (l, a, \mu, l') \in Edg$ において,l は遷移前のロケーション,l' は遷移後のロケーション,a は遷移に付けられたラベルである.$\mu \subseteq V \times V$ は遷移条件を与える.$(v, v') \in \mu$ となる v' が存在するとき,状態 (l, v) において遷移 e が発生可能であり,その発生により状態 (l', v') に遷移することを表す.μ が与える遷移先の連続状態が一意に決まらない場合は,そのうちの一つが非決定的に選択される.
- アクティビティは連続ダイナミクスを表す.アクティビティ $f(t) \in Act(l)$ は,ロケーション l に遷移した時点を時刻 0 としたときの,時刻 t における各変数の値を与える.

[†] 時間オートマトンのクロック値に対応する.

- $f(t) \in Act(l)$ ならば，任意の $t' \in \mathbb{R}^+$ に対して，$(f+t)(t') := f(t+t')$ であるようなアクティビティ $(f+t)$ も Act に含まれなければならない．この性質を**時不変** (time invariant) とよぶ．
- どのロケーション $l \in Loc$ および付値 $v \in V$ に対しても，$f(0) = v$ となるアクティビティ $f \in Act(l)$ が高々一つしか存在しないとき，ハイブリッドオートマトンは**時間決定性** (time deterministic) であるという．言い換えると，ロケーション間の遷移が起こったとき，遷移先における付値により連続ダイナミクスが一意に決定される性質である．時間決定性ではなく，$f(0) = v_0$ となるようなアクティビティ f が複数存在する場合は，そのうちの一つが非決定的に選択される．
- インバリアント $Inv(l)$ は，システムがロケーション l に留まっている間に満たされるべき性質を表す．通常は，インバリアントが満たされなくなったときに，ほかのロケーションへのトランジション $e \in Edg$ を記述する．

例 8.1 図 8.1 は，温度センサからの信号によりヒーターのオン／オフを行い，室温を制御する暖房システムである．このシステムは，図 8.2 に示すハイブリッドオートマトンによりモデル化できる．このハイブリッドオートマトンは，ヒーターオフに対応する l_0 と，ヒーターオンに対応する l_1 の二つのロケーションからなる．また，各ロケーションの式は上の二つがアクティビティ，一番下の式がインバリアントを示す．温度センサの値 x が下限値 L に達すると離散的遷移が発生し，l_0 から l_1 に遷移する．ここで，辺上の記述「$x = L \to y := 0$」は，つぎの遷移条件 μ を表現している．

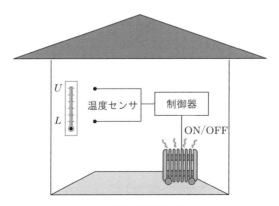

図 8.1 部屋の暖房システム

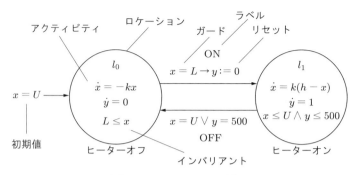

図 8.2　ハイブリッドオートマトンの例：暖房システム

$$(v, v') \in \mu \Leftrightarrow v(x) = L \wedge v'(x) = v(x) \wedge v'(y) = 0$$

$x = L$ をガード (guard)，$y := 0$ をリセット (reset) とよぶ．ロケーション l_1 において，変数 y はロケーションに遷移してからの経過時間を表している．x が上限値 U に達するか，または，経過時間 y が 500 に達したら，l_1 から l_0 への遷移が発生する．

図 8.3 は変数 x の値の変化を示したものである．初期状態は $\sigma_0 = (l_0, [x = U])$ であり，そこから微分方程式 $\dot{x} = -kx$ により与えられるアクティビティ $f_0 \in Act(l_0)$ に従って x が変化する．x の値が L になると l_0 から l_1 への遷移が発生する．インバリアント $L \leq x$ により，x の値は l_0 内で L より小さくなることはできないので，この遷移は必ず発生する．遷移後の状態は $\sigma_1 = (l_1, [x = L \wedge y = 0])$ である．この状態から，微分方程式 $\dot{x} = k(h - x)$ により与えられるアクティビティ $f_1 \in Act(l_1)$ に従って x の値が変化し，U に達するか，または，y が 500 に達すると，l_1 から l_0 への遷移が発生する．以降，この動作を繰り返す．図はヒーターの能力が高く，l_1 から l_0 への遷移が $x = U$ の条件でのみ発生する場合の状態の変化を示したものである．

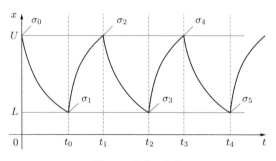

図 8.3　温度の変化

ハイブリッドオートマトンは二つの側面をもつ．一つは事象の発生により離散状態が切り替わるというオートマトンとしての側面，もう一つは微分方程式などで表される連続変数のダイナミクスの表現という側面である．ハイブリッドオートマトンは，連続変数の値が論理式表現された遷移条件を満たすと，離散状態の遷移が発生し，連続ダイナミクスが切り替わる状況を表現できる．これは，実世界の物理系がコンピュータに実装された制御器により制御される状況を表現するのに適している．第1章で示したクルーズコントロールシステムもその一例である．

8.1.2 ハイブリッドオートマトンのふるまい

時間オートマトンと同様に，ハイブリッドオートマトンのランは，つぎの状態の列として定義される．

$$(l_0, v_0) \mapsto_{t_0, f_0} (l_1, v_1) \mapsto_{t_1, f_1} (l_2, v_2) \mapsto_{t_2, f_2} \cdots \tag{8.1}$$

ここで，(l_i, v_i) は状態，$t_i \in \mathbb{R}^+$ は時刻，$f_i \in Act(l_i)$ はアクティビティであり，以下の3条件を満たすものとする．

1. $(l_0, v_0) \in X_0$.
2. 任意の $i \geq 0$ について，(i) $f_i(0) = v_i$，かつ，(ii) $f_i(t) \in Inv(l_i)$ $(\forall 0 \leq t \leq t_i)$.
3. (l_{i+1}, v_{i+1}) は $(l_i, f_i(t_i))$ の遷移後継．

ハイブリッドオートマトンのふるまいは，一般に非決定性のふるまいを含むことから，ランの集合として与えられる．

ランは有限長，無限長のどちらの場合もある．たとえば，アクティビティにより変数の値が変化し，インバリアントを満たさなくなったとき，その状態からほかのロケーションへの遷移が定義されていなければ，それ以降の状態遷移は定義されないため，ランは有限長となる．これは状態が変化しなくなることとは異なり，その状態に到達した時点で時間の進行が停止するものと解釈される．ハイブリッドオートマトン HA のラン全体の集合を $L(HA)$ で表す．なお，ハイブリッドオートマトンが時間決定性の場合は，ランの記述において f_i を省略することができる．

また，時間オートマトンと同様に，ハイブリッドオートマトンから，そのふるまいを表現するラベル付き遷移システム $LTS(HA) = (X, Lab \cup \mathbb{R}^+, \to)$ を構成することができる．ここで，X は HA の状態集合であり，ラベルの集合としては Lab に加え，遷移が発生するまでの遅延時間を表す非負実数の集合 $\mathbb{R}^+$ をもつ．$\to$ は遷移関係で，遷移ステップ関係 $\xrightarrow{a}$ ($a \in Lab$) と時間ステップ関係 $\xrightarrow{t}$ の2種類からなる．

1. **遷移ステップ関係**：$\exists (l, a, \mu, l') \in Edg : (v, v') \in \mu \land v \in Inv(l) \land v' \in Inv(l')$ のとき，$(l, v) \xrightarrow{a} (l', v')$．

2. **時間ステップ関係**：$\exists f \in Act(l) : f(0) = v \land f(t) = v' \land \forall 0 \leq t' \leq t : f(t') \in Inv(l)$ のとき，$(l, v) \xrightarrow{t} (l, v')$．

$LTS(HA)$ は一般に非可算無限個の状態をもち，また状態の遷移先についても，時間ステップ関係については非可算無限個存在する．

さらに，時間オートマトンと同様に，$LTS(HA)$ の時間ステップ関係における非負実数 t を，任意の時間の経過を表す一つのラベル $\tau \notin Lab$ に抽象化した，時間抽象化ラベル付き遷移システム $LTS^{\tau}(HA) = (X, Lab \cup \{\tau\}, \rightarrow)$ も定義できる．$LTS^{\tau}(HA)$ の遷移関係 $\rightarrow$ は，遷移ステップ関係 $\xrightarrow{a}$ $(a \in Lab)$ と時間ステップ関係 $\xrightarrow{\tau}$ の2種類からなる．

1. **遷移ステップ関係**：$\exists (l, a, \mu, l') \in Edg : (v, v') \in \mu \land v \in Inv(l) \land v' \in Inv(l')$ ならば，$(l, v) \xrightarrow{a} (l', v')$．

2. **時間ステップ関係**：$\exists t \in \mathbb{R}^+ \exists f \in Act(l) : f(0) = v \land f(t) = v' \land \forall 0 \leq t' \leq t : f(t') \in Inv(l)$ ならば，$(l, v) \xrightarrow{\tau} (l, v')$．

8.1.3 制限されたハイブリッドオートマトン

ハイブリッドオートマトンは多くのシステムを表現できる形式化であるので，用途ごとにさまざまな制限を加えたモデルを用いることが多い．その一つに**線形ハイブリッドオートマトン**がある[†1] [38]．

まず，線形式を定義する．整数係数をもつ変数の線形結合を線形項という．また，定数および線形項からなる不等式のブール結合を線形式という[†2]．たとえば，変数 x_1, x_2 に対し，$2x_1, 5x_1 - 6x_2$ は線形項であり，$x_1 \leq 2x_2 + 3 \lor 2x_1 + x_2 \geq 5$ は線形式である．線形項 ϕ および付値 v について，ϕ の各変数 x に値 $v(x)$ を代入したときの項の値を $v(\phi)$ により表す．同様に，線形式 ψ についても ψ の各変数 x に値 $v(x)$ を代入したときの式の値（真か偽）を $v(\psi)$ により表す．

時間決定性のハイブリッドオートマトン $HA = (Loc, Var, Lab, Edg, Act, Inv, X_0, X_F)$ は，以下を満たすとき線形ハイブリッドオートマトンであるという．

- すべてのロケーション $l \in Loc$ において，$Act(l)$ は微分方程式 $\dot{x} = k_x$ の形で

[†1] 連続ダイナミクスが線形システムで表現されるようなハイブリッドオートマトンを，線形ハイブリッドオートマトンとよぶ場合もある．

[†2] 線形式において変数の係数として有理数を許しても，各不等式の両辺に定数をかければ整数化できるので，定義としては等価である．

与えられる．ただし，k_x は整数の定数である．すなわち，連続ダイナミクスにおいて，各変数の変化率は一定である．
- すべてのロケーション $l \in Loc$ において，$Inv(l)$ は線形式で与えられる．
- すべてのトランジション $e = (l, a, \mu, l') \in Edg$ について，遷移関係 μ はガード条件を表す線形式 ψ，および，各変数 $x \in Var$ に割り当てられた区間 $[\alpha_x, \beta_x]$（ここで α_x, β_x は線形項）により，つぎの形で与えられる．

$$(v, v') \in \mu \Leftrightarrow v(\psi) \land \forall x \in Var : v(\alpha_x) \leq v'(x) \leq v(\beta_x)$$

すなわち，付値 v がガード条件 ψ を満たすとき遷移可能であり，遷移先の状態において各変数 x の値は区間 $[v(\alpha_x), v(\beta_x)]$ 内の値が非決定的に選択される[†]．$\alpha_x = \beta_x$ のとき，辺 e により更新された x の値を $\mu_e(x)$ で表す．$\mu_e(x) = \alpha_x = \beta_x$ である．

以下に，いくつかの線形ハイブリッドオートマトンのサブクラスを定義する．有限オートマトンや時間オートマトンは，線形ハイブリッドオートマトンのサブクラスとして見ることができる．また，これらのサブクラスの分類は，第 10 章で述べる可到達問題など，重要な解析問題の決定可能性の議論において重要である．

- **単純線形ハイブリッドオートマトン**：インバリアントおよびガードに含まれる各線形不等式がすべて $x \leq k$ または $k \leq x$ ($k \in \mathbb{N}$) の形をしているとき，線形ハイブリッドオートマトンは単純 (simple) であるという．単純線形ハイブリッドオートマトンでは，変数どうしの値の比較は許されない．
- **離散事象システム**：すべてのロケーションにおいて $\dot{x} = 0$ であるような変数 x を離散変数という．離散変数の値はトランジションによってのみ離散的に変化する．事象の発生により状態変数の値が不連続に変化する離散事象システムは，すべての変数が離散変数であるような線形ハイブリッドオートマトンにより表現することができる．
- **有限オートマトン**：離散変数 x は，各トランジション e について $\mu_e(x) \in \{0, 1\}$ のとき，命題という．すなわち，命題とは真 (1) または偽 (0) のいずれかの値をもつ変数である．状態は有限個のロケーションと変数の値の組で与えられるので，離散変数のみをもつ線形ハイブリッドオートマトンは必ず有限状態である．各状態 (i, v) を一つのロケーションに置き換えることにより，変数をもたない等価なハイブリッドオートマトンを構成することができる．これは有限オート

[†] α_x, β_x は線形項なので，たとえば $\alpha_x = \beta_x = x$ とすれば，x の値が変化しないことも表現できる．

マトンにほかならない.

- **時間オートマトン**：すべてのロケーションにおいて $\dot{x} = 1$，かつ，各トランジション e について $\mu_e(x) \in \{0, x\}$ であるような変数を**クロック**とよぶ．クロックはトランジションによる遷移時に 0 にリセットされるか，値が変化しないかのいずれかである．時間オートマトンは，すべての変数がクロックであり，かつ，線形式の形が $x\, op\, k$ または $x - y\, op\, k$，(x, y は変数，k は定数，$op \in \{<, \leq, =, \geq, <\}$) の形に制限された線形ハイブリッドオートマトンである．

- **マルチレート時間オートマトン**：各ロケーション l において $\dot{x} = k_x^l$ となる 0 でない整数 k_x^l が存在し，かつ，各トランジション e について $\mu_e(x) \in \{0, x\}$ であるような変数を**スキュードクロック** (skewed clock) とよぶ．スキュードクロックは 1 以外の変化率を許したクロックであり，変化率 k_x^l はロケーションごとに異なっていてもかまわない．マルチレート時間オートマトン (multirate timed automaton) とは，各変数が命題またはスキュードクロックであるような線形ハイブリッドオートマトンである．さらに，異なる変化率の n 個のスキュードクロックをもつマルチレート時間オートマトンを，n-レート時間オートマトンという．

- **インテグレータオートマトン**：すべてのロケーションにおいて $\dot{x} \in \{0, 1\}$，かつ，各トランジション e について $\mu_e(x) = \{0, x\}$ であるような変数 x をインテグレータ (integrator) という．クロックとは異なり，インテグレータは特定のロケーションにおいて変化を止めることができるため，ストップウォッチの機能をもたせることができる．インテグレータオートマトンとは，各変数が命題またはインテグレータであるような線形ハイブリッドオートマトンである．

さらに，線形ハイブリッドオートマトンにおける，変数の変化率一定という制約を緩和したサブクラスとして，**矩形オートマトン** (rectangular automaton) がある．$x\, op\, k$ (ここで x は変数，k は定数，$op \in \{<, \leq, =, \geq, >\}$) の形の連言により表現される集合を矩形集合 (rectangular set) という．矩形集合は 2 次元空間では長方形内の領域，3 次元空間では直方体内の領域に対応する．このとき，以下の 3 条件を満たすハイブリッドオートマトンを矩形オートマトンという [39]．

1. 初期状態の集合，インバリアント，ガード条件が，各変数に関する矩形集合で与えられる．
2. トランジションによる遷移後の各変数の値は，そのまま変わらないか，または，定義された矩形集合内の値が非決定的に選択される．
3. アクティビティは変数の時間微分に関する矩形集合で与えられる．

矩形オートマトンでは，$2 \leq \dot{x} \leq 4$ のような形で連続ダイナミクスを記述することができるため，実際の変数の値の変化を，それを包含する矩形集合により近似する目的で用いることができる．

8.1.4 Zeno現象

ハイブリッドオートマトンにおいて，有限時間内に無限回の離散的状態遷移が発生するようなふるまいが生じることがある．このような現象を Zeno 現象[†]とよぶ．図 8.4 は，Zeno 現象が発生するハイブリッドオートマトンの例である [40]．

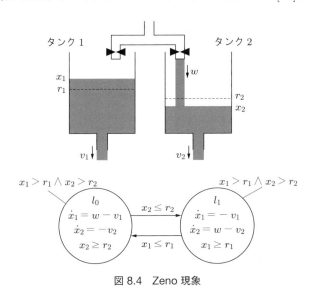

図 8.4 Zeno 現象

二つのタンク 1, 2 があり，タンクの底からそれぞれ流量 v_1, v_2 の水が流れ出している．また，一定量の水流 w がいずれか一つのタンクに入れられる．各タンクの水の量を x_1, x_2，基準量を r_1, r_2 としたとき，つぎのような制御が行われる．

- タンク 1 に給水しているとき，もし $x_2 \leq r_2$ になれば，給水をタンク 2 に切り替える．
- タンク 2 に給水しているとき，もし $x_1 \leq r_1$ になれば，給水をタンク 1 に切り替える．

このとき，もし $max\{v_1, v_2\} < w < v_1 + v_2$ ならば，$(x_1(0) + x_2(0) - r_1 - r_2)/(v_1 + v_2 - w)$ 時間の間に給水の切り替えが無限に発生する．

[†] Zeno 現象という名称はゼノン (Zeno) のパラドックスが由来である．

この例において Zeno 現象が発生する理由は，給水の切り替えが瞬時に行われることを仮定しているからである．現実には，切り替えには一定の時間が必要であり，Zeno 現象は起こらない．すなわち，Zeno 現象はモデル化の際の形式化や抽象化に起因する問題である．Zeno 現象が発生するようなハイブリッドオートマトンの動作を計算機ツール上でシミュレーションにより求めようとすると，エラーなどが発生し，正しい結果が得られない場合があるので注意が必要である．

Zeno 現象が発生する同様な例としては，ボールを落下させ，床でバウンドさせる例が有名である [41].

8.2 確率ハイブリッドオートマトン

確率ハイブリッドオートマトンは，ハイブリッドオートマトンにおけるロケーション間の状態遷移に確率分布を導入したものである [42]. 確率ハイブリッドオートマトンは 9 項組 $PHA = (Loc, Var, Lab, prob, pre, Act, Inv, X_0, X_F)$ である．ここで，Loc, Var, Lab, Act, Inv, X_0, X_F はハイブリッドオートマトンと同じ定義である．$prob$ と pre は，以下のように定義される．

- $prob$ は，各ロケーションに集合 $Loc \times 2^V \times 2^{Var}$ 上の確率分布の集合を割り当てる関数である．ロケーション l における確率分布 $\mu \in prob(l)$ は，遷移先のロケーション l', 遷移後の付値の集合 $Post \subseteq V$, および，値をリセットする変数の集合 Rst の組に対して確率 $\mu(l', Post, Rst) \in [0,1]$ を割り当てる．
- pre は，各ロケーション l および $prob(l)$ の各確率分布に，付値 V の部分集合を割り当てる関数であり，前提条件 (pre-condition) とよぶ．ロケーション l に対し定義された pre を，関数 $pre_l : prob(l) \to 2^V$ で表す．

$prob$ と pre はハイブリッドオートマトンにおける Edg に対応し，離散的状態遷移を定義する．ロケーション l において，以下の 2 条件を満たす確率分布 $\mu \in prob(l)$ が存在するとき，状態 (l,v) から状態 (l',v') への離散的状態遷移が確率的に発生する．

1. $v \in pre_l(\mu)$. すなわち，現在の状態が確率分布 μ の前提条件を満たす．
2. $\mu(l', Post, Rst) > 0$, $v' \in Post$, かつ，すべての $x \in Var \setminus Rst$ について $v(x) = v'(x)$ であるような，$Post \subseteq V$ および $Rst \subseteq Var$ が存在する．

このときの遷移確率は $\mu(l', Post, Rst)$ である．変数の部分集合 Rst は，値が遷移により変化しない変数を扱うために必要である．Rst に含まれる変数については，任意

の値にリセットするように $Post$ を定義することができる．

ハイブリッドオートマトンでは，遷移前と遷移後の状態の関係は遷移関係 $\mu \subseteq V \times V$ により与えていた．一方，確率ハイブリッドオートマトンでは，遷移先の状態により遷移確率が異なる状況を表現するために，遷移前の前提条件 pre と，確率分布における $Post$ と Rst に分けて表現している．

例 8.2 図 8.5 は確率ハイブリッドオートマトンの例である．ロケーション l_0 において $x \leq 3$ ならば，ロケーション l_1 に 0.9，ロケーション l_2 に 0.1 の確率で遷移する．l_1 に遷移したときには y の値が 0 にリセットされる．x の値はそのままである．ロケーション l_1 では，$y = 5$ になったら確率 1 でロケーション l_0 に遷移し，y の値が 0 にリセットされる．ロケーション l_2 では，$x = 0$ になったら確率 1 でロケーション l_0 に遷移する．

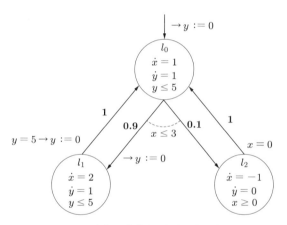

図 8.5　確率ハイブリッドオートマトン

8.3　区分的線形システム

ハイブリッドオートマトン以外のハイブリッドシステムのモデル化手法として，線形の状態方程式で表された連続ダイナミクスが状態の値により切り替わる，**区分的線形システム** (piecewise linear system) がある．

まず，準備として**ポリトープ** (polytope) について説明する．ポリトープは文献によりいくつかの異なる定義が与えられているが，本書では，$m \times n$ 次元実数行列 C，n 次元実数変数ベクトル x，および m 次元実数ベクトル d により作られる線形 1 次不等

式系

$$Cx \leq d$$

の解として得られる集合を，n 次元ポリトープとする[†]．

区分的線形システムは，連続時間システムでは

$$\dot{x}(t) = A_i x(t) + B_i u(t) \quad \text{if} \quad x(t) \in \mathcal{S}_i \tag{8.2}$$

と表現され，離散時間システムでは

$$x(k+1) = A_i x(k) + B_i u(k) \quad \text{if} \quad x(k) \in \mathcal{S}_i \tag{8.3}$$

と表現される．ここで，$\mathcal{S}_i \subseteq X$ $(i = 0, 1, \ldots, M-1)$ は状態空間 X を M 個に分割するポリトープである．すなわち，$\bigcup_{i=0,M-1} \mathcal{S} = X, \mathcal{S}_i \cap \mathcal{S}_j \, (i \neq j)$ が成り立つ．各時刻において，状態 x が含まれる領域に応じて行列 $A_j \in \mathbb{R}^{n \times n}, B_j \in \mathbb{R}^{m \times m}$ が選択される．

線形の状態方程式に定数項を導入したシステムをアファインシステムという．式 (8.2), (8.3) を以下のように変更したシステムを，区分的アファインシステムという．

$$\dot{x}(t) = A_i x(t) + B_i u(t) + a_i \quad \text{if} \quad x(t) \in \mathcal{S}_i \tag{8.4}$$

$$x(k+1) = A_i x(k) + B_i u(k) + a_i \quad \text{if} \quad x(k) \in \mathcal{S}_i \tag{8.5}$$

ここで a_i は，各分割 $\mathcal{S}_i$ ごとに定められる n 次元実数ベクトルである．

区分的線形システム，区分的アファインシステムによる表現は，それぞれ線形システム，アファインシステムの一般化として，制御系のモデル化に用いられる．

> **例 8.3** つぎのシステムは，モーターサイクルの自動変速機を区分的線形システムによってモデル化したものである [43, 44]．3 速の自動変速機をもち，各ギア $i = 1, 2, 3$ について，速度 x_1 およびエンジン回転数 x_2 がつぎの線形システムにより記述される．ここで，u_t はエンジントルク，u_b はブレーキの強さ，w_1, w_2 は外乱である．$c, d, f, \alpha_i, \beta_i$ はパラメータで，α_i, β_i は各ギアにより異なる．
>
> $$x_1(k+1) = (1 - \alpha_i) x_1(k) + \beta_i x_2(k) - c u_b(t) + w_1(t)$$
> $$x_2(k+1) = x_2(k) + d u_t(t) - f u_b(t) + w_2(t)$$
>
> 各ギアの使用可能範囲として，以下の領域が設定される．

[†] 有界なポリトープを，凸多面体という．

$$S_1 = \{[x_1, x_2]^T \mid 0 \leq x_1 < 20,\ 0 \leq x_2 < 6000\},$$
$$S_2 = \{[x_1, x_2]^T \mid 20 \leq x_1 < 40,\ 1000 \leq x_2 < 6000\},$$
$$S_3 = \{[x_1, x_2]^T \mid 40 \leq x_1 < 60,\ 1000 \leq x_2 < 6000\}$$

区分的線形システムが与えられると，それと等価なハイブリッドオートマトンを構成することができる．ただし，ハイブリッドオートマトンでは，領域はロケーションのインバリアントとして表現し，また，どの領域に遷移するかは遷移 Edg により明示的に記述する．区分的線形システムでは，状態の値はダイナミクスが変化しても連続であり，ハイブリッドオートマトンのような変数の任意の値へのリセットは表現することができない[†1]．

区分的線形システムは，本来非線形の状態方程式をもつシステムを，複数の線形システムの切り替えにより近似する目的でも用いられる．

8.4 ハイブリッドペトリネット

ペトリネットにおいて，一部のプレースに置かれるトークンを連続値に置き換えたモデルとして，以下で定義される**ハイブリッドペトリネット**がある [45]．

定義 8.2 ハイブリッドペトリネット[†2]

ハイブリッドペトリネットとは，6項組 $HPN = (P, T, A, D, V, m_0)$ である．ここで，

1. P はプレースの有限集合で，離散プレースの集合 P_d と連続プレースの集合 P_c に分割される．
2. T はトランジションの有限集合で，離散トランジションの集合 T_d と連続トランジションの集合 T_c に分割される．
3. A はアーク関数で，連続プレースに対しては $(P_c \times T) \cup (T \times P_c) \to \mathbb{R}^+$，離散プレースに対しては $(P_d \times T) \cup (T \times P_d) \to \mathbb{N}$ の形で与える．連続トランジション t_j と離散プレース p_i について，$A(p_i, t_j) = A(t_j, p_i)$ でなければならない．すなわち，p_i と t_j 間にアークが存在する場合，p_i は t_j の入力かつ出力プレースになっており，アークの重みも等しい．

[†1] 任意の値へのリセットを表現できるように拡張された形式化も存在する [46]．
[†2] これは一定速度ハイブリッドペトリネットとよばれるモデルであり，これ以外にもいくつかの定義が存在する．

4. $D: T_d \to \mathbb{R}^+$ は離散トランジションに発火遅延時間を与える関数である．
5. $V: T_c \to \mathbb{R}^+$ は連続トランジションに最大発火速度を与える関数である．
6. m_0 は初期マーキングで，離散プレースには非負整数値，連続プレースには非負実数値を割り当てる関数である．

連続トランジションと離散プレースの間のアークの制約は，離散プレースのマーキングを非負整数に保つために導入される．離散トランジションの発火遅延時間については，決定性の時間，指数分布など，さまざまな種類がある．

トランジションの発火規則は以下のように与えられる．

- 離散トランジションの発火は瞬時に行われる．各連続トランジション t_j は発火速度 $v_j \leq V_j$ をもち，$v_j > 0$ のときに発火しているという．
- 離散トランジション t_j は，P/T ネットと同様に，すべてのプレース $p_i \in P$ について

$$m(p_i) \geq A(p_i, t_j)$$

であるとき発火可能である．発火可能なトランジション t_j は，発火可能になってから $D(t_j)$ 時間後に実際に発火できる．発火により，つぎのマーキング m' に遷移する．

$$\forall p_k \in P : m'(p_k) = m(p_k) + A(t_j, p_k) - A(p_k, t_j)$$

p_k が離散プレースの場合はマーキングの変化量 $A(t_j, p_k) - A(p_k, t_j)$ は非負整数であり，連続プレースの場合は変化量は非負実数になる．
- 連続トランジション t_j は，すべてのプレース p_i について以下の 2 条件を満たすとき発火可能である．
  1. もし p_i が離散プレースならば，$m(p_i) \geq A(p_i, t_j)$．
  2. もし p_i が連続プレースならば，(i) $m(p_i) > 0$，または，(ii) $m(p_i) = 0$ であるが，p_i の入力トランジションに速度 $v_k > 0$ で発火している連続トランジション t_k が少なくとも一つは存在する[†]．

発火可能な連続トランジションの発火速度については，つぎの二つの場合がある．
  a. t_j のすべての連続入力プレース p_i について $m(p_i) > 0$ ならば，$v_j = V_j$．すなわち，最大速度で発火する．
  b. $m(p_i) = 0$ であるような t_j の連続入力プレース p_i が少なくとも一つ存在

[†] (ii) の状況を，fed（注がれている）という．

するならば，そのような p_i の入力トランジションの速度により，t_j の速度は制限される．したがって，$v_j < V_j$ のこともある（例 8.4）．

連続トランジションの発火速度による連続プレース p_i のマーキングの変化速度は，つぎの式により表すことができる．

$$B_i = \sum_{t_j \in {}^\bullet p_i} A(t_j, p_i) \cdot v_j - \sum_{t_j \in p_i^\bullet} A(p_i, t_j) \cdot v_j \tag{8.6}$$

この B_i を p_i のバランスという．b. により決定される連続トランジションの発火速度は，最大発火速度以下で，かつ，上式のバランスを加えることでマーキングが負にならないような最大な値が割り当てられる．

- 離散トランジションと連続トランジションが競合しているときは，離散トランジションが優先的に発火する．

例 8.4 図 8.6 は連続トランジションのみからなるハイブリッドペトリネット[†]である．初期マーキング $m(p_1) = m(p_2) = 30$ から，p_1 の量は単位時間あたり $3 - 2 = 1$ 減少し，p_2 の量は単位時間あたり 1 増加する．時刻 30 において $m(p_1) = 0, m(p_2) = 60$ となり，それ以降，二つのトランジションは速度 2 で発火し，各プレースの量は増加部と減少分が均衡し，変化しなくなる．このとき，トランジション t_1 の発火速度は最大値 3 より小さくなる．

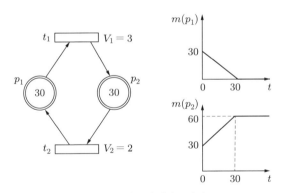

図 8.6　最大発火速度の意味

例 8.5 図 1.4 の「ししおどし」を表現したハイブリッドペトリネットを図 8.7 に示す．プレース p_1 は連続値をもつ連続プレースであり，プレース p_2, p_3 は通常の

[†] これは連続ペトリネット (continuous Petri net) [47] とよばれる．

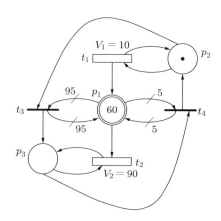

図 8.7 「ししおどし」のハイブリッドペトリネット表現

トークンが入る離散プレースである．トランジションについても，t_1, t_2 は最大発火速度が与えられた連続トランジション，t_3, t_4 は遅延時間 0 の離散トランジションである．連続プレース p_1 がもつ量 $m(p_1)$ が筒の中の水量を表す．$m(p_2) = 1$ のとき，筒に水が速度 V_1 で流れ込む（$m(p_1)$ が単位時間あたり 10 増加する）．$m(p_1)$ が 95 に達するとトランジション t_3 が発火し，水が速度 V_2 で流れ出す（筒が傾く）．水量が 5 になったときにトランジション t_4 が発火し（筒が元の位置に戻る），再び水が筒に流れ込む．この例にあるように，連続プレースから離散トランジションへのアークは，連続ダイナミクスの切り替え条件の表現に用いることができる．

ハイブリッドペトリネットは，連続量のフローを記述した物理システムを，離散事象システムで記述された制御器が操作する状況の表現に適している．また，状態変数どうしの依存関係がペトリネットのグラフ構造により把握しやすいという特徴がある．応用として，遺伝子の発現による細胞内のタンパク質合成のモデル化などにも用いられている [48]．ハイブリッドペトリネットや連続ペトリネットの別の用途として，多量の資源を連続量として近似することが挙げられる．連続量による離散値の近似（流体近似）の考えはペトリネットに限ったものではなく，待ち行列理論でも用いられている [49]．

8.5 ツール

ハイブリッドシステムのモデル化と解析のためのツールを以下に示す．

- Hybrid Toolbox for MATLAB
  http://cse.lab.imtlucca.it/~bemporad/hybrid/toolbox/
- HyTech：ハイブリッドオートマトンのモデル化と検証．
  https://embedded.eecs.berkeley.edu/research/hytech/
- SimHPN：ハイブリッドペトリネット．MATLAB のツールボックス．
  http://webdiis.unizar.es/GISED/?q=tool/simhpn

演習問題

8.1 微分方程式 $\dot{x} = k$（k は定数）はどのようなアクティビティに対応しているか．

8.2 微分方程式 $\dot{x} = -kx$（k は定数）はどのようなアクティビティに対応しているか．

8.3 図 8.1 の室温制御システムは現実のふるまいと異なる部分がある．モデルではどのような抽象化が行われているかについて述べよ．

8.4 図 8.4 のハイブリッドオートマトンにおいて，流量および水量に具体的な数値を与えてランを求め，Zeno 現象が発生することを確認せよ．

8.5 図 8.7 のハイブリッドペトリネットをハイブリッドオートマトンで表現せよ．

第 IV 部

解析・検証・制御

第9章 基本的解析問題

　システムのモデル化を行うのは，モデルを用いてシステムに対する有益な知見を得るためである．有益な知見としては，システムの論理的な正しさ，たとえば，開始したタスクは必ず終了させることができるか，継続的に動き続けるか，すべての動作を実行させることができるか，バッファ等のオーバーフローを起こさないか，などに関する基本的な性質がある．本章では，オートマトンやペトリネットなどで表現される離散状態をもつシステムのモデルが与えられたとき，このような知見を得るための具体的方法について説明する．

　各種サービスプロセスやマルチスレッドのプログラムなど，コンピュータの中では複数のプロセスが並行に動作している．複数のプロセスが同時進行的に動作するシステムを**並行システム** (concurrent system) とよび，本書で扱った手法，オートマトンの合成，ペトリネット，プロセス代数などによりモデル化可能である．並行システムでは，状態空間のサイズが非常に大きくなり解析が困難になる，いわゆる「状態空間爆発」の問題がしばしば発生する．この問題に対処する方法も提案されており，本章では，二つの方法，半順序法と2分決定グラフを用いた方法，について説明する．

　オートマトンおよびその並行合成はペトリネットで表現可能なので，本章ではペトリネットを用いて基本的な解析問題について説明する．なお，ペトリネットとしてはP/T ネット $PN = (P, T, A, m_0)$ を対象とする．

9.1　ペトリネットにおける基本的解析問題

ペトリネットでモデル化されたシステムに対する基本的解析の対象として，以下のものがある．

1. **可到達性**[†](reachability)：初期マーキング m_0 から，与えられたマーキング m_F に，トランジションの発火により遷移可能かどうかに関する性質である．さらに，ペトリネットでは可到達性の要件を緩和した，被覆可能性が扱われることもあ

---

† 「到達可能性」とよぶこともある．

る．初期マーキング m_0 から $m \geq m_F$ であるようなマーキング m に到達可能なとき，マーキング m_F は被覆可能といい，この性質を**被覆可能性** (coverability) とよぶ．

2. **活性** (liveness)：トランジションを発火させることができるかどうかに関する性質であり，以下のレベルに分類される．
    - **レベル0**：トランジションは，到達可能な任意のマーキングで発火不能なとき，レベル0活性という（レベル0活性のことをデッドともいう）．
    - **レベル1**：トランジションは，それが発火可能であるようなマーキングに初期マーキングから到達可能であるとき，レベル1活性という．
    - **レベル2**：トランジションは，任意の正整数 k に対して，それが k 回発火するような発火系列が存在するとき，レベル2活性という．
    - **レベル3**：トランジションは，それが無限回発火するような無限長の発火系列が存在するとき，レベル3活性という．
    - **レベル4**：トランジションは，到達可能な任意のマーキングにおいてレベル1で活性なとき，レベル4活性という．

    レベル4活性は，どのような状態遷移を行ってもトランジションの発火可能性が失われないというもっとも強い性質であり，単に活性といった場合にはレベル4活性を指す場合が多い．

3. **有界性** (boundedness)：プレースがもつトークン数に上界が存在するかどうかに関する性質であり，現実のシステムではバッファのオーバーフローなどに関係している．有界性は，ペトリネットが潜在的に無限状態を表現できることに由来する性質である．到達可能な任意のマーキング m において $m(p) \leq k$ であるような正整数 k が存在するとき，プレース p は k-有界であるという．また，すべてのプレースが k-有界であるような P/T ネットは k-有界であるという．1-有界性をとくに安全性という場合がある[†]．

4. **保存性** (conservativity)：どのように状態が遷移しても変化しないような不変量が存在するかに関する性質であり，P/T ネットの場合は各プレース p_i のトークン数に重み w_i を付けた和

$$\sum_{p_i \in P} w_i m(p_i)$$

[†] たとえば，鉄道の閉塞区間内の列車数が1以下に制御されるならば，衝突は起こらないという意味で安全である．

の保存性が重要な意味をもつ場合がある．たとえば，使用後は必ず返却されるような資源をもつようなシステムにおいては，資源の総数は一定であり，保存性を満たさなければならない．また，このような不変量は，9.3 節で述べるように，可到達性の必要条件を与える．

5. **公平性** (fairness)：継続的に，あるいは無限の頻度で発火可能になるトランジションは，いつかは発火するという性質である．前者は弱い意味の公平性，後者は強い意味の公平性という．また，二つのトランジションについて，一方が発火するまでに，他方が発火する回数に上界が存在するかどうかで公平性を定義する B-公平 (Bounded-fair) の考え方も提案されている [50]．公平性は，潜在的に実行可能なアクションは実際に実行されるべきであるという，正しく設計・実装されたシステムがもつべき性質を表したものである．

これらの性質は，

- 自律的 (autonomous) な状態遷移で満たされるのか，あるいは外部からの制御入力により満たされるのか，また，
- 特定の初期マーキングにおいて満たされるのか，あるいは任意の初期マーキングに対して満たされるのか[†]，

などの観点からも分類される．さらに，性質の解析手法には，静的解析と動的解析の二つがある．

- **静的解析**：モデルの記述のみを用いて性質が満たされるかどうかを調べる．ペトリネットの場合は，グラフ構造と初期マーキングの情報を用いる．
- **動的解析**：モデルのふるまい，すなわち状態空間（遷移システム）を生成することで，性質が満たされるかどうかを調べる．

無限状態を扱う時間オートマトンやハイブリッドオートマトンでは，可到達問題などの解析問題について，まず**決定可能性** (decidability) を明らかにする必要がある．対象とするモデルのクラス（たとえば P/T ネットやハイブリッドオートマトン）の任意の実例（インスタンス）を与えたときに，有限ステップで必ず停止し，かつ問題の解を出力する手順が存在するとき，その問題は決定可能 (decidable) であるという．また，そのような手順が存在しないことが証明できるとき，問題は決定不能 (undecidable) であるという．

[†] 後者は状態非依存の性質なので，構造的性質とよばれる．

9.2 状態方程式

P/Tネットのふるまいは，マーキングを状態とし，各トランジションの発火回数を入力とするような状態方程式で表現することができる．マーキング m_0 からマーキング m に遷移するときの状態方程式は，以下のように与えられる．

$$m = m_0 + Ax \tag{9.1}$$

ここで，m_0 は初期マーキング，m は遷移後のマーキングを表す $|P|$ 次元非負整数ベクトル，$A = [a_{ij}]$ は $|P| \times |T|$ 整数行列で，各成分は

$$a_{ij} := A(t_j, p_i) - A(p_i, t_j) \tag{9.2}$$

により与えられる．行列 A を，P/T ネットの接続行列 (incidence matrix) とよぶ[†1]．A を構成する各列ベクトルは，対応するトランジションの発火に伴う各プレースにおけるトークンの増減を表す．x は各トランジションを何回発火させるかを指定する $|T|$ 次元非負整数ベクトルで，発火回数ベクトルとよばれる．$x = [x_1, \ldots, x_T]^T$ としたとき，x_j はトランジション t_j の発火回数を表す．

発火系列を与えると発火回数ベクトルは一意に定まる．発火系列 s の発火回数ベクトルを $\psi(s)$ で表す[†2]．例として，図 3.8 の P/T ネットの接続行列を図 9.1 に示す．初期マーキング $m_0 = [0, 1, 0, 1, 0, 1]^T$ から発火系列

$$s = \text{produce, deliver, remove, produce, consume, deliver}$$

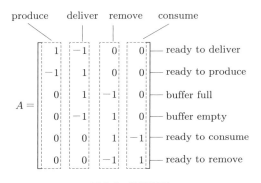

図 9.1 接続行列

[†1] P/T ネットの定義におけるアークを表す写像 A と接続行列 A は，表現が違うだけで本質的に同じものであるので，同じ記号を用いる．

[†2] 写像 ψ を Parikh 写像とよぶ．

を発火させたときの状態方程式は，つぎのようになる．

$$
\begin{bmatrix} 0 \\ 1 \\ 1 \\ 0 \\ 0 \\ 1 \end{bmatrix} = \begin{bmatrix} 0 \\ 1 \\ 0 \\ 1 \\ 0 \\ 1 \end{bmatrix} + \begin{bmatrix} 1 & -1 & 0 & 0 \\ -1 & 1 & 0 & 0 \\ 0 & 1 & -1 & 0 \\ 0 & -1 & 1 & 0 \\ 0 & 0 & 1 & -1 \\ 0 & 0 & -1 & 1 \end{bmatrix} \begin{bmatrix} 2 \\ 2 \\ 1 \\ 1 \end{bmatrix} \tag{9.3}
$$

P/T ネットの状態方程式は，式 (1.6) の状態方程式に対応するものであり，発火回数ベクトルは P/T ネットに対する外部からの入力とみなすことができる．ただし，P/T ネットの状態方程式は発火による各プレースのトークン数の変化についてのみ着目したものであり，トランジションの発火可能性および発火順序については考慮していない．すなわち，任意の発火回数ベクトルを入力することはできない．これは，マーキングに依存した入力に対する拘束条件が存在する，と言い換えることもできる．以上の理由から，状態方程式は可到達性の必要条件のみを与える．

P/T ネットの可到達性に関し，つぎの結果が知られている．

定理 9.1

マーキング m がマーキング m_0 から到達可能ならば，$m = m_0 + Ax$ を満たす $|T|$ 次元非負整数ベクトル x が存在する．

定理の条件を満たす x を求める問題は線形整数計画問題として解くことができるが，整数解を求める必要があるため，一般的に多くの計算時間を必要とする．

発火回数に関する上界を与えれば，状態方程式に発火可能条件を制約として追加した定式化を行うこともできる．入力接続行列 $A^- = [a_{ij}^-]$ を $a_{ij}^- := A(p_i, t_j)$ により定義する．$x = [x_1, \ldots, x_T]^T$ を要素が 0 と 1 のみからなるベクトル（0-1 ベクトル）としたとき，もしマーキング m において $m \geq A^- x$ を満たすならば，x で 0 でない成分 x_j に対応するすべてのトランジションは競合しておらず，マーキング m から同時に発火させることができる．このような競合しないトランジションの同時発火を，**発火ステップ** (firing step) とよぶ．$x^{(i)} = [x_1^{(i)}, \ldots, x_{|T|}^{(i)}]^T$, $i = 1, \ldots, k$ を，第 i ステップで発火させるトランジションを表す $|T|$ 次元 0-1 整数ベクトルとする．すなわち，トランジション t_j を発火させるとき $x_j^{(i)} = 1$，発火させないときは $x_j^{(i)} = 0$ である．発火ステップ数の上界 k のもとで，初期マーキング m_0 から，与えられたマーキング m に至る発火ステップ系列 $x^{(1)}, \ldots, x^{(k)}$ を，以下の 0-1 線形整数計画問題の解として計

算することができる†.

$$\begin{aligned} m_{(i)} &= m_{(i-1)} + Ax^{(i)} \quad (i = 1, \ldots, k) \\ m_{(i-1)} &\geq A^- x^{(i)} \quad (i = 1, \ldots, k) \\ m_{(0)} &= m_0 \\ m_{(k)} &= m \end{aligned} \quad (9.4)$$

この問題に 0-1 解が存在するとき,かつそのときに限り,マーキング m_0 から k ステップ以下の発火によりマーキング m に到達可能である.

オートマトンにおける可到達問題はグラフの探索問題,すなわち,初期状態を始点とし,目標状態を終点とする経路が存在するかどうかを判定する問題になる.トランジションの発火にコストを与え,最小コストで目標状態に到達する経路を求める問題は,グラフアルゴリズムにおける最短道問題になる.

オートマトンの合成に対する可到達問題は,合成したオートマトンを構成し,グローバル状態をもつ一つのオートマトンを構成すれば上記の議論と同じになるが,これは状態空間を生成することに等しく,動的な解析といえる.一方,合成したオートマトンを作らずに等価な P/T ネットを構成し,状態方程式を用いて解析することは静的解析である.

9.3 不変量・不変条件

状態が遷移しても変化しない量や条件は,可到達性の判定に重要な情報を与える.不変量が初期状態と異なるような状態には,到達できないからである.P/T ネットの不変量は,前述のようにトークン数の加重和 $\sum_{p_i \in P} w_i m(p_i)$ を変えないような重みベクトル $w = [w_1, \ldots, w_{|P|}]^T$ として定義される.このベクトルを**プレース・インバリアント**とよぶ.プレース・インバリアント w は,つぎの方程式の非負整数解として得られる.

$$A^T w = 0 \quad (9.5)$$

例 9.1 図 3.8 の P/T ネットは以下のプレース・インバリアントをもつ.また,これらの線形結合もプレース・インバリアントである.

---

† 目的関数は任意でかまわない.たとえば,発火回数の合計の最小化などを与えればよい.

$$[1,1,0,0,0,0]^T, \quad [0,0,1,1,0,0]^T, \quad [0,0,0,0,1,1]^T$$

プレース・インバリアントについて，つぎの結果が知られている．

定理 9.2

w をプレース・インバリアントとする．初期マーキング m_0 から到達可能な任意のマーキング m について，以下が成り立つ．
$$w^T m_0 = w^T m$$

証明 マーキング m は初期マーキング m_0 から到達可能なので，$m = m_0 + Ax$ を満たす非負整数ベクトル x が存在する．このとき，
$$w^T m = w^T(m_0 + Ax) = w^T m_0 + w^T Ax = w^T m_0 + (A^T w)^T x = w^T m_0 \quad \blacksquare$$

この定理より，以下の到達不可能性の十分条件が得られる．

系 9.3

w を任意のプレース・インバリアントとする．マーキング m について，もし $w^T m \neq w^T m_0$ ならば，m は m_0 から到達可能ではない．

さらに，プレース・インバリアントは，以下の有界性の十分条件を与える．

定理 9.4

w をプレース・インバリアントとする．もし $w_i > 0$ ならば，m_0 から到達可能な任意のマーキング m について，$m(p_i)$ は有界である．

証明 $w^T m_0 = w_i m(p_i) + \sum_{j \neq i} w_j m(p_j)$ より，
$$m(p_i) = \left(w^T m_0 - \sum_{j \neq i} w_j m(p_j)\right)/w_i \leq w^T m_0 / w_i$$
が得られる．ここで，$w^T m_0 / w_i$ は初期マーキングにのみ依存する有限の値である．$\blacksquare$

特筆すべきこととして，式 (9.5) によりプレース・インバリアントを求めるときに，変数の整数制約は必要ないことが挙げられる．方程式の非負解を有理数計算で求め，通分すればよい．さらに，定理 9.2 および定理 9.4 は，プレース・インバリアントの整数性を用いていないので，これらの定理の条件を確認するときには，式 (9.5) の解

は有理数のままでかまわない.

9.4 探索木

可到達性の動的解析の方法の一つとして,状態空間に対する探索木の構成がある.図 9.2 は P/T ネットとその探索木である.ペトリネットにおいて,このような探索木を可到達木 (reachability tree) とよぶ.

表 9.1 に,可到達木を深さ優先探索で作るアルゴリズムを示す.ここで,

- $EN(m)$ はマーキング m で発火可能なトランジションの集合,$suc(m,t)$ はマー

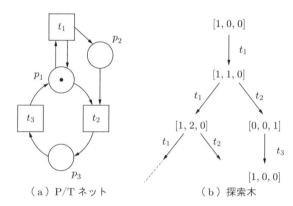

図 9.2 可到達木

表 9.1 深さ優先探索による可到達木の構成アルゴリズム

```
1:  initialize(S); H := ∅;
2:  id := new_node(m₀); push(⟨id, m₀⟩, S);
3:  while is_empty(S) = FALSE {
4:      ⟨id, m⟩ := pop(S);
5:      if m ∉ H {
6:          H := H ∪ {m};
7:          for ∀t ∈ EN(m) {
8:              m' = suc(m, t);
9:              id' := new_node(m'); add_edge(id, t, id');
10:             push(⟨id', m'⟩, S);
11:         }
12:     }
13: }
```

キング m からトランジション t の発火により遷移するマーキングを表す．
- S はスタック[†1]で，空 (empty) に初期化 ($initialize(Stack)$)，データをプッシュ ($push(data, Stack)$)，データをポップ ($pop(Stack)$) の三つの操作が可能である．さらに，$is\_empty(stack)$ は，スタックが空かどうかを判定する関数である．
- 探索木を作成する操作としては，与えられたデータをもつ頂点を新規に作り，固有の頂点 id を返す $new\_node(data)$ と[†2]，始点 id，属性値，終点 id を与えて新しい辺を作る $add\_edge(id_1, attr, id_2)$ の二つを用いる．
- H は，探索済みのマーキングを格納する集合である．

ある頂点がすでに訪れたことのあるマーキングをもつならば，それより深くは探索は行わない（表 9.1 5 行目）．これにより，有限の可到達集合をもつ P/T ネットの構成アルゴリズムは有限ステップの実行後に停止し，有限の可到達木が得られる．

表 9.1 のアルゴリズムにおいて，スタックを先入れ先出しの FIFO キューに置き換えれば，幅優先探索のアルゴリズムになる．また，同じマーキングをもつ頂点を一つにまとめることで，状態遷移図が得られる．

非有界な P/T ネットに対する可到達木は無限の頂点をもつことになり，探索のアルゴリズムは停止しない．実際，図 9.2 の可到達木は無限個の頂点をもつ．

P/T ネットの可到達集合が無限集合になりうるのは，$m_0 \xrightarrow{s_1} m_1 \xrightarrow{s_2} m_2$，かつ，$m_1 \le m_2, m_1 \ne m_2$ となるような発火系列 s_1, s_2 が存在する場合である．入力プレースに必要数以上のトークンがあればよいという P/T ネットの発火規則から，m_1 から発火可能な系列は，すべて m_2 からも発火可能である．このことから，任意の自然数 k に対して，マーキング $m_1 + k \cdot (m_2 - m_1)$ が可到達集合に含まれる．マーキング $m_1 + k \cdot (m_2 - m_1)$ は，マーキング m_1 から発火系列 s_2 を k 回繰り返すことにより到達可能である．

非有界に増えるマーキングの成分を，無限を表す記号で置き換えることにより，探索木を有限化する方法が提案されている．$\Delta m := m_2 - m_1$ において，正の成分をもつプレースのトークン数は非有界に増やすことが可能なので，もしこのようなマーキングが可到達木の中に出現したら，該当する成分を記号 ω で置き換える．このようにして構成される可到達木を**被覆木** (coverability tree) とよぶ [51, 52]．ここで，記号 ω はつぎのような性質をもつ無限数を表す．任意の定数 c について，以下を満たす．

$$\omega + c = \omega, \quad \omega - c = \omega$$
$$c < \omega, \quad \omega \le \omega$$

[†1] 後入れ先出し (LIFO) のデータ構造．
[†2] id は，実装ではポインタやアドレスに相当する．

表 9.2 に被覆木の構成アルゴリズムを示す．ここで，

- 各頂点は，固有 id，マーキング，および，初期マーキングからその頂点に至るパス上の頂点 id のリストをもつ[†]．
- $m' := \omega\_suc(m, t, List)$ はつぎのような関数である．まず，マーキング m からトランジション t の発火による遷移先のマーキング $m_{suc} := suc(m, t)$ を求める．このとき，m に ω が含まれていれば，ω は上記のような性質をもつ無限数として扱う．つぎに，$List$ 内の頂点がもつマーキング m'' で，$m'' \leq m_{suc}, m'' \neq m_{suc}$ であるものが存在したとき，$m''(p_i) < m_{suc}(p_i)$ ならば $m'(p_i) := \omega$，$m''(p_i) = m_{suc}(p_i)$ ならば $m'(p_j) := m_{suc}(p_j)$ とする．
- $[id : List]$ は，リスト $List$ の先頭に要素 id を追加したリストを表す．

表 9.2 深さ優先探索による被覆木の構成アルゴリズム

```
1:  initialize(S); H := ∅;
2:  id := new_node(m₀); push(⟨id, m₀, [id]⟩, S);
3:  while is_empty(S) = FALSE {
4:      ⟨id, m, List⟩ := pop(S);
5:      if m ∉ H {
6:          H := H ∪ {m};
7:          for ∀t ∈ EN(m) {
8:              m' = ω_suc(m, t, List);
9:              id' := new_node(m'); add_edge(id, t, id');
10:             push(⟨id', m', [id' : List]⟩, S);
11:         }
12:     }
13: }
```

図 9.3 は，図 9.2 の非有界な P/T ネットの被覆木である．P/T ネットの被覆木は必ず有限の深さおよび幅をもつことが証明できる．

被覆木により，以下の性質が判定できる．

- **被覆性**：与えられたマーキング m について，$m \leq m'$ であるようなマーキング m' が被覆木に現れれば，m は被覆可能である．
- **有界性**：被覆木に ω が出現しないとき，かつそのときに限って，P/T ネットは有界である．
- **レベル 1 活性**：被覆木にトランジション t_j が出現すれば，かつそのときに限り，t_j はレベル 1 活性である．

[†] 実装ではリストへのポインタをもつことになる．

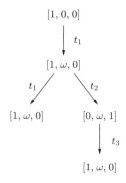

図 9.3　被覆木

被覆木は，プレースのトークン数 ω がどのような数値をとりうるのか（たとえば偶数のみなど）に関する情報が失われており，可到達性を判定することができない．

9.5　問題の帰着

モデル A が性質 P を満たすかどうかを判定する問題があったとき，モデル A から以下を満たすモデル B を構成できるとする．

$$\text{モデル } A \text{ が性質 } P \text{ を満たす} \Leftrightarrow \text{モデル } B \text{ が性質 } Q \text{ を満たす}$$

このとき，性質 P の判定問題は，性質 Q の判定問題に**帰着可能** (reducible) であるという．

P/T ネットの解析に限らず，離散事象システムにおいて可到達問題が基本的問題とされているのは，多くの問題が可到達問題に帰着するからである．たとえば，以下の結果が知られている．

定理 9.5

P/T ネットのレベル 4 活性判定問題は，部分マーキング可到達問題に帰着する [51, 53]．

ここで，部分マーキング可到達問題とは，指定したプレースの部分集合 P' にマーキング（部分マーキング）$m_s : P' \to \mathbb{N}$ を与え，初期マーキングから P' の部分マーキングが m_s に一致するようなマーキングに到達するかどうかを判定する問題である．なお，部分マーキング可到達問題は，可到達問題と等価であることが示されている [51, 53]．

9.6 無競合性と状態空間の縮約

探索木を構成するのは，各状態において複数の状態遷移の選択肢があり，選択結果によりその後の可到達性が異なるためである．ところが，無競合性をもつ P/T ネットでは，発火させるべきトランジションを任意の順序で発火させたとしても，最終的な可到達性には影響を与えない．この考えは，9.7 節で述べる半順序法に用いられているので，ここでは基本的なアイデアについて説明する．

あるマーキング m において，二つのトランジション t_1, t_2 は，以下を満たすとき**無競合** (conflict-free) であるという（図 9.4）．

$$m \xrightarrow{t_1} m_1 \wedge m \xrightarrow{t_2} m_2 \text{ ならば } m_1 \xrightarrow{t_2} m' \wedge m_2 \xrightarrow{t_1} m'$$

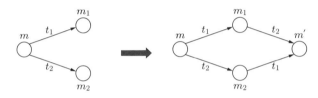

図 9.4　無競合性

図 3.6 に示したように，t_1 と t_2 の共通の入力プレースに十分な数のトークンがあれば無競合になる．

あるマーキングで無競合だったとしても，状態遷移により無競合性を満たさないマーキングに遷移することもある．どのようなマーキングに対しても無競合性が成り立つような性質を，**構造的無競合性**という．

P/T ネットが構造的無競合であるための条件を示す．理解を容易にするために，まずオーディナリーという単純化されたクラスの P/T ネットにおける条件を示し，その後，一般の P/T ネットにおける条件を示す．アーク関数 A の値域が $\{0, 1\}$ であるような P/T ネットは**オーディナリー** (ordinary) とよばれる．また，オーディナリーな P/T ネットにおいて，プレース p_i とトランジション t_j の間に $A(p_i, t_j) = A(t_j, p_i) = 1$ の構造があるとき，これを**自己ループ** (self loop) という（図 9.5）．

図 9.5　自己ループ

補題 9.6

自己ループをもたないオーディナリー P/T ネットが構造的無競合であるための必要十分条件は，任意の二つのトランジション t_i, t_j について $^\bullet t_i \cap {}^\bullet t_j = \emptyset$ を満たすことである．

証明 十分性は明らかなため，必要性について証明する．条件を満たさないと仮定する．このとき，t_i, t_j に共通な入力プレース p_k が少なくとも一つ存在する．ここで，つぎのようなマーキング m を与える．$m(p_k) = 1$ で，その他のプレースには t_i, t_j が発火可能となるような十分な数のトークンを与える．このようなマーキング m において，$m \xrightarrow{t_i} m'$, $m \xrightarrow{t_j} m''$ であるが，$m'(p_k) = 0$ なので，m' において t_k は発火可能ではない． ∎

一般の P/T ネットについては，二つのトランジション t_1, t_2 は，任意のプレース $p \in P$ について以下を満たすとき，構造的無競合である[†1]．

$$min\{A(t_1,p), A(t_2,p)\} \geq min\{A(p,t_1), A(p,t_2)\} \tag{9.6}$$

無競合性の定義より，つぎの補題が得られる[†2]．

補題 9.7

構造的無競合 P/T ネットにおいて，$m \xrightarrow{t_i}$, かつ $m \xrightarrow{st_i} m'$ であるとする．ただし，t_i はトランジション，s は t_i を含まない発火系列である．このとき，$m \xrightarrow{t_i s} m'$ である．

発火回数ベクトル $x \in \mathbb{N}^{|T|}$ を与えたとき，初期マーキングから発火可能な発火系列 s で $\psi(s) = x$ となるものを求める問題を考える．構造的無競合な P/T ネットでは，表 9.3 に示す「バックトラック」のないアルゴリズムにより，このような発火系列を求めることができる．

また，構造的無競合な P/T ネットについて，以下の結果が知られている．

定理 9.8

構造的無競合な P/T ネット $PN = (P, T, A, m_0)$ において，与えられた発火回数ベクトル $x = [x_1, \ldots, x_{|T|}]^T$ に対し，$m_0 \xrightarrow{s}$ かつ $\psi(s) = x$ であるような発火系列 s が存在するとき，かつそのときに限り，表 9.3 のアルゴリズムは $m_0 \xrightarrow{s'}$ かつ

[†1] 演習問題 9.3 を参照．
[†2] 証明は演習問題 9.4 を参照．

$\psi(s') = x$ であるような発火系列 s' を出力する[†].

表 9.3　構造的無競合な P/T ネットの発火系列生成アルゴリズム

```
 1: y = [y_1, ···, y_{|T|}]^T := x; m := m_0; s = ε;
 2: while y ≠ 0 {
 3:    if y_i > 0 かつマーキング m で発火可能なトランジション t_i が存在する
 4:    then {
 5:       t_i を発火させ，発火後のマーキングを m と置きなおす;
 6:       y_i := y_i − 1; s := st_i;
 7:    }
 8:    else 停止して "no" を出力;
 9: }
10: 停止して s を出力;
```

証明　必要性は自明である．十分性を示す．$k = \sum_i x_i$ に関する帰納法を用いる．$m_0 \xrightarrow{s}$ かつ $\psi(s) = x$ であるような発火系列 s が存在すると仮定する．まず初期マーキング m_0 では，$y_i > 0$ かつマーキング m で発火可能なトランジション t_i が必ず存在する．そのようなトランジションの一つは s の最初のトランジションである．$k = 1$ ならば $s = s' = t_i$ であり，成り立つ．$k > 1$ とする．$y_i > 0$ なので，t_i は s に含まれており，$s = s_1 t_i s_2$ と書くことができる．ここで，一般性を失うことなしに，s_1 には t_i は含まれていないとする．補題 9.7 より，$s' = t_i s_1 s_2$ も m_0 において発火可能であり，$\psi(s) = \psi(s')$ である．t_i が発火後のマーキングにおいて，発火系列 $s_1 s_2$，発火回数ベクトル $\psi(s_1 s_2)$ を考えると，帰納法の仮定により十分性が示される．　∎

構造的無競合性は非常に特殊な構造であるが，モデルの部分構造として含まれていることがある．このことを利用して探索空間を縮約するのが，次節で述べる**半順序法** (partial-order method) である．

9.7　半順序法による探索空間の制限

並行システムでは，状態空間のサイズが，システムを構成しているプロセス数に対して指数関数的に増加し，解析が困難になる場合が多い．図 9.6 の P/T ネットは n 個の独立なプロセスから構成されており，状態数は 3^n になる．このような状況を**状態空間爆発** (state space explosion) という．本節では，並行システムにおける状態空間爆発に対処するための方法の一つである半順序法について説明する．

[†] $s = s'$ とは限らない．

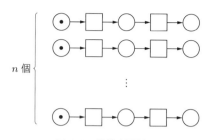

図 9.6　状態空間爆発

9.7.1　状態空間爆発と基本アイデア

半順序法の基本アイデアを図 9.7 に示す．P/T ネットおよびその状態空間が示されている．破線で示された状態遷移は，異なるプロセスのトランジションである a と c，a と d，b と c，b と d の順序が入れ替わっただけで，どのような経路をたどっても，一番下のデッドなマーキングに到達する．

二つのトランジションがあったとき，一方のトランジションの発火が他方のトランジションの発火可能性に影響を与えないようなトランジションの組は，独立であるという．あるマーキングにおいて発火可能な複数のトランジションがあったとき，独立性を考慮してそのうちの一部のみを発火させることにより，検証したい性質が保存された，より小さな状態空間（縮約状態空間）を構成するのが半順序法のアイデアである．図 9.7 では，網掛けで示した部分のみを構成する．

表 9.4 は，深さ優先探索による縮約状態空間の生成アルゴリズムである．7 行目において，調べたい性質，たとえばデッドロックが発生するか否か，を保存するような

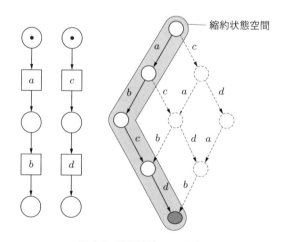

図 9.7　半順序法のアイデア

発火可能なトランジションの集合 $U(m) \subseteq EN(m)$ を求め，$U(m)$ に含まれるトランジションのみを発火させることで，縮約状態空間を生成する．

表 9.4 深さ優先探索による縮約状態空間の生成アルゴリズム

```
 1:  initialize(S); H := ∅;
 2:  id := new_node(m_0); push(⟨id, m_0⟩, S);
 3:  while is_empty(S) = FALSE {
 4:      ⟨id, m⟩ := pop(S);
 5:      if m ∉ H {
 6:          H := H ∪ {m};
 7:          U(m) ⊆ EN(m) を求める;
 8:          for ∀t ∈ U(m) {
 9:              m' = succ(m, t);
10:              id' := new_node(m'); add_edge(id, t, id');
11:              push(⟨id', m'⟩, S);
12:          }
13:      }
14:  }
```

9.7.2 パーシステント集合

集合 $U(m)$ の構成法の一つとして，**パーシステント集合** (persistent set) がある [54]．パーシステント集合はマーキングに依存して決定される．

$PN = (P, T, A, m_0)$ を P/T ネットとする．まず，トランジションの独立性をフォーマルに定義する．二つのトランジション t_i, t_j は，到達可能な任意のマーキングにおいて，以下を満たすとき独立であるという．

- $m_1 \xrightarrow{t_i} m_1'$ ならば，$t_j \in EN(m_1) \Leftrightarrow t_j \in EN(m_1')$．
- $m_2 \xrightarrow{t_j} m_2'$ ならば，$t_i \in EN(m_2) \Leftrightarrow t_i \in EN(m_2')$．

すなわち，一方の発火が，他方を発火可能にしたり，発火不能にしたりすることがないという条件である．独立でないトランジションの組は従属であるという．独立性は無競合性より強い条件である[†]．

トランジションの集合 U は，つぎの 2 条件を満たすときパーシステントであるという．

1. U のすべてのトランジションは発火可能である．

[†] 無競合性は，一方の発火が他方を発火不能にしないという性質である．

2. トランジション $t \notin U$ について,もしマーキング m から発火可能な系列 $t_1 \cdots t_n t$, $t_i \notin U (i = 1, \ldots, n)$ が存在したならば,t は U のすべてのトランジションと独立である.

パーシステント集合に関して,つぎの結果が知られている.

定理 9.9

表 9.4 のアルゴリズムにおいて,$U(m)$ として常にパーシステント集合を選択すれば,デッドなマーキングは縮約状態空間において保存される.

証明 m を縮約状態空間に現れる任意のマーキングとし,m から発火系列 s によりデッドなマーキング m_d に到達可能とする.s の長さに関する帰納法で証明する.

まず,$|s| = 0$ ならば,$m = m_d$ なので明らか.$|s| = k + 1$ の場合を考える.s の最初のトランジションを t とし,$m \xrightarrow{t} m' \xrightarrow{s'} m_d$ とする.もし $t \in U(m)$ ならば t はアルゴリズムにおいて発火し,m' も探索される.帰納法の仮定により,m_d も縮約状態空間に現れる.つぎに,$t \notin U(m)$ の場合を考える.s' には $U(m)$ のトランジションが少なくとも一つは出現する.もしそうでなければ,パーシステント集合の定義より,U のトランジションは m_d でも発火可能であり,m_d がデッドであることに反するからである.t' をそのようなトランジションで最初に出現するものとする.すなわち,$s' = s_1 t' s_2$ で,s_1 には $U(m)$ のトランジションは含まれない.このとき,t と s_1 のトランジションは t' と独立なので,図 9.8 に示した遷移図が得られる.$|ts_1 s_2| = k$ なので,帰納法の仮定により,m_d は縮約状態空間に現れる. ∎

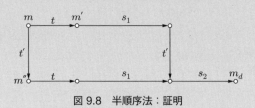

図 9.8 半順序法:証明

9.7.3 パーシステント集合の計算法

パーシステント集合の要件を満たす集合 U は,表 9.5 の手続きで求められる.この手続きにより求められる集合を頑強集合 (stubborn set) とよぶ[†][55].頑強集合はパーシステント集合であるが,その逆は必ずしも真ではない.

表 9.5 の手続きはシステムの「ふるまい」により記述されており,実際に状態遷移を発生させないと,条件を満たしているかどうかを確認できない.しかし,状態空間

[†] 頑強集合は,それに含まれないトランジションが発火しても,引き続き頑強集合である.この理由で「頑強」という名前付けがされた.

9.7 半順序法による探索空間の制限

表 9.5 パーシステント集合を求める手続き（動的条件）

```
1:  U は発火可能な一つのトランジションからなる集合とする;
2:  repeat
3:      if U に発火可能なトランジション t が含まれている {
4:          t を発火不能にできるトランジションをすべて U に加える;
5:      }
6:      if U に発火不能なトランジション t が含まれている {
7:          t が発火する前に必ず発火させなければならないトランジションを,
              少なくとも一つ U に加える;
8:      }
9:  until それ以上トランジションを加える必要がない;
10: U から発火不能なトランジションを削除する.
```

を縮約するために状態空間を生成するのでは，まったく意味がない．そこで，表 9.5 の手続き内の各条件を，モデルの静的解析のみで判定できる条件に置き換える必要がある．

説明を簡単にするため，自己ループのないオーディナリーな P/T ネット $PN = (P, T, A, m_0)$ を対象にする．発火可能なトランジション t があったとき，以下を満たすトランジション t' は，トランジション t を発火不能にはできない．

$$^\bullet t \cap {^\bullet t'} = \emptyset \tag{9.7}$$

等価な条件として，$t' \notin (^\bullet t)^\bullet$ と表すこともできる．この条件は，構造的無競合の条件 (9.6) そのものである．発火可能なトランジション $t \in U$ について，t と競合する可能性のあるトランジション集合である $(^\bullet t)^\bullet$ をすべて U に加えればよい．

発火不能なトランジション t があったとき，t は空の入力プレースを少なくとも一つはもつ．さらに，そのプレースの入力トランジションの少なくとも一つは，t が発火可能になる前に必ず発火しなければならない．したがって，

$$\exists p \in {^\bullet t} : m(p) = 0 \land t' \in {^\bullet p} \tag{9.8}$$

であるようなトランジション t' をすべて U に加えれば，そのうちの少なくとも一つは，t が発火可能となる前に必ず発火する．

静的条件によりパーシステント集合を求める手続きを表 9.6 に示す．一般の P/T ネットでは，条件 (9.7) は，一般の P/T ネットの構造的無競合の条件である条件 (9.6) になる．なお，U に加えるのは，構造的無競合ではないトランジション，言い換えれば，条件 (9.6) を満たさないトランジションである．また，条件 (9.8) はつぎのようになる．

$$\exists p \in P : m(p) < A(p,t) \land (A(t',p) > A(p,t') < A(p,t)) \tag{9.9}$$

表 9.6　パーシステント集合を求める手続き（静的条件）

```
 1:  U は発火可能な一つのトランジションからなる集合とする;
 2:  repeat
 3:      if U に発火可能なトランジション t が含まれている {
 4:          (•t)• をすべて U に加える;
 5:      }
 6:      if U に発火不能なトランジション t が含まれている {
 7:          m(p) = 0 であるようなプレース p ∈• p を選び,
             •p をすべて U に加える;
 8:      }
 9:  until それ以上トランジションを加える必要がない;
10:  U から発火不能なトランジションを削除する.
```

例 9.2　図 9.9 に半順序法の適用例を示す.

1. $m_0 : U = \{a\}$ から始める. U はパーシステント集合である. a を発火させ, マーキング m_1 に遷移する.
2. $m_1 : U = \{b\}$ から始める. U はパーシステント集合である. b を発火させ, マーキング m_2 に遷移する.
3. $m_2 : U = \{c\}$ から始める. U はパーシステント集合である. c を発火させ, マーキング m_3 に遷移する.
4. $m_3 : U = \{e\}$ から始める.
   (a) e は発火可能であり, $(•e)• = \{e, f, g\}$ を U に加える.
   (b) f は発火可能であり, $(•f)• = \{e, f, g, d\}$ を U に加える.
   (c) g は発火不能であり, 空の入力プレース p_7 をもつ. $•p_7 = \{d\}$ はすでに U に含まれる.
   (d) d は発火可能であり, $(•d)• = \{f, d\}$ はすでに U に含まれる.
   (e) U はこれ以上変化しない. 発火不能なトランジションを除き $U = \{d, e, f\}$ が得られる.

   d, e, f を発火させ, それぞれマーキング m_4, m_5, m_6 に遷移する.
5. $m_4 : U = \{e\}$ から始める.

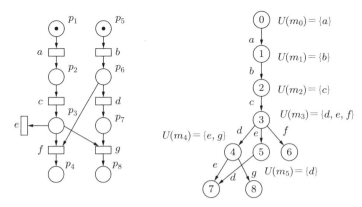

図 9.9 半順序法：例

- (a) e は発火可能であり，$({}^\bullet e)^\bullet = \{e, f, g\}$ を U に加える．
- (b) f は発火不能であり，空の入力プレース p_6 をもつ．${}^\bullet p_6 = \{b\}$ を U に加える．
- (c) g は発火可能であり，$({}^\bullet g)^\bullet = \{e, f, g\}$ はすでに U に含まれる．
- (d) b は発火不能であり，空の入力プレース p_5 をもつ．${}^\bullet p_5 = \emptyset$ である．
- (e) U はこれ以上変化しない．発火不能なトランジションを除き $U = \{e, g\}$ が得られる．

e, g を発火させると，それぞれマーキング m_7, m_8 に遷移する．

6. $m_5 : U = \{d\}$ から始める．
   - (a) d は発火可能であり，$({}^\bullet d)^\bullet = \{d, f\}$ を U に加える．
   - (b) f は発火不能であり，空の入力プレース p_3 をもつ．${}^\bullet p_3 = \{c\}$ を U に加える．
   - (c) c は発火不能であり，空の入力プレース p_2 をもつ．${}^\bullet p_2 = \{a\}$ を U に加える．
   - (d) a は発火不能であり，空の入力プレース p_1 をもつ．${}^\bullet p_1 = \emptyset$ である．
   - (e) U はこれ以上変化しない．発火不能なトランジションを除き $U = \{d\}$ が得られる．

   d を発火させると m_7 に遷移する．

7. m_6, m_7, m_8 はデッドなマーキングである．

9.8 2分決定グラフによる状態空間の表現

ブール関数とは，ブール値 ($\mathbb{B} = \{0, 1\}$) をもつ有限個の変数（ブール変数）に対してブール値を割り当てる関数 $f : \mathbb{B}^n \to \mathbb{B}$ である．本節では，まずブール関数のさまざまな演算を実用的な意味で効率的に扱う手法である2分決定グラフについて紹介し，つぎに2分決定グラフを用いた状態空間表現について述べる．

9.8.1 2分決定木と2分決定グラフ

ブール関数 $f(x_1, \ldots, x_n)$ を表現する方法として **2分決定木** (BDT: Binary Decision Tree) がある．BDT は2種類の頂点（終端頂点と非終端頂点）をもつ有向木である．各非終端頂点 v は変数 $var(v)$ でラベル付けされ，二つの子頂点 $low(v)$, $high(v)$ をもつ．木の根も非終端頂点である．また，各終端頂点は0または1でラベル付けされる．根から，変数の値が0のときは $low(v)$ を，1のときは $high(v)$ をたどって行き終端頂点に至るが，終端頂点の値によりブール関数を定義する．各頂点も一つのブール関数を表現しているが，頂点 v が表すブール関数 $f_v(x_1, \ldots, x_n)$ は，つぎのように再帰的に定義される．

1. v が終端頂点のとき，v に付けられたラベルが1ならば $f_v(x_1, \cdots, x_n) = 1$, 0 ならば $f_v(x_1, \ldots, x_n) = 0$ である．
2. v が非終端頂点で $var(v) = x_i$ ならば，

$$f_v(x_1, \ldots, x_n) = (\neg x_i \wedge f_{low(v)}(x_1, \ldots, x_n)) \vee (x_i \wedge f_{high(v)}(x_1, \ldots, x_n)) \tag{9.10}$$

2分決定木が表すブール関数とは，その根が表すブール関数のことである．

図 9.10 に4変数の BDT の例を示す．n 変数の2分決定木のサイズは，非終端頂点が $2^n - 1$ 個，終端頂点が 2^n 個であり，真理値表と同様に，変数の数の指数関数的なサイズになる．

2分決定グラフ (BDD: Binary Decision Diagram) は，2分決定木の有向木を根付きの有向非巡回グラフ[†]に置き換えたものである [56]．とくに，つぎの二つの条件を満たす BDD を，ROBDD (Reduced Ordered BDD) とよぶ．

1. 根から終端頂点へ至るすべての経路上で，変数が同じ順序で出現する．

[†] 閉路のない有向グラフのことである．DAG (Ditected Acyclic Graph) とよばれる．

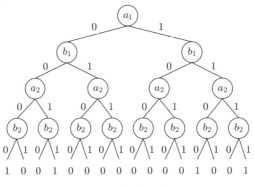

図 9.10 2 分決定木

2. 同型な部分木や冗長な頂点をもたない．

条件 2 は，以下の三つの「関数を変えない」変換規則を繰り返し適用することで達成できる．

- **冗長な終端頂点の削除**：同じ値をもつ終端頂点は一つの終端頂点にまとめる．すなわち，終端頂点は 0 と 1 の値をもつ二つだけである．
- **冗長な非終端頂点の削除**：二つの非終端頂点 v, w について，$var(v) = var(w)$ かつ $low(v) = low(w)$, $high(v) = high(w)$ ならば，v と w を一つにまとめる．
- **冗長なテストの削除**：$low(v) = high(v)$ であるような非終端頂点 v は削除し，入ってくる辺を直接 $low(v)(high(v))$ に接続する．

この縮約により，特定のブール関数については，変数の数に比例するグラフのサイズでブール関数を表現できる（図 9.11）．ただし，変数の数の指数関数的なサイズの

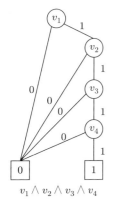
$v_1 \wedge v_2 \wedge v_3 \wedge v_4$

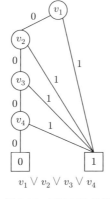
$v_1 \vee v_2 \vee v_3 \vee v_4$

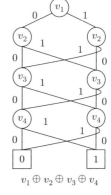
$v_1 \oplus v_2 \oplus v_3 \oplus v_4$

図 9.11 ROBDD の例

ROBDDをもつブール関数も存在する．ROBDDには，以下の優れた性質がある．

- 与えられたブール関数を表現するROBDDはすべて同型である．言い換えると，ROBDDはブール関数の正準形 (canonical form) を与える．これにより，二つのブール関数の等価性は，それらを表現するROBDDのグラフとしての同型性により判定できる．
- ROBDDは，従来用いられているブール関数の標準形（連言標準形や選言標準形）に比べて，多くの場合，より小さい表現を与える．ただし，ROBDDのサイズは変数の順序に大きく依存する．最小サイズのROBDDを与える変数の順序を求める問題はNP-完全である[†] [57]．
- ブール関数どうしの論理演算は，すべてROBDDどうしのグラフ的操作により実装できる．そして，二つのROBDDのサイズの積に比例する計算量で実行できる．

9.8.2 ブール関数による状態遷移図の表現

BDDを利用して大規模な状態空間を扱うために，遷移システム $TS = (X, \to)$ における遷移関係をブール関数で表現する方法について説明する．n を $2^n \geq |X|$ を満たす自然数とし，$\phi : X \to \mathbb{B}^n$ を任意の符号化関数とする．このとき，$2n$ 個のブール変数 $v_1, \dots, v_n, v_1', \dots, v_n'$ を用意し，1ステップの遷移 $x_i \to x_j$ を表すブール関数 $R(v_1, \dots, v_n, v_1', \dots, v_n')$ をつぎのように定義する．

$$R(\phi(x_i), \phi(x_j)) = 1 \Leftrightarrow x_i \to x_j \tag{9.11}$$

R の具体的構成方法を示す．各状態 $x \in X$ に対し，$f_x(v_1, \dots, v_n)$ を $f_x(\phi(x)) = 1$, かつ，$f_x(\phi(x')) = 0$ $(x' \neq x)$ であるようなブール関数とする．たとえば，図9.12の

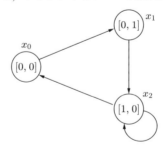

図9.12 ブール関数による状態遷移図の表現

[†] より小さいサイズのROBDDを得るためのヒューリスティクスは存在する．これは，関連の深い変数は順序の上で近い位置にまとめるというものである．

状態遷移図における状態 x_1 に対応するブール関数は,

$$f_{x_1}(v_1, v_2) := \neg v_1 \wedge v_2$$

である.ここで,$\phi(x_1) = [0, 1]$ であり,f_{x_1} は $f_{x_1}(0, 1) = 1$,それ以外は 0 になる.そして,

$$R(v_1, \ldots, v_n, v'_1, \ldots, v'_n) \equiv \bigvee_{x_i \to x_j} \left(f_{x_i}(v_1, \ldots, v_n) \wedge f_{x_j}(v'_1, \ldots, v'_n) \right) \quad (9.12)$$

とすればよい.

例 9.3 図 9.12 の状態遷移図は,つぎのブール関数により表現できる.

$$R(v_1, v_2, v'_1, v'_2) = (\neg v_1 \wedge \neg v_2 \wedge \neg v'_1 \wedge v'_2) \vee (\neg v_1 \wedge v_2 \wedge v'_1 \wedge \neg v'_2) \vee$$
$$(v_1 \wedge \neg v_2 \wedge v'_1 \wedge \neg v'_2) \vee (v_1 \wedge \neg v_2 \wedge \neg v'_1 \wedge \neg v'_2)$$

1 ステップの遷移を表すブール関数 R を用いて,0 ステップを含む任意ステップの状態遷移を表すブール関数 R^* を,つぎのように定義する.

- $R^0(v_1, \ldots, v_n, v'_1, \ldots, v_n) := [v_1 \equiv v'_1 \wedge \cdots \wedge v_n \equiv v'_n]$.
- $R^{k+1}(v_1, \ldots, v_n, v'_1, \ldots, v_n) := \exists v''_1, \ldots, v''_n : R^k(v_1, \ldots, v_n, v''_1, \ldots, v''_n) \wedge R(v''_1, \ldots, v''_n, v'_1, \ldots, v_n)$.
- $R^{k^*+1} = R^{k^*}$ となる k^* が存在し,$R^* := R^{k^*}$ とする.R^* は R の**反射的推移的閉包**を表している.

R^* を用いて,与えられた状態 x_F が初期状態 x_0 から到達可能であるかどうかを判定できる.まず,つぎのブール関数 g を構成する.

$$g(v_1, \ldots, v_n) \equiv \exists v'_1 \cdots \exists v'_n : f_{x_0}(v'_1, \ldots, v'_n) \wedge R^*(v'_1, \ldots, v'_n, v_1, \ldots, v_n)$$

このとき,状態 x_F が x_0 から到達可能ならば,かつそのときに限り,$g(\phi(x_F)) = 1$ である.

9.8.3 BDD ライブラリを用いたブール関数の操作

BDD を操作するためのライブラリが開発されている [58].このような BDD ライブラリを用いてブール関数の操作を BDD 上で実行することができる.表 9.7 は BDD ライブラリに用意されている,あるいは関数を組み合わせて容易に作成できる,代表的な関数の例である.ここで,bdd は BDD へのポインタを表すデータ型である.

これらの関数を用いて,図 9.12 の状態遷移図における 1 ステップの状態遷移関数

表 9.7 BDD を操作するライブラリ関数の例

関数名	機能
`void bdd_init()`	bdd の初期化.
`void bdd_quit()`	bdd の終了.
`bdd bdd_newvar_first()`	先頭の位置に変数を追加し,その変数を表す BDD を返す.
`bdd bdd_newvar_last()`	最後の位置に変数を追加し,その変数を表す BDD を返す.
`bdd bdd_one()`	1 を表す BDD を返す.
`bdd bdd_zero()`	0 を表す BDD を返す.
`bdd bdd_and(bdd `f`, bdd `g`)`	f, g の論理積を表す BDD を返す.
`bdd bdd_or(bdd `f`, bdd `g`)`	f, g の論理和を表す BDD を返す.
`bdd bdd_not(bdd `f`)`	f の否定を表す BDD を返す.
`bdd bdd_ite(bdd `f`, bdd `g`, bdd `h`)`	If f then g else h を表す BDD を返す.
`bdd bdd_exists(bdd `f`, bdd_list `v`)`	v は変数のリストで,$\exists v : f$ を表す BDD を返す.
`bdd bdd_forall(bdd `f`, bdd_list `v`)`	v は変数のリストで,$\forall v : f$ を表す BDD を返す.
`bdd bdd_compose(bdd `f`, bdd `g`, bdd `h`)`	f に含まれる変数 g に h を代入した BDD を返す.

$R(v_1, v_2, v_1', v_2')$ は,つぎのように計算できる.

```
bdd_init();
v1 = bdd_newvar_last();
v2 = bdd_newvar_last();
vn1 = bdd_newvar_last();
vn2 = bdd_newvar_last();
not_v1 = bdd_not(y1);
not_v2 = bdd_not(y2);
not_vn1 = bdd_not(yn1);
not_vn2 = bdd_not(yn2);
g1 = bdd_and(bdd_and(bdd_and(not_v1, not_v2), not_vn1), vn2);
g2 = bdd_and(bdd_and(bdd_and(not_v1, v2), vn1), not_vn2);
g3 = bdd_and(bdd_and(bdd_and(v1, not_v2), vn1), not_vn2);
g4 = bdd_and(bdd_and(bdd_and(v1, not_v2), not_vn1), not_vn2);
r = bdd_or(bdd_or(bdd_or(g1, g2), g3), g4);
...
bdd_quit();
```

演習問題

9.1 P/T ネットにおいて,レベル 3 活性ではないが,レベル 2 活性であるトランジションの例を示せ.

9.2 P/T ネットにおいて，部分マーキング可到達問題が可到達問題に帰着することを示せ．
9.3 条件 (9.6) を満たせば，任意のマーキングにおいて二つのトランジション t_1, t_2 が競合しないことを示せ．
9.4 補題 9.7 を証明せよ．
9.5 同じ被覆木をもつが，異なる可到達集合をもつ P/T ネットを与えよ．
9.6 条件 (9.9) の意味について説明せよ．

第10章 決定性時間システム・ハイブリッドシステムの解析

本章では，時間に関する制約を扱うことのできる時間オートマトン，およびその一般化であるハイブリッドオートマトンの解析方法について述べる．時間オートマトン，ハイブリッドオートマトンは，ともに非可算無限個の連続状態をもつため，それらを離散化して取り扱う方法が提案されている．微分方程式で記述されるなど連続変数をもつシステムでは，従来はシミュレーションによる解析が中心であった．これに対し本章で述べる方法は，すべての状態を網羅的に扱うことができるという意味でシミュレーションとは大きく異なる．状態空間の網羅的な検査を行うことで，システムの正しさを保証することが可能になる．

10.1 時間オートマトンの解析

時間オートマトンの解析として，連続状態の離散抽象化を用いた方法について述べる．

10.1.1 時間オートマトンにおける可到達問題

時間オートマトン $TA = (Loc, \mathcal{C}, \Sigma, Edg, Loc_0, Loc_F)$ の状態は，ロケーション l とクロック値 v の組 (l, v) である．また，そのふるまい全体はラベル付き遷移システム $LTS(TA) = (X, \Sigma \cup \mathbb{R}^+, \rightarrow)$ により表されることは 7.1.1 項で述べた．

$\rightarrow^*$ を関係 $\rightarrow$ の反射的推移的閉包とする．初期状態 (l_0, ν_0) と目標状態 (l, ν) を与えたとき，$(l_0, \nu_0) \rightarrow^* (l, \nu)$ かどうかを判定する問題が，時間オートマトンの可到達問題である．ほかにも，ロケーション l とクロック制約 ϕ を与えたとき，初期状態 (l_0, ν_0) から $\nu \in \phi$ であるような状態 (l, ν) に到達可能かどうかを判定する問題を扱うこともある．

10.1.2 状態空間の離散抽象化

時間オートマトンの状態は非負実数を値域とするクロック値を含むので，可到達性を判定するときには無限状態を扱う必要がある．無限状態のラベル付き遷移システム

$LTS(TA)$ を離散抽象化することで，有限ステップの手続きで可到達性を判定できることが知られている [20]．

まず，各クロック変数 $x_i \in \mathcal{C}$ に対するクロック制約を $x_i \ op \ k$ の形の連言に限定する．ここで，$k \in \mathbb{N}$，$op \in \{<, \leq, =, \geq, >\}$ である[†]．さらに，クロック変数 $x \in \mathcal{C}$ に対するクロック制約に現れる最大の整数値を M_i とする．このような M_i を考える理由は，クロック変数 x_i の値が M_i を超えればクロック制約の真偽値は変化しないので，M_i を超えるクロック値どうしは区別する必要はないからである．いま，実数 d に対し，その整数部分を $\lfloor d \rfloor$，小数部分を $frac(d) := d - \lfloor d \rfloor$ で表す．二つのクロック値 v, v' について以下の 3 条件が満たされるとき，$v \simeq v'$ と書く．

1. すべてのクロック変数 $x_i \in \mathcal{C}$ について，$\lfloor v(x_i) \rfloor = \lfloor v'(x_i) \rfloor$，または，$v(x_i) > M_i \land v(x_i) > M_i$．
2. すべてのクロック変数 $x_i \in \mathcal{C}$ について，もし $v(x_i) \leq M_i$ ならば，$frac(v(x_i)) = 0 \Leftrightarrow frac(v'(x_i)) = 0$．
3. すべてのクロック変数 $x_i, x_j \in C$ について，もし $v(x_i) \leq M_i \land v(x_j) \leq M_j$ ならば，$frac(v(x_i)) \leq frac(v(x_j)) \Leftrightarrow frac(v'(x_i)) \leq frac(v'(x_j))$．

クロック値全体の集合を V とする．V 上の 2 項関係 $\simeq$ は同値関係になり，それにより導かれる V の同値類を領域 (region) とよぶ．クロック値の上界 M_i の存在により，領域の数は有限である．

例 10.1 $\mathcal{C} = \{x_1, x_2\}$，$M_1 = 3$，$M_2 = 2$ のときの領域を図 10.1 に示す．x_1-x_2 平面は，以下の 60 個の領域に分割される．

- 12 個の点：$\{(0,0)\}, \{(0,1)\}, \{(0,2)\}$ など．

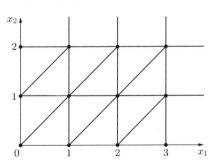

図 10.1　同値関係 $\simeq$ による領域分割

[†] 定数が有理数で与えられている場合は，値をスケーリングしなおすことにより，等価な整数定数のモデルを作ることができる．

- 30 本の開いた線分：$\{(x_1, x_2) \mid 0 < x_1 = x_2 < 1\}$ など．
- 18 個の開いた領域：$\{(x_1, x_2) \mid 0 < x_1 < x_2 < 1\}$ など．

さらに，状態集合上の 2 項関係 $\simeq$ を，$(l, \nu) \simeq (l', \nu') \Leftrightarrow l = l' \wedge \nu \simeq \nu'$ により定義する．このとき，以下の結果が得られる．

定理 10.1

関係 $\simeq$ は，時間抽象化ラベル付き遷移システム $LTS^\tau(TA)$ の双模倣である．

これは，クロック制約が自然数との比較であること，および，クロック変数どうしの差は，クロックのリセット以外では変化しないことから導かれる．双模倣により導かれる同値類上の遷移システム（商遷移システム）に基づき，時間オートマトンのふるまいを解析することができる．たとえば，時相論理式における原子命題の真偽値が，$x_i \, op \, k$ の形のクロック制約の真偽値で定義されている場合，与えられた時相論理式が成り立つかどうかを商遷移システム $LTS^\tau(TA)/\simeq$ 上で調べることができる．可到達問題も時相論理で記述することができる．

$x - y \, op \, k$ の形のクロック制約を追加しても，同値関係の変更により，同様な結果が得られることが知られている [59]．また，時間オートマトンのモデル検査ツールである UPPAAL [60] では，インバリアントを $x_i \leq k, x_i < k$ の形の式に限定することで，クロック値の上界を明示的に与えている．

10.1.3 状態空間の記号表現

領域数はクロック変数の数に対し指数関数的に増加する．この問題を回避するために考案されたのが**ゾーン** (zone) の考え方である [61]．ゾーンは一般に領域よりも粗い状態の同値類を作り出す．また，各ゾーンは線形不等式からなる制約式により記号的に表現される．

ゾーンとは，クロック制約で表現されるクロック値の集合のことである．クロック制約 D を満たすクロック値全体の集合を D と同一視する．すなわち，クロック値の集合を，その記号表現であるクロック制約として扱う．ゾーンを用いた状態集合の表現 (l, D) を**記号状態** (symbolic state) とよぶ．さらに，$D^\uparrow := \{\nu + t \mid \nu \in D, t \in \mathbb{R}^+\}$，および $reset(r, D) := \{reset(r, v) \mid v \in D\}$ とする．このとき，記号状態間の遷移関係 $\rightsquigarrow$ を以下のように定義する．

1. $(l, D) \rightsquigarrow (l, D^\uparrow \wedge Inv(l))$．
2. $(l, \phi, a, r, l') \in Edg$ のとき，$(l, D) \rightsquigarrow (l', reset(r, D \wedge \phi) \wedge Inv(l'))$．

また，$\leadsto$ の反射的推移的閉包を $\leadsto^*$ で表す．時間オートマトン TA を与えたとき，記号状態の集合 $\mathcal{S}$，記号状態の集合上の遷移関係 $\leadsto$，および，初期記号状態 $s_0 \in \mathcal{S}$ により構成される遷移システム $TS^Z(TA) = (\mathcal{S}, \leadsto, s_0)$ を，ゾーングラフとよぶ．

$LTS(TA) = (X, Lab \cup \mathbb{R}^+, \rightarrow)$ とする．遷移関係 $\leadsto$ の定義から，ただちに以下の結果が得られる．

補題 10.2

$(l, D) \leadsto (l', D')$ ならば，任意の $v' \in D'$ に対しある $v \in D$ が存在して，$(l, v) \rightarrow (l', v')$．

定理 10.3

時間オートマトン TA に初期状態 (l_0, v_0) を与え，ゾーングラフ $TS^Z(TA) = (\mathcal{S}, \leadsto, (l_0, \{v_0\}))$ を構成する．このとき，以下が成り立つ[†]．

1. $(l_0, \{v_0\}) \leadsto^* (l_f, D_f)$ ならば，すべての $v_f \in D_f$ について $(l_0, v_0) \rightarrow^* (l_f, v_f)$．
2. $(l_0, v_0) \rightarrow^* (l_f, v_f)$ ならば，$v_f \in D_f$ となるゾーン D_f が存在して，$(l_0, \{v_0\}) \leadsto^* (l_f, D_f)$．

これらの結果より，可到達性の判定をゾーングラフ上で行うことができる．ゾーンの数は一般には有限ではないが，クロック制約に含まれる定数の上界を用いた正規化という手続きにより有限個に収めることができる．

例 10.2 図 10.2 の時間オートマトンは，以下に示すようなランプの動作を表現したものである．

- スイッチを 1 回押すと点灯し，5 秒以内にもう 1 回押すと点灯状態が継続する．消灯するにはスイッチをもう 1 回押す．
- 点灯してからスイッチを押さずに 5 秒経過すると，自動的に消灯する．

ただし，インバリアントはすべてのロケーションで $x \geq 0$ とする．

以下の手順で，図 10.3 に示すゾーングラフが作られる．初期記号状態は (**off**, $[x = 0]$) である．

[†] 1. は，ゾーングラフに存在する遷移に対応する実際の遷移が存在するという意味で健全性 (soundness)，
2. は，実際の遷移に対応するゾーングラフ上の遷移が存在するという意味で完全性 (completeness) とよばれる．

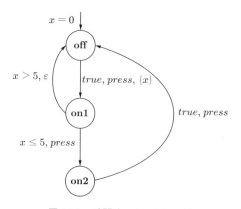

図 10.2　時間オートマトンの例

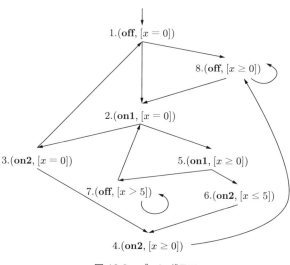

図 10.3　ゾーングラフ

1. $(\mathbf{off}, [x = 0])$：スイッチを押して $(\mathbf{on1}, [x = 0])$ に遷移するか，時間が経過して $(\mathbf{off}, [x \geq 0])$ に遷移する．
2. $(\mathbf{on1}, [x = 0])$：スイッチを押して $(\mathbf{on2}, [x = 0])$ に遷移するか，時間が経過して $(\mathbf{on1}, [x \geq 0])$ に遷移する．
3. $(\mathbf{on2}, [x = 0])$：スイッチを押して $(\mathbf{off}, [x = 0])$ に遷移するか，時間が経過して $(\mathbf{on2}, [x \geq 0])$ に遷移する．
4. $(\mathbf{on2}, [x \geq 0])$：スイッチを押して $(\mathbf{off}, [x \geq 0])$ に遷移する．
5. $(\mathbf{on1}, [x \geq 0])$：5 秒以内にスイッチを押して $(\mathbf{on2}, [x \leq 5])$ に遷移する

か，5秒経過して $(\mathbf{off}, [x > 5])$ に遷移する．
6. $(\mathbf{on2}, [x \leq 5])$：時間が経過して $(\mathbf{on2}, [x \geq 0])$ に遷移する．
7. $(\mathbf{off}, [x > 5])$：スイッチを押して $(\mathbf{on1}, [x = 0])$ に遷移するか，時間が経過して $(\mathbf{off}, [x > 5])$ に遷移する．
8. $(\mathbf{off}, [x \geq 0])$：スイッチを押して $(\mathbf{on1}, [x = 0])$ に遷移するか，時間が経過して $(\mathbf{off}, [x \geq 0])$ に遷移する．

10.1.4 記号状態表現の正準形

非可算無限の状態集合を記号表現したときに問題になるのが，同じ集合に対応する複数の記号表現が存在することである．たとえば，

$$x < 25 \wedge y \leq 10 \wedge x - y \leq 10$$

は，

$$y \leq 10 \wedge x - y \leq 10$$

と同じ集合を表している．理由は，$y \leq 10 \wedge x - y \leq 10$ から $x \leq 20$ を導くことができ，$x < 25$ の条件は省略することができるからである．

遷移システムを構成するときに，全状態を網羅したことを確認するために，過去に同じ状態集合が出現していないかどうかを判定する必要がある．この計算は，もし状態集合に対するユニークな記号表現が存在すれば，記号表現の同一性の確認だけで実行できる．ゾーンに対する記号表現として，**差分有界行列** (DBM: diffrence bound matrix) が提案されており，ゾーンに対するユニークな記号表現を与えることができる [61, 62]．

まず，クロック制約は $x \, op \, k$ および $x - y \, op \, k$ の2種類を扱う．クロック変数の集合を $\mathcal{C} = \{x_1, x_2, \ldots, x_n\}$ とし，それに定数 $x_0 = 0$ を加えたものを $\mathcal{C}_0$ とする．クロック制約は，一般性を失うことなしに，$x_i - x_j \preceq k$, $\preceq := \{\leq, <\}$, $k \in \mathbb{Z}$ の形に限定することができる[†]．

ゾーン D に対し，つぎのような $(n+1) \times (n+1)$ 行列 $M(D) = [d_{ij}]$ を定義する．

- D の各制約 $x_i - x_j \preceq k$ について，$d_{ij} = (k, \preceq)$．
- $x_i - x_j$ が D において非有界ならば，$d_{ij} = \infty$．
- 最後に暗黙の制約 $d_{0i} = (0, \leq)$, $d_{ii} = (0, \leq)$ を加える．

[†] $x_i \leq k$ は $x_i - x_0 \leq k$, $x_i - x_j \geq k$ は $x_j - x_i \leq k$ とすればよい．

$M(D)$ をゾーン D の差分有界行列とよぶ.

例 10.3 クロック制約 $x_1 < 20 \land x_2 \leq 20 \land x_2 - x_1 \leq 15 \land x_1 - x_2 \leq -10$ により定義されるゾーン D の DBM は,つぎのようになる.

$$M(D) = \begin{pmatrix} (0, \leq) & (0, \leq) & (0, \leq) \\ (20, <) & (0, \leq) & (-10, \leq) \\ (20, \leq) & (15, \leq) & (0, \leq) \end{pmatrix} \tag{10.1}$$

DBM 自体はゾーンに対するユニークな表現ではないが,同じクロック値の集合を与えるユニークな DBM が存在する.それを正準 DBM (canonical DBM) とよぶ.正準 DBM は,表現する集合を変えずに,各差分式の上界をもっとも小さくしたものである.そのような上界は,DBM をグラフ化した DBM グラフ上の最短道問題を解くことにより計算できる.ここで,DBM グラフとは,0 を含む各クロック変数を頂点とし,$x_i - x_j \preceq k$ のとき,ラベル $(k, \preceq)$ を与えた x_j から x_i への有向辺を加えることによりできる有向グラフである.

式 (10.1) の $M(D)$ に対する DBM グラフを図 10.4 に示す.この中で,頂点 0 から頂点 x_1 への制約は $x_1 < 20$ であるが,より厳しい制約 $x_1 \leq 10$ が存在する.これは,頂点 0 から頂点 x_1 への最短道が $0 \to x_2 \to x_1$ で長さ 10 であることから導くことができる.すなわち,

$$x_2 - 0 \leq 20$$
$$x_1 - x_2 \leq -10$$

により,$x_1 \leq 10$ が導ける.

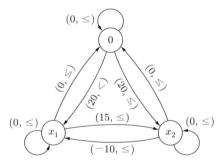

図 10.4 DBM のグラフ表現

10.2 ハイブリッドシステムの解析

ハイブリッドシステムのモデル化手法である，ハイブリッドオートマトンの解析手法について説明する．ハイブリッドオートマトンは時間オートマトンの一般化であるので，時間オートマトンと同様な解析手法が用いられる．また，ハイブリッドシステムのもつ連続ダイナミクスを近似した解析手法についても説明する．

10.2.1 記号状態表現を用いた可到達集合の計算

$HA = (Loc, Var, Lab, Edg, Act, Inv, X_0, X_F)$ をハイブリッドオートマトンとする．表 6.1 のアルゴリズムにより可到達集合を計算することができるが，ハイブリッドオートマトンは時間オートマトンと同様に非可算無限の状態空間をもつため，アルゴリズムにおいて，状態の部分集合である領域を「有限の記述」で表現する必要がある．時間オートマトンにおける記号状態表現は，そのような記述方法の一つである．ここでは，線形ハイブリッドオートマトンに対する，記号状態表現を用いた可到達性集合の計算手順について説明する [38]．

ハイブリッドオートマトン HA に対するラベル付き遷移システム $LTS(HA) = (X, Lab \cup \mathbb{R}^+, \to)$，および時間抽象化ラベル付き遷移システム $LTS^\tau(HA) = (X, Lab \cup \{\tau\}, \to)$ を考え，6.3 節で説明した手法に従い可到達集合を計算する．線形ハイブリッドシステムでは，もし領域 $\mathcal{R} \subseteq X$ の付値が線形式で定義されるならば，$Pre_\sigma(\mathcal{R})$, $Post_\sigma(\mathcal{R})$ の付値も線形式の形で計算していくことができる．

領域 $\mathcal{R}$ に対する $Post_\sigma(\mathcal{R})$, $Pre_\sigma(\mathcal{R})$ は，以下のように与えられる．

1. 遷移ステップ関係

$$(l', v') \in Post_a(\mathcal{R}) \Leftrightarrow$$
$$\exists (l, v) \in \mathcal{R}\ \exists (l, a, \mu, l') \in Edg : (v, v') \in \mu \wedge v \in Inv(l) \wedge v' \in Inv(l')$$

$$(l', v') \in Pre_a(\mathcal{R}) \Leftrightarrow$$
$$\exists (l, v) \in \mathcal{R}\ \exists (l', a, \mu, l) \in Edg : (v', v) \in \mu \wedge v' \in Inv(l') \wedge v \in Inv(l)$$

2. 時間ステップ関係

$$(l, v') \in Post_t(\mathcal{R}) \Leftrightarrow$$
$$\exists (l, v) \in \mathcal{R}\ \exists f \in Act(l) : f(0) = v \wedge f(t) = v' \wedge$$
$$\forall 0 \leq t' \leq t : f(t') \in Inv(l)$$

$$(l, v') \in Pre_t(\mathcal{R}) \Leftrightarrow$$
$$\exists (l, v) \in \mathcal{R} \; \exists f \in Act(l): f(0) = v' \land f(t) = v \land$$
$$\forall 0 \le t' \le t: f(t') \in Inv(l)$$

3. 時間抽象化ステップ関係

$$(l', v') \in Post_\tau(\mathcal{R}) \Leftrightarrow$$
$$\exists (l, v) \in \mathcal{R} \; \exists t \in \mathbb{R}^+ \; \exists f \in Act(l): f(0) = v \land f(t) = v' \land$$
$$\forall 0 \le t' \le t: f(t') \in Inv(l)$$

$$(l, v') \in Pre_\tau(\mathcal{R}) \Leftrightarrow$$
$$\exists (l, v) \in \mathcal{R} \; \exists t \in \mathbb{R}^+ \; \exists f \in Act(l): f(0) = v' \land f(t) = v \land$$
$$\forall 0 \le t' \le t: f(t') \in Inv(l)$$

例 10.4 図 10.5 のハイブリッドオートマトンにおいて，領域 $\mathcal{R} = \{(l_0, v) \,|\, 30 \le v(x) \le 45)\}$ からの遷移を考える．

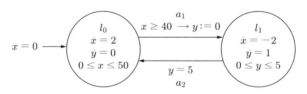

図 10.5 ハイブリッドオートマトン：例

- 遷移関係 $\xrightarrow{a_1}$ については，

$$(l', v') \in Post_{a_1}(\mathcal{R}) \Leftrightarrow$$
$$30 \le v(x) \le 45 \land l' = l_1 \land v(x) = v'(x) \ge 40 \land v'(y) = 0 \land$$
$$0 \le v(x) \le 50 \land 0 \le v'(y) \le 5$$

より，

$$Post_{a_1}(\mathcal{R}) = \{(l_1, v') \,|\, 40 \le v'(x) \le 45 \land v'(y) = 0\}$$

が得られる．

- 遷移関係 $\xrightarrow{a_2}$ については，$Post_{a_2}(\mathcal{R}) = \emptyset$.
- 遷移関係 $\xrightarrow{t}$ については，

$$(l_0, v') \in Post_t(\mathcal{R}) \Leftrightarrow 30 \le v(x) \le 45 \land 0 \le v'(x) = v(x) + 2t \le 50$$

より，$0 \leq t \leq 5/2$ について

$$Post_t(\mathcal{R}) = \{(l_0, v') \mid 30 + 2t \leq v'(x) \leq 45 + 2t\}$$

が，$5/2 \leq t \leq 10$ について

$$Post_t(\mathcal{R}) = \{(l_0, v') \mid 30 + 2t \leq v'(x) \leq 50\}$$

が，$10 < t$ について

$$Post_t(\mathcal{R}) = \emptyset$$

が得られる．
- 遷移関係 $\xrightarrow{\tau}$ については，

$$(l_0, v') \in Post_t(\mathcal{R}_0) \Leftrightarrow$$
$$\exists t \in \mathbb{R}^+ : 30 \leq v(x) \leq 45 \land 0 \leq v'(x) = v(x) + 2t \leq 50$$

より，

$$Post_\tau(\mathcal{R}) = \{(l_0, v') \mid 30 \leq v'(x) \leq 50\}$$

が得られる．

このような数式で表現された領域の計算には，記号計算・数式処理の手法 [63] や凸多面体の操作 [64] を用いることができる．たとえば，$Post_\tau(\mathcal{R})$ はつぎのような計算により求められる．

$$\exists x \, \exists t : t \geq 0 \land 30 \leq x \leq 45 \land x' = x + 2t \land 0 \leq x' \leq 50$$
$$\equiv \exists t : t \geq 0 \land 30 + 2t \leq x' \leq 45 + 2t \land 0 \leq x' \leq 50$$
$$\equiv 30 \leq x' \leq 50$$

これは，一階述語論理式から限量記号 ($\exists, \forall$) を取り除いた等価な式を求める操作であり，**限量記号消去** (quantifier elimination) とよばれる．限量記号消去は一般の多項式にも適用可能な手法が開発されており，線形以外のハイブリッドオートマトンの解析に用いることができる [65]．そのほか，可到達集合の表現方法については [66] に詳しい．

簡単のため，各変数に関する制約式を，それを満たす付値の集合と同一視する．たとえば，式 $0 \leq x \leq 5 \land y < 15$ は，付値の集合 $\{v \in V \mid 0 \leq v(x) \leq 5 \land v(y) < 15\}$ を表すものとする．

例 10.5 図 10.5 のハイブリッドオートマトンにおいて，初期領域 $\mathcal{R}_0$ からの

$Post_\sigma(\cdot)$ を計算していくと，つぎのようになる．

1. $\mathcal{R}_0 = (l_0, x = 0)$.
$$Post_\tau(\mathcal{R}_0) = (l_0, 0 \leq x \leq 50),$$
$$Post_{a_1}(\mathcal{R}_0) = Post_{a_2}(\mathcal{R}_0) = \emptyset$$

2. $\mathcal{R}_1 = (l_0, 0 \leq x \leq 50)$.
$$Post_\tau(\mathcal{R}_1) = (l_0, 0 \leq x \leq 50),$$
$$Post_{a_1}(\mathcal{R}_1) = (l_1, 40 \leq x \leq 50 \land y = 0),$$
$$Post_{a_2}(\mathcal{R}_1) = \emptyset$$

3. $\mathcal{R}_2 = (l_0, 0 \leq x \leq 50) \cup (l_1, 40 \leq x \leq 50 \land y = 0)$.
$$Post_\tau(\mathcal{R}_2) = (l_0, 0 \leq x \leq 50) \cup (l_1, 40 \leq x + 2y \leq 50 \land 0 \leq y \leq 5),$$
$$Post_{a_1}(\mathcal{R}_2) = (l_1, 40 \leq x \leq 50 \land y = 0),$$
$$Post_{a_2}(\mathcal{R}_2) = \emptyset$$

4. $\mathcal{R}_3 = (l_0, 0 \leq x \leq 50) \cup (l_1, 40 \leq x + 2y \leq 50 \land 0 \leq y \leq 5)$.
$$Post_\tau(\mathcal{R}_3) = \mathcal{R}_3,$$
$$Post_{a_1}(\mathcal{R}_3) = (l_1, 40 \leq x \leq 50 \land y = 0),$$
$$Post_{a_2}(\mathcal{R}_3) = (l_0, 30 \leq x \leq 40 \land y = 5)$$

5. $\mathcal{R}_4 = (l_0, 0 \leq x \leq 50) \cup (l_1, 40 \leq x + 2y \leq 50 \land 0 \leq y \leq 5) = \mathcal{R}_3$.

したがって，可到達集合は
$$(l_0, 0 \leq x \leq 50) \cup (l_1, 40 \leq x + 2y \leq 50 \land 0 \leq y \leq 5)$$
となる．

10.2.2 状態空間の離散抽象化

時間オートマトンにおける領域やゾーンと同様に，ハイブリッドオートマトンに対しても状態空間の離散抽象化が可能である．具体的には，時間抽象化ラベル付き遷移システム $LTS^\tau(HA)$ に表 6.1 のアルゴリズムを適用することで得られる商遷移システム上で，システムのふるまいが CTL 式を満たすかどうかを判定可能である．なお，時間オートマトンの領域と異なり，領域分割の有限性は一般には保証されない．

例 10.6 図 10.5 のハイブリッドオートマトンを考える．命題として，ロケーションの値，および，インバリアントの真偽値が与えられている場合を考える．$\sim$ を

状態集合 X 上の命題保存の同値関係とする.

1. 状態空間の初期分割 $X/\sim$ はつぎのように与えられる.

$$\mathcal{R}_{00} = (l_0, 0 \leq x \leq 50),$$
$$\mathcal{R}_{01} = (l_0, x < 0 \lor x > 50),$$
$$\mathcal{R}_{10} = (l_1, 0 \leq y \leq 5),$$
$$\mathcal{R}_{11} = (l_1, y < 0 \lor y > 5)$$

2. $Pre_{a_1}(\mathcal{R}_{10})$ により, $\mathcal{R}_{00}$ はつぎの二つの領域に分割される.

$$\mathcal{R}_{000} = (l_0, 40 \leq x \leq 50),$$
$$\mathcal{R}_{001} = (l_0, 0 \leq x < 40)$$

3. $Pre_{a_2}(\mathcal{R}_{000})$ により, $\mathcal{R}_{10}$ はつぎの二つの領域に分割される.

$$\mathcal{R}_{100} = (l_1, 40 \leq x \leq 50 \land y = 5),$$
$$\mathcal{R}_{101} = (l_1, 0 \leq y < 5 \lor (x < 40 \land y = 5) \lor (x > 50 \land y = 5))$$

4. $Pre_\tau(\mathcal{R}_{100})$ により, $\mathcal{R}_{101}$ はつぎの二つの領域に分割される.

$$\mathcal{R}_{1010} = (l_1, 50 \leq x + 2y \leq 60 \land 0 \leq y < 5),$$
$$\mathcal{R}_{1011} = (l_1, (x + 2y > 60 \land 0 \leq y \leq 5) \lor (x + 2y < 50 \land 0 \leq y \leq 5))$$

5. $Pre_{a_2}(\mathcal{R}_{001})$ により, $\mathcal{R}_{1011}$ はつぎの二つの領域に分割される.

$$\mathcal{R}_{10110} = (l_1, x < 40 \land y = 5),$$
$$\mathcal{R}_{10111} = (l_1, (x + 2y > 60 \land 0 \leq y \leq 5) \lor (x + 2y < 50 \land 0 \leq y < 5))$$

6. $Pre_\tau(\mathcal{R}_{10110})$ により, $\mathcal{R}_{10111}$ はつぎの二つの領域に分割される.

$$\mathcal{R}_{101110} = (l_1, x + 2y < 50 \land 0 \leq y < 5),$$
$$\mathcal{R}_{101111} = (l_1, x + 2y > 60 \land 0 \leq y \leq 5)$$

7. $Pre_{a_1}(\mathcal{R}_{1010})$ により, $\mathcal{R}_{000}$ はつぎの二つの領域に分割される.

$$\mathcal{R}_{0000} = (l_0, x = 50),$$
$$\mathcal{R}_{0001} = (l_0, 40 \leq x < 50)$$

8. $Pre_{a_2}(\mathcal{R}_{0000})$ により, $\mathcal{R}_{100}$ はつぎの二つの領域に分割される.

$$\mathcal{R}_{1000} = (l_1, 40 \leq x < 50 \land y = 5),$$
$$\mathcal{R}_{1001} = (l_1, x = 50 \land y = 5)$$

9. $Pre_\tau(\mathcal{R}_{1001})$ により, $\mathcal{R}_{1010}$ はつぎの二つの領域に分割される.

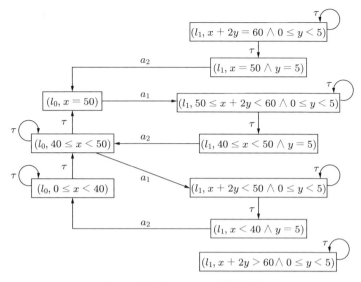

図 10.6 遷移システムの離散抽象化

$$\mathcal{R}_{10100} = (l_1, x + 2y = 60 \land 0 \leq y < 5),$$
$$\mathcal{R}_{10101} = (l_1, x + 2y < 60 \land 0 \leq y < 5)$$

これ以上分割はされない．得られた商遷移システムを図 10.6 に示す．

図 10.7 はロケーション l_1 の領域分割を示したものである．ロケーション l_1 に定義されたアクティビティにより，時間の経過とともに状態は矢印の方向に遷移し，$y = 5$ かつ $x \leq 50$ ならば，ロケーション l_0 に遷移する．

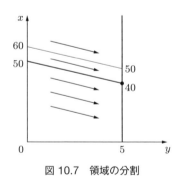

図 10.7 領域の分割

10.2.3 サブクラスにおける可到達問題の決定可能性

ハイブリッドオートマトンの各サブクラスに対して，可到達問題の決定可能性につい

ての結果が得られている．詳細については，[18, 20, 38, 39, 59, 67, 68] を参照されたい．
まず，時間オートマトンについては，領域の有限性から以下の結果が得られる．

定理 10.4

時間オートマトンの可到達問題は決定可能である [20, 67]．

つぎはマルチレート時間オートマトンに関する結果である．

定理 10.5

単純マルチレート時間オートマトンの可到達問題は決定可能である [39]．

この定理は，単純マルチレート時間オートマトンの可到達問題を，時間オートマトンの可到達性問題に帰着させることで証明される．与えられた単純マルチレート時間オートマトンから時間オートマトンをつぎのように構成する．まず，各スキュードクロック x の変化率を 1 にスケーリングしなおし，それに合うようにガードおよびインバリアントのクロック制約を調整する．このような変換が可能なのは，各変数に対するクロック制約が独立だからである．このとき，単純マルチレート時間オートマトンの可到達問題は，各状態におけるクロック値をスケーリングした時間オートマトンの可到達問題に帰着する．

単純ではないマルチレート時間オートマトンでは，以下の否定的な結果が得られている．

定理 10.6

n-レート時間オートマトンの可到達問題は決定不能である [38]．

さらに，インテグレータオートマトンについては，つぎの結果が得られている．

定理 10.7

単純なインテグレータオートマトンの可到達問題は決定不能である [68]．

矩形オートマトンは，トランジションの遷移先において変化率を与える矩形集合が変化する変数については，値が矩形集合内の値に必ずリセットされるとき，初期化されている (initialized) という．このとき，つぎの結果が得られている．

定理 10.8

初期化されている矩形オートマトンの可到達問題は決定可能である [39].

時間オートマトンには有限の双模倣分割が存在するが，初期化されている矩形オートマトンには，必ずしも有限の双模倣分割が存在しない．有限の双模倣が存在する，より一般的なハイブリッドオートマトンのサブクラスとしては，o-minimal ハイブリッドオートマトンが知られている [18,69].

10.2.4 連続ダイナミクスの近似計算

数式や多面体による可到達集合の表現は，線形ハイブリッドオートマトンに対しては厳密な集合の表現を与えるが，計算の進行に伴い表現の複雑さ（式の数，多面体の点や辺の数）が増大するという問題がある．ハイブリッドシステムの解析において，たとえば危険な状態に遷移しないことを保証するためには，真の可到達集合を包含する集合（上近似[†]）を計算し，その中に危険状態が含まれていないことを示せば十分である．ここでは，ハイブリッドシステムの連続ダイナミクスを近似する方法について説明する．

直交多面体近似

最初の近似手法は，区分的線形システムにおいて**直交多面体** (orthogonal polyhedron) により可到達集合を近似するものである [70]．ここでいう直交多面体とは，各頂点が整数の座標をもつ超立方体の集合のことである．空間をグリッドで区切り，対象とする集合を包含する最小の超立方体の集合により，可到達集合を上近似する．

準備として，**凸包** (convex hull) について説明する．与えられた集合 S の凸包とは，S を含む最小の凸集合のことであり，$conv(S)$ で表す．有限個の点集合の凸包は凸多面体になる．

入力をもたない線形システム $\dot{x} = Ax$ の可到達集合を近似する場合について説明する．この場合，遷移システムは時間ステップ関係 $\xrightarrow{t}$ のみからなる．状態集合 X および時間区間 I に対し，X から時間区間 I 内に到達する状態の集合を

$$R_I(X) := \{x' \mid \exists x \in X \; \exists t \in I : x \xrightarrow{t} x'\} \tag{10.2}$$

とする．時刻 r については $R_r(X) := R_{[r,r]}(X)$ とし，また，単一の状態 x については $R_I(x) := R_I(\{x\})$ と表す．

[†] 集合 X に対し，それを包含する集合 $X_U \supseteq X$ を X の上近似 (upper approximation)，X に包含される集合 $X_L \subseteq X$ を下近似 (lower approximation) という．

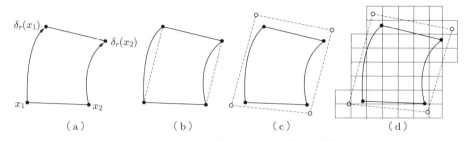

図 10.8 直交多面体による可到達集合の近似

初期状態の集合 X_0 を与えたとき，$R_{[0,r]}(X_0)$ を含む集合を計算する方法について説明する（図 10.8）．

図 (a)：初期状態集合 X_0 は，m 個の点からなる集合 $V_0 = \{x_1, \ldots, x_m\}$ の凸包により与えられるとする．図では $m = 2$ であり，$conv(\{x_1, x_2\})$ は線分 (x_1, x_2) になる．

図 (b)：時刻 r における点集合を $V_r = \{\delta_r(x_1), \ldots, \delta_r(x_m)\}$ とする．$X_r := conv(V_0 \cup V_r)$ は $R_{[0,r]}(V_0)$ の近似ではあるが，上近似あるいは下近似である保証はない．

図 (c)：凸多面体 X_r の各面を $\delta_{[0,r]}(V_0)$ が含まれるように外側に拡張し，$\hat{X}_r$ とする．拡張する量は行列 A およびステップ時間 r から計算される．

図 (d)：$\hat{X}_r$ を含む直交多角形の集合を計算すると，$R_{[0,r]}(X_0)$ の上近似になっている．

V_r を V_0 とおきなおしてこの計算を繰り返すことにより，可到達集合の上近似が求められる．

10.2.5 フローパイプによる連続ダイナミクスの近似

ハイブリッドシステムの連続ダイナミクスを，時間区間内に到達する状態集合を包含する，フローパイプとよばれる凸多面体の集合で近似する手法が提案されている [71]．この手法の目的は，ハイブリッドオートマトンにおける離散的状態遷移を近似したオートマトンを構成することにある．ハイブリッドオートマトンでは，ロケーションに遷移したときの領域（入口）から，そのロケーションに対して定義された連続ダイナミクスに従って状態が遷移し，その後トランジションのガードを満たす領域（出口）に達したら，ほかのロケーションに遷移する．各ロケーションにおける入口と出口の遷移可能性を近似的に計算するのがフローパイプの考え方である．

近似は直交多面体近似と同様な考えに基づいているが，対象とする連続ダイナミクスは

線形システムに限定されない．初期状態を x_0 としたときの時刻 t の状態を $x(t, x_0)$ で表す．また，初期状態の集合 X_0 を与えたとき，時間区間 $[t_{k-1}, t_k]$ 内に到達する状態集合を $R_{[t_{k-1}, t_k]}(X_0)$ で表す．すなわち，$R_{[t_{k-1}, t_k]}(X_0) := \{x(t, x_0) | x_0 \in X_0, t \in [t_{k-1}, t_k]\}$ である．

本手法では，$R_{[t_{k-1}, t_k]}(X_0)$ をポリトープで近似する．8.3 節で説明したように，ポリトープはパラメータ $(C, d) \in \mathbb{R}^{m \times n} \times \mathbb{R}^m$ により，

$$POLY(C, d) := \{x \in \mathbb{R}^n \mid Cx \leq d\} \tag{10.3}$$

として定義される．$R_{[t_{k-1}, t_k]}(X_0)$ を近似するポリトープを繋げたものを，フローパイプとよぶ（図 10.9）．

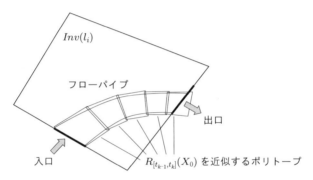

図 10.9　フローパイプによる連続ダイナミクスの近似

行列 C を与えたとき，$R_{[0,r]}(X_0)$ を上近似するポリトープは，最適化問題

$$\begin{aligned} &\min_{d} \ volume[POLY(C, d)] \\ &\text{s.t.} \ \ R_{[t_{k-1}, t_k]}(X_0) \subseteq POLY(C, d) \end{aligned} \tag{10.4}$$

を解くことで求められる．行列 C の決め方については，つぎのようなヒューリスティクスが示されている．X_0 の頂点集合を $V(X_0)$ とし，$V_t(X_0) = \{x(t, v) | v \in V(X_0)\}$ とする．$V_{t_{k-1}}(X_0) \cup V_{t_k}(X_0)$ の凸包を求め，それを表現するポリトープ $POLY(\hat{C}, \hat{d}) = conv(V_{t_{k-1}}(X_0) \cup V_{t_k}(X_0))$ のパラメータ $\hat{C}$ を用いればよい．

問題 (10.4) の解 d^* は，つぎの問題を解くことで得られる．

$$\begin{aligned} &\max_{x_0, t} \ c_i^T x(t, x_0) \\ &\text{s.t.} \ \ x_0 \in X_0, \ t \in [0, r] \end{aligned} \tag{10.5}$$

ただし，$C = [c_1, \ldots, c_m]^T$ である．問題 (10.5) の最適解を $(x_{0,i}^*, t_i^*)$, $i = 1, \ldots, m$ としたとき，$d_i^* = c_i^T x(t_i^*, x_{0,i}^*)$ が問題 (10.4) の最適解となる．

問題 (10.5) を解くためには，各 $x_0 \in X_0, t \in [0, r]$ に対する $x(t, x_0)$ を求める必要がある．線形システムなら解析的に求めることが可能であるが，一般の非線形システムでは，数値シミュレーションにより数値的に求めることが考えられる．

演習問題

10.1 時間オートマトンにおいて，領域により定義される同値類は双模倣になることを示せ．

10.2 クロック制約 $5 \leq x_1 \leq 20 \land x_2 < 30 \land x_2 - x_1 \geq 10$ により定義されるゾーン D の DBM を求めよ．さらに，この DBM をグラフ表現し，最短道を求めることで冗長な制約を見つけよ．

10.3 図 10.5 のハイブリッドオートマトンにおいて，領域 $\mathcal{R} = (l_1, 30 \leq x \leq 45 \land 0 \leq y \leq 2)$ からの $Pre_\tau(\mathcal{R})$ を求めよ．

第11章 確率システムの解析

マルコフ連鎖などの確率システムでは，システムの論理的な正しさに加え，スループットなどの処理能力，工程の開始から完了までにかかる時間であるリードタイム，システムの稼働率など，性能評価に関する定量的な性質が解析される．本章では，このようなシステムを表現するモデルである，確率的モデルに対する解析手法について述べる．

11.1 離散時間マルコフ連鎖

マルコフ連鎖など，状態遷移が確率的に定義されるシステムでは，各時点においてシステムがどの状態にいるかは確率的にしか与えられない．状態が i である確率を π_i とし，行ベクトル $\pi = [\pi_1, \pi_2, \dots]$ により状態集合上の離散確率分布を表す．ここで，$\sum_i \pi_i = 1$ である．確率システムでは各時点における状態の値は確率的にしか与えられないことから，状態集合上の確率分布が時間の経過とともにどう推移するのかを調べるのが，確率システムの可到達性解析になる．

11.1.1 状態集合上の離散確率分布

簡単化のため，以下で扱う離散時間マルコフ連鎖は斉次的であることを仮定する．状態の確率分布を表す行ベクトル $\pi = [\pi_1, \pi_2, \dots]$ に右から遷移確率行列 $P = [p_{ij}]$ をかけた πP は，1ステップの遷移後の確率分布を表す．すなわち，

$$\pi_j = \sum_i \pi_i p_{ij} \tag{11.1}$$

である．初期確率分布を $\pi^{(0)}$ とし，k 回の遷移後の確率分布を $\pi^{(k)}$ とすると，$\pi^{(k+1)} = \pi^{(k)} P$ であり，

$$\pi^{(n)} = \pi^{(n-1)} P = \cdots = \pi^{(0)} P^n \tag{11.2}$$

が得られる．これが離散時間マルコフ連鎖のダイナミクスを表す式であり，状態方程

式に対応するものである．見方を変えると，離散時間マルコフ連鎖は，状態集合上の確率分布を一つの状態とする決定性の離散時間システムとして見ることができる．

マルコフ連鎖のふるまい，すなわち状態の確率分布がどのように推移していくかを解析する際に，**定常状態** (steady state) の解析がとくに重要である．対象とするシステムが安定的に稼働するためには，初期状態から，次第に定常状態に収束していくことが望ましい．また，定常状態におけるシステムのふるまいは，そこから変化しないための「つりあい」の条件を考えることで解析できる．

11.1.2 離散時間マルコフ連鎖の分類

離散時間マルコフ連鎖の状態は，以下のように分類される．

■**可約・既約**：システムがある状態にいる確率が，時間の経過とともにどのように推移していくかは，マルコフ連鎖のグラフとしての構造と関係している．マルコフ連鎖は，グラフとしての頂点間の可到達性によって，**既約** (irreducible) なものと**可約** (reducible) なものに分類される．マルコフ連鎖は有向グラフとして強連結なとき，既約であるという．状態の集合を X としたとき，その部分集合 $X' \subseteq X$ について，X' の状態から $X \setminus X'$ の状態への 1 ステップの遷移が存在しないならば，X' は閉じているという．とくに，X' が一つの状態からなるとき，その状態を**吸収状態** (absorbing state) という．状態の集合 X が閉じた真部分集合を含むとき，マルコフ連鎖は可約であるという．

例 11.1 図 11.1 のマルコフ連鎖は可約である．$\{2,3\}$ および $\{4\}$ は閉じた状態の部分集合である．さらに，状態 4 は吸収状態である．また，状態集合を $\{2,3\}$，あるいは，$\{4\}$ に制限したマルコフ連鎖は既約である．

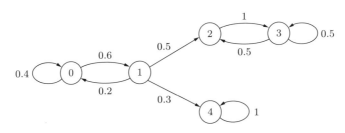

図 11.1　可約なマルコフ連鎖

■**再帰的・一時的**：各状態は，再びその状態に戻ることができる確率により，**再帰的** (recurrent) なものと**一時的** (transient) なものに分類される．状態 x_j を離れ，n ス

テップ後に最初に x_j に戻る確率を $f_j^{(n)}$ としたとき,

$$f_j := \sum_{n=1}^{\infty} f_j^{(n)}$$

とする．f_j は，いつかは状態 x_j に戻れる確率である．もし $f_j = 1$ ならば，状態 x_j は**再帰的**であるという．もし $f_j < 1$，すなわち「x_j に戻れない確率が 0 ではない」ならば，x_j は**一時的**であるという．有限かつ既約な離散時間マルコフ連鎖の状態は，すべて再帰的である．

例 11.2 図 11.1 のマルコフ連鎖において，状態 0 と 1 は一時的，状態 2, 3, 4 は再帰的である．

再帰的状態は，さらに**零再帰的** (recurrent null) と**正再帰的** (recurrent nonnull) に分類される．状態 j を出た後に再び状態 j に戻るまでに要する平均時間は，

$$M_j := \sum_{n=1,\infty} n f_j^{(n)} \tag{11.3}$$

である．M_j を**平均再帰時間** (mean recurrence time) という．もし $M_j = \infty$ ならば状態 j は零再帰的といい，$M_j < \infty$ ならば正再帰的という．

■ **周期的・非周期的**：式 (7.16) の n ステップの遷移確率 $p_{ij}^{(n)}$ を用いる．もし $p_{jj}^{(n)} > 0$ となるステップ数 n が整数 $\gamma > 1$ の倍数回 $\gamma, 2\gamma, 3\gamma, \ldots$ に限られ，γ がこのような整数のうち最大のものであるとき，状態 j は周期 γ で**周期的** (periodic) であるという．また，上記が $\gamma = 1$ で満たされるとき，状態 j は**非周期的** (aperiodic) であるという．

例 11.3 図 11.2 の二つの離散時間マルコフ連鎖について，図 (a) のすべての状態は周期的（$\gamma = 3$），図 (b) のすべての状態は非周期的である．

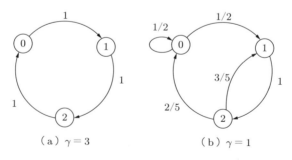

図 11.2 周期的／非周期的状態

図 11.3 に離散時間マルコフ連鎖における状態の分類をまとめた．離散時間マルコフ連鎖においては，以下の結果が知られている [24]．

- 有限かつ既約な離散時間マルコフ連鎖の状態は，すべて正再帰的である．
- 既約な離散時間マルコフ連鎖の状態は，すべて同じ種類である．すなわち，すべて一時的か，すべて零再帰的か，または，すべて正再帰的である．
- 既約な離散時間マルコフ連鎖の状態は，すべて非周期的か，または，すべて同じ周期をもつ．

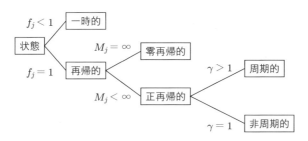

図 11.3　離散時間マルコフ連鎖における状態の分類

無限かつ既約な連続時間マルコフ連鎖の状態は，正再帰的，零再帰的いずれの場合も存在する．

11.1.3　極限分布・定常分布

マルコフ連鎖の解析において，定常状態におけるふるまいを調べることは，システムの性能に関するさまざまな指標を導出する上で重要である．状態の集合上の離散確率分布 $\pi = [\pi_1, \pi_2, \ldots]$ は，それを初期分布としたとき ($\pi^{(0)} = \pi$)，任意の n について $\pi^{(n)} = \pi$ なら，π は**定常分布** (stationary distribution) であるという．また，初期分布 $\pi^{(0)}$ から開始し，$\pi^{(n)}$ がある分布に収束するとき，すなわち，

$$\pi_j = \lim_{n \to \infty} \pi_j^{(n)} \tag{11.4}$$

が存在するとき，この分布 $\pi = [\pi_1, \pi_2, \ldots]$ を**極限分布**という．

定常分布，極限分布に関し，以下の結果が知られている．

定理 11.1

既約かつ非周期的な斉次的離散時間マルコフ連鎖では，極限分布 π は常に存在し，かつそれは初期分布に依存しない．さらに，つぎのいずれか一方が成り立つ．

1. すべての状態が一時的か，または，すべての状態が零再帰的である．このとき，すべての状態 j について $\pi_j = 0$ であり，定常分布は存在しない．
2. すべての状態が正再帰的であり，かつ，すべての状態 j について $\pi_j > 0$ である．このとき π は定常分布であり，$\pi_j = 1/M_j$ が成り立つ．また，定常分布 π は，方程式

$$\pi = \pi P, \quad \Sigma_j \pi_j = 1 \tag{11.5}$$

の解として得られる．

例 11.4 図 11.2(b) の離散時間マルコフ連鎖について，遷移確率行列は

$$P = \begin{bmatrix} 1/2 & 1/2 & 0 \\ 0 & 0 & 1 \\ 2/5 & 3/5 & 0 \end{bmatrix}$$

となる．方程式 (11.5) はつぎのようになる．

$$\pi_0 = \frac{1}{2}\pi_0 + \frac{2}{5}\pi_2$$
$$\pi_1 = \frac{1}{2}\pi_0 + \frac{3}{5}\pi_2$$
$$\pi_2 = \pi_1$$
$$\pi_0 + \pi_1 + \pi_2 = 1$$

これを解くと，定常分布 $\pi_0 = 2/7, \pi_1 = \pi_2 = 5/14$ が得られる．

図 11.2(a) の離散時間マルコフ連鎖は周期的であり，定常分布 $\pi_0 = \pi_1 = \pi_2 = 1/3$ が存在するが，これ以外の確率分布を初期分布とした場合，確率分布は収束しない．任意の初期分布から，時間経過とともに $\pi^{(n)}$ が定常分布に収束するような離散時間マルコフ連鎖は，**エルゴード的** (ergodic) であるという．この性質は，状態空間上の平衡を表す式 (11.5) の解が，時間軸上の状態の確率分布の極限として得られることを意味する．

すべての状態が非周期的かつ正再帰的であるようなマルコフ連鎖は，エルゴード的であることが知られている．したがって，有限，既約，かつ非周期的なマルコフ連鎖はエルゴード的である．

例 11.5 図 11.2(b) の離散時間マルコフ連鎖について，異なる初期確率分布から

表 11.1 $\pi_0 = 1, \pi_1 = \pi_2 = 0$ の場合

時 刻	π_0	π_1	π_2
0	1	0	0
1	0.5	0.5	0
2	0.25	0.25	0.5
3	0.325	0.425	0.25
4	0.2625	0.3125	0.425
5	0.30125	0.38625	0.3125
⋮	⋮	⋮	⋮
10	0.2838765625	0.3536828125	0.362440625
⋮	⋮	⋮	⋮
20	0.285688334119629	0.357093995941895	0.357217669938477
⋮	⋮	⋮	⋮
30	0.285713919237404	0.3571421671467	0.357143913615896

表 11.2 $\pi_0 = \pi_2 = 0, \pi_1 = 1$ の場合

時 刻	π_0	π_1	π_2
0	0	1	0
1	0	0	1
2	0.4	0.6	0
3	0.2	0.2	0.6
4	0.34	0.46	0.2
5	0.25	0.29	0.46
⋮	⋮	⋮	⋮
10	0.2899525	0.3651225	0.344925
⋮	⋮	⋮	⋮
20	0.285774135950781	0.357255542103906	0.356970321945312
⋮	⋮	⋮	⋮
30	0.285715130892717	0.357144448429779	0.357140420677503

の,確率分布の推移を表 11.1, 11.2 に示す.いずれも,例 11.4 で解析的に求めた解に収束していく.

11.2 連続時間マルコフ連鎖

連続時間マルコフ連鎖の定常状態についても,離散時間マルコフ連鎖と同様な議論

を展開することができる．簡単化のため，以下で扱う連続時間マルコフ連鎖は斉次的であるとする．

11.2.1 状態集合上の離散確率分布と定常状態

時刻 t における状態集合上の離散確率分布を $\pi(t) = [\pi_1(t), \pi_2(t), \dots]$，$\pi_j(t) = Pr[X(t) = j]$ とする．$\pi(t)$ は，$\pi(0)$，および，$p_{ij}(t) := Pr[X(s+t) = j | X(s) = i]$ を各成分にもつ行列 $H(t) = [p_{ij}(t)]$ を用いて，

$$\pi(t) = \pi(0) H(t) \tag{11.6}$$

と表すことができる．両辺を微分すると，式 (7.8) で示したように

$$\frac{d\pi(t)}{dt} = \pi(0) \frac{dH(t)}{dt} = \pi(0) H(t) Q = \pi(t) Q \tag{11.7}$$

が得られる．ここで，Q は遷移率行列である．

連続時間マルコフ連鎖では，離散時間マルコフ連鎖と同様に以下が成り立つ．

- もし斉次的連続時間マルコフ連鎖が既約ならば，つぎの極限が常に存在し，またそれは初期状態に依存しない．

$$\lim_{t \to \infty} p_{ij}(t) = \pi_j \tag{11.8}$$

- またその場合，マルコフ連鎖はエルゴード的である．すなわち，つぎの極限分布が常に存在して，それは初期分布に依存しない．

$$\lim_{t \to \infty} \pi_j(t) = \pi_j \tag{11.9}$$

- 極限分布 $\pi = [\pi_1, \pi_2, \dots]$ は，つぎの 1 次方程式系の解として一意に求められる．

$$\pi Q = \mathbf{0}, \quad \sum_j \pi_j = 1 \tag{11.10}$$

方程式 (11.10) は確率分布の変化率が 0 である，すなわち分布が定常分布であることを表している．また，各状態 i について見ると，$-q_{ii} = \sum_{j, j \neq i} q_{ij}$ なので，平衡条件

$$\sum_{j \neq i} \pi_j q_{ij} = \sum_{j \neq i} \pi_j q_{ji}$$

が成り立つことを意味する．なお，式 (11.10) は，離散時間マルコフ連鎖における式 (11.5) に対応するものである．

例 11.6 図 7.5 の連続時間マルコフ連鎖を考える．ここで，顧客の到着間隔およびサービス時間は，それぞれパラメータ μ, λ の指数分布で与えられている．遷移率行列はつぎのようになる．

$$Q = \begin{bmatrix} -\lambda & \lambda & 0 & 0 & \cdots \\ \mu & -(\lambda+\mu) & \lambda & 0 & \cdots \\ 0 & \mu & -(\lambda+\mu) & \lambda & \cdots \\ 0 & 0 & \mu & -(\lambda+\mu) & \cdots \\ \vdots & \vdots & \vdots & \vdots & \ddots \end{bmatrix}$$

方程式 (11.10) の $\pi Q = 0$ より，

$$-(\lambda+\mu)\pi_j + \lambda\pi_{j-1} + \mu\pi_{j+1} = 0 \quad (j=0,1,\dots),$$
$$-\lambda\pi_0 + \mu\pi_1 = 0$$

が得られる．$\rho = \lambda/\mu$ とおくと，

$$\pi_n = \rho^n \pi_0$$

となる．$\sum_{n=0,\infty} \pi_n = 1$ より，

$$\pi_0 = \frac{1}{1 + \sum_{n=1,\infty} \rho^n}$$

である．もし $\rho < 1$ ならば，$\sum_{n=1,\infty} \rho^n$ は $\rho/(1-\rho)$ に収束し，解として

$$\pi_0 = 1 - \rho, \quad \pi_n = (1-\rho)\rho^n \quad (n=1,2,\dots) \tag{11.11}$$

が得られる．$\rho < 1$ は顧客の平均到着時間より平均サービス時間が小さいことを意味し，安定性条件 (stability condition) とよばれる．

11.3 確率ペトリネット

7.2.2 項で述べたように，確率ペトリネットのふるまいは，可到達集合を状態空間とし，各遷移にトランジションの発火率を与えた連続時間マルコフ連鎖により与えられる．

$SPN = (P, T, A, m_0, \Lambda)$ を有界な確率ペトリネットとする．SPN の可到達集合を $R_{SPN} = \{m_0, m_1, \dots, m_n\}$ とすると，R 上の定常分布は，式 (11.10) を解くことで

得られる．確率ペトリネットと連続時間マルコフ連鎖の違いは，状態遷移にトランジションというラベルが付いていること，および，状態が各プレースごとのトークン数という形に分解できることである．

$\pi = [\pi(m_0), \ldots, \pi(m_n)]$ を SPN の定常分布とする．ペトリネットに依存した以下のような指標が求められる．

- **各マーキングにおけるトランジションの発火確率**：式 (7.21) から，マーキング m_i において発火可能なトランジション t_j が発火する確率は，

$$Pr[t_j \mid m_i] = \frac{\Lambda(t_j, m_i)}{\sum_{t_k \in EN(m_i)} \Lambda(t_k, m_i)}$$

により与えられる．

- **各プレース内のトークン数**：$R(p_i, k)$ を，プレース p_i のトークン数が k であるような R_{SPN} マーキングの集合とすると，p_i に入るトークン数の期待値は，

$$E[m(p_i)] = \sum_{k=1, U} \left(k \sum_{m_j \in R(p_i, k)} \pi(m_j) \right)$$

により与えられる．ここで，U はプレース内のトークン数の上界である．

- **各トランジションの単位時間あたりの発火回数**：$R(t_i)$ を，トランジション t_i が発火可能な R_{SPN} のマーキングの集合とすると，トランジション t_i の単位時間あたりの発火回数（発火率）の期待値は，

$$r_i = \sum_{m_j \in R(t_i)} \pi(m_j) \Lambda(t_i, m_j)$$

により与えられる．

一般化確率ペトリネットのふるまいを表す確率過程 $\{M(t), t \geq 0\}$ は，指数分布に従う発火遅延時間と，遅延時間 0 の分布が混在しているが，遅延時間の分布は現在の状態のみに依存する．このような確率過程はセミマルコフ過程とよばれる．セミマルコフ過程に対しても，定常分布を求めることが可能である [29]．

演習問題

11.1 図 7.9 のマルコフ連鎖において，時刻 0 において確率 1 で状態 0 にいる場合，離散時間の経過とともに状態の確率分布はどのように変化するか．

11.2 図 11.2 の離散時間マルコフ連鎖について，γ の値がどのように求められたかを説明

せよ．
11.3 例 7.2 の待ち行列システムにおいて，待ち行列の平均長さを求めよ．
11.4 図 7.9 の離散時間マルコフ連鎖において，$\sum_{n=1}^{\infty} f_1^{(n)}$ を求めよ．

第12章 モデル検査

設計されたシステムが，第9章で示したような特定の性質をもつかどうかを解析するのではなく，任意の論理式で記述されたシステムの性質がモデル上で満たされるかどうかを判定する手法として，**モデル検査** (model checking) がある [72, 73]．

システムのふるまいの正しさを確認する方法として，さまざまな入力パターンを与えてシステムの出力やふるまいを調べるテストやシミュレーションの手法があるが，それらと違い，モデル検査はシステムのふるまいを網羅的に検査する．さらに，システムのふるまいが仕様を満たさない場合は反例を出力する．

12.1 モデル検査の手順

モデル検査の手順は，つぎの3ステップからなる．

1. **モデル化**：システムの設計をモデルの形で与える．モデル記述の形式は計算機ツールごとに異なる．
2. **仕様記述**：システムが満たすべき性質を記述する．時相論理を用いる場合が多い．
3. **検証**：モデルが仕様を満たしているかどうかを検査する．もし仕様を満たしていない場合は，そのことが確認された状態に至る状態遷移列を反例として出力する．反例はシステムのデバッグに用いることができる．

仕様記述に時相論理 CTL を用いる場合について，モデル検査の手順を説明する．CTL に対するモデルとして，5.3節で説明したクリプケ構造 $M = (X, X_0, R, \ell)$ を用いる．モデル検査アルゴリズムは，与えられた任意の CTL 式 f に対し，f が真となる状態に f をラベル付けする．

f, f_1, f_2 を CTL 式とする．5.3節で説明した CTL* 式と同じように，つぎの六つの場合を考慮すれば十分である．

12.1 モデル検査の手順

- f が原子命題
- $\neg f$
- $f_1 \wedge f_2$
- $\mathrm{EX}\, f$
- $\mathrm{E}[f_1 \,\mathrm{U}\, f_2]$
- $\mathrm{EG}\, f$

これらの各々の場合に対する，クリプケ構造の各状態への論理式のラベル付けの方法を与える．ネスト（入れ子）のレベル（深さ）が大きい部分式からラベル付けを順次適用していけば，最終的に与えられた任意の CTL 式に対するラベル付けが行える．

■ f が原子命題：クリプケ構造の各状態 $x \in X$ には，その状態において真である原子命題の集合 $\ell(x)$ が定義されている．$f \in \ell(x)$ であるような状態 $x \in X$ に f をラベル付けする．

■ $\neg f$：f がラベル付けされていないすべての状態に $\neg f$ をラベル付けする．

■ $f_1 \wedge f_2$：f_1 と f_2 の両方がラベル付けされているすべての状態に $f_1 \wedge f_2$ をラベル付けする．

■ $\mathrm{EX}\, f$：f がラベル付けされている各状態 x に対し，$(x, x') \in R$ であるようなすべての状態 x' に $\mathrm{EX}\, f$ をラベル付けする．

■ $\mathrm{E}[f_1 \,\mathrm{U}\, f_2]$：論理式のネストレベルが n だとし，ネストレベル $n+1$ までの処理により，各状態 x に付けられたラベルの集合を $Lab(x)$ とする．表 12.1 の手続きにより $\mathrm{E}[f_1 \,\mathrm{U}\, f_2]$ のラベル付けを行う．この手続きは，まず f_2 がラベル付けされたすべての状態に $\mathrm{E}[f_1 \,\mathrm{U}\, f_2]$ をラベル付けし，つぎに f_2 がラベル付けされている状態に至る経路で，その上の状態すべてに f_1 がラベル付けされているならば，その経路上のすべての

表 12.1 $\mathrm{E}[f_1 \,\mathrm{U}\, f_2]$ のラベル付け手続き

```
 1:  T := {x | f_2 ∈ Lab(x)};
 2:  forall x ∈ T { Lab(x) := Lab(x) ∪ {E[f_1 U f_2]} }
 3:  while T ≠ ∅ {
 4:     x ∈ T を任意に選び，T := T\{x};
 5:     forall x' s.t. (x', x) ∈ R {
 6:        if E[f_1 U f_2] ∉ Lab(x') かつ f_1 ∈ Lab(x') {
 7:           Lab(x') := Lab(x') ∪ {E[f_1 U f_2]};
 8:           T := T ∪ {x'};
 9:        }
10:     }
11:  }
```

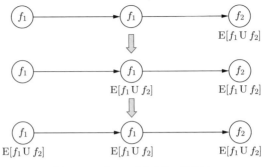

図 12.1 $E[f_1 \mathbin{U} f_2]$ のラベル付け

状態に $E[f_1 \mathbin{U} f_2]$ をラベル付けする（図 12.1）．この手続きの計算量は $O(|X|+|R|)$ である．

■ $EG\,f$：クリプケ構造 $M = (X, X_0, R, \ell)$ から作られる有向グラフ $G = (X, R)$ の強連結成分を，M の強連結成分とよぶ．また，状態の部分集合 $X' \subseteq X$ に対し，$M' = (X', X' \cap X_0, R', \ell')$ を X' により誘導される部分クリプケ構造とよぶ．ただし，R' および ℓ' は，それぞれ R, ℓ の X' への制限である．

$EG\,f$ がラベル付けされる状態は，その状態から f が常に真であるような経路が存在する状態である．状態数は有限であり，かつ，すべての状態には，そこから遷移可能な状態が存在することから，すべての状態で f が真になるような，非自明な強連結成分が存在する．ある状態からそのような強連結成分に至る経路上のすべての状態で f が真ならば，その状態に $EG\,f$ をラベル付けすればよい（図 12.2）．グラフ $G = (V, E)$ において，頂点集合を強連結成分に分割するための計算量は $O(|V|+|E|)$ であることが知られている．$EG\,f$ のラベル付け手続きを表 12.2 に示す．2 行目の強連結成分への分解も含め，この手続きの計算量は $O(|X|+|R|)$ である．

論理式 f の複雑さ（ネストの深さ）を $|f|$ で表すと，f の部分式のラベル付けを含

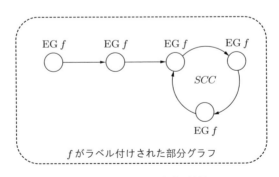

図 12.2 $EG\,f$ のラベル付け

表 12.2　EGf のラベル付け手続き

```
1:  X_f := {x | f ∈ Lab(x)};
2:  SCC を, X_f により誘導される部分クリプケ構造 M_f における
        非自明な強連結成分の集合とする;
3:  T を SCC に含まれる状態の集合とする;
4:  forall x ∈ T { Lab(x) := Lab(x) ∪ {EG f}; }
5:  while T ≠ ∅ {
6:      x ∈ T を任意に選び, T := T\{x};
7:      forall x' ∈ X_f s.t. (x', x) ∈ R {
8:          if f ∈ Lab(x') {
9:              Lab(x') := Lab(x') ∪ {EG f};
10:             T := T ∪ {x'};
11:         }
12:     }
13: }
```

め, f をラベル付けするために必要な計算量は $O(|f|\cdot(|X|+|R|))$ となる.

例 12.1　図 12.3 は自動車のエンジン始動の手順を表すオートマトンである. つぎの状況をモデル化している.

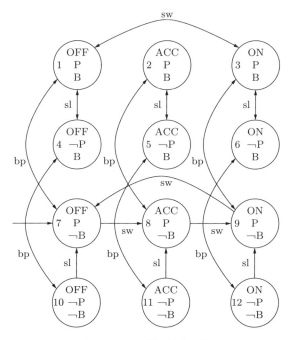

図 12.3　エンジン始動手順

- エンジンの始動にはプッシュスイッチを用いる．
- エンジンオフ (OFF)，セレクタがパーキングポジションであり (P)，かつブレーキを踏んだ状態 (B) において，スイッチを押す (sw) とエンジンが始動 (ON) する．ON かつ P のとき，スイッチを押すと OFF になる．
- OFF かつ P のとき，ブレーキを踏んでいないと，スイッチを押すことにより，ACC（アクセサリモード）→ ON → OFF と遷移する．
- ブレーキを「踏む／離す」こと (bp) は，任意の状態で可能である．
- セレクタ (sl) は，ブレーキを踏んでいないと P から変えられない．

仕様として AG (ON → AF(OFF∧P)) を与える．これは，エンジン ON の状態から，将来必ずエンジン OFF，かつセレクタをパーキングポジションにすることができる，という仕様を表現している．この式を同値な ¬EF(ON∧EG¬(OFF∧P)) と変換し，ネストの深い部分式からモデル検査の手順を適用すると，各部分式のラベルが付けられる状態はつぎのようになる．

1. ON：3, 6, 9, 12.
2. OFF：1, 4, 7, 10.
3. P：1, 2, 3, 7, 8, 9.
4. OFF ∧ P：1, 7.
5. ¬(OFF ∧ P)：2, 3, 4, 5, 6, 8, 9, 10, 11, 12.
6. EG ¬(OFF ∧ P)：2, 3, 4, 5, 6, 8, 9, 10, 11, 12.
7. ON ∧ EG ¬(OFF ∧ P)：3, 6, 9, 12.
8. EF (ON ∧ EG ¬(OFF ∧ P))：全状態．
9. ¬(EF (ON ∧ EG ¬(OFF ∧ P)))：なし．

したがって，仕様 AG (ON → AF(OFF∧P)) を満たす状態は存在しない．これは，エンジンを始動せずにブレーキ操作，あるいはセレクタ操作のみを無限に繰り返す経路が存在するからである．

12.2　公平な実行に対するモデル検査

分岐時間時相論理のモデル検査において，クリプケ構造の特定の分岐のみが常に選択されるという計算経路が存在する場合がある．たとえば，図 12.3 のオートマトンにおいて，特定の動作（セレクタの操作など）のみを永久に繰り返す場合などである．

このような動作は分岐における選択が偏っており,「公平」ではない.公平でないパスは,現実には起こりそうもなく,与えられた論理式が公平でないパスに対してのみ偽であるならば,無視してもかまわないと考えられる.

公平性 (fairness) とは,つぎのような概念である.

- **弱公平性** (weak fairness):

$$\neg \text{FG}(\textit{enabled} \wedge \neg \textit{taken}) \equiv \text{GF}(\textit{enabled} \rightarrow \textit{taken})$$

すなわち,遷移が実行 (*taken*) されることなく,永久に発生可能 (*enabled*) な状態のまま保たれることはない.

- **強公平性** (strong fairness):

$$\text{GF} \textit{ enabled} \rightarrow \text{GF} \textit{ taken}$$

すなわち,遷移が無限回発生可能になるならば,無限回実行される.言い換えると,遷移が実行されることなく無限回発生可能な状態になることはない.

図 12.4 において,いつかは太矢印の遷移が選択されるのが公平性である.弱公平性と強公平性の違いは,前者が発生可能な状態が継続するのに対し,後者は発生可能な状態が途切れてもかまわないことにある.

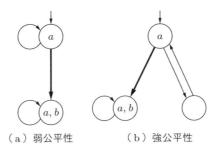

（a）弱公平性　　　（b）強公平性

図 12.4　公平性（a が *enabled*,b が *taken* に対応）

公平性は CTL では記述できず,CTL* が必要となる [74].公平な実行においてのみ仕様が満たされるという性質は CTL* モデル検査で扱うことが可能であるが,CTL* モデル検査問題は多くの計算量を必要とする[†] [73].しかしながら,仮定する性質を公平性に限定すれば,CTL モデル検査を拡張することにより,多項式時間でモデル検査が可能である.

クリプケ構造に,状態 X の部分集合の集合 $\mathcal{F} \subseteq 2^X$ を加えた $M = (X, X_0, R, \ell, \mathcal{F})$

[†] 計算複雑さのクラスにおける PSPACE 完全問題を含むことが知られている.

を，公平クリプケ構造という．公平クリプケ構造 M の状態 x において状態式 f が満たされることを，$\langle M, x \rangle \models_F f$ と書く．また，公平クリプケ構造 M の経路 π において経路式 g が満たされることを，$\langle M, \pi \rangle \models_F g$ と書く．これらは以下のように定義される．

まず，公平な経路を定義する．公平クリプケ構造 M の経路 π は，すべての $F_i \in \mathcal{F}$ について，F_i の少なくとも一つの状態が π に無限回出現するとき公平であるという．$\models_F$ の意味は，以下を除いて CTL と同じである．

- $\langle M, x \rangle \models_F p \Leftrightarrow$ 状態 x からはじまる公平な経路が存在し，かつ，$p \in \ell(x)$．
- $\langle M, x \rangle \models_F \mathrm{E}\, g \Leftrightarrow$ 状態 x からはじまる公平な経路 π が存在し，$\langle M, \pi \rangle \models_F g$．
- $\langle M, x \rangle \models_F \mathrm{A}\, g \Leftrightarrow$ 状態 x からはじまるすべての公平な経路 π について，$\langle M, \pi \rangle \models_F g$．

公平クリプケ構造 $M = (X, X_0, R, \ell, \mathcal{F})$ に対するモデル検査の手続きを示す．M の強連結成分 C は，すべての $F_i \in \mathcal{F}$ について C が F_i の状態を含むとき，公平であるという．公平な強連結成分内では，各 $F_i \in \mathcal{F}$ について，それに含まれる少なくとも一つの状態に，無限回訪れる経路が存在することになる．

まず，$\mathrm{EG}\, f$ に対するモデル検査手続きを示す．f に対する各状態へのラベル付けはすでに行われているとする．このとき，f がラベル付けされた状態集合 X_f により誘導される部分公平クリプケ構造を，$M_f = (X_f, X_f \cap X_0, R_f, \ell_f, \mathcal{F}_f)$ とする．$\langle M, x \rangle \models_F \mathrm{EG}\, f$ となるための必要十分条件は，(i) $x \in X_f$，かつ，(ii) M_f において x から M_f の非自明かつ公平な強連結成分に至る経路が存在することである．この条件が満たされているかどうかを確認するための手続きは，表 12.2 の手続きにおいて，2 行目をつぎのように変更すればよい．

> 2: SCC を，X_f により誘導される部分クリプケ構造 M_f における非自明かつ公平な強連結成分の集合とする．

これ以外の演算子については，原子命題 $fair$ を用いる．$fair$ はその状態から公平な経路が存在するとき，かつそのときに限って真となる命題であり，$\langle M, x \rangle \models_F \mathrm{EG}\, true$ の計算により各状態にラベル付けできる．このためには，上述の $\mathrm{EG}\, f$ のモデル検査手続きを用いればよい．$fair$ を用いて，以下のようにモデル検査を行う．

- $\langle M, x \rangle \models_F p : \langle M, x \rangle \models p \wedge fair$ を検査する．
- $\langle M, x \rangle \models_F \mathrm{EX}\, f : \langle M, x \rangle \models \mathrm{EX}(f \wedge fair)$ を検査する．
- $\langle M, x \rangle \models_F \mathrm{E}[f_1 \,\mathrm{U}\, f_2] : \langle M, x \rangle \models \mathrm{E}[f_1 \,\mathrm{U}\, (f_2 \wedge fair)]$ を検査する．

状態集合を公平な強連結成分に分割するためには，各強連結成分が公平であるかどうかを調べる必要があるため，計算量は $O((|X|+|R|) \cdot |\mathcal{F}|)$ になる．したがって，公平な意味論における EG f のモデル検査アルゴリズムの計算量は，多項式時間 $O(|f| \cdot (|X|+|R|) \cdot |\mathcal{F}|)$ である．

例 12.1 にあるような無視しても構わないふるまいは，公平な意味論を用いることで排除できる．このような排除の例を以下に示す．

例 12.2 例 12.1 において，自動車に乗り込んだとき／降りるときの状態である $\{OFF \wedge P \wedge \neg B\}$ と，走行中の状態の一つである $\{ON \wedge \neg P \wedge B\}$ をそれぞれ $F_1, F_2 \in \mathcal{F}$ として与えれば，ブレーキおよびセレクタを無限に操作し続けるふるまいを排除できる．

12.3 記号モデル検査

CTL モデル検査の手続きは，クリプケ構造のサイズの多項式時間の計算量をもつが，並行システムでは，状態空間自体のサイズがモデルのサイズの指数関数オーダーになる状態空間爆発の問題があり，計算時間および記憶領域の両面においてモデル検査を困難なものにしている．

モデル検査の手続きは，クリプケ構造の探索アルゴリズムである．探索をブール関数の計算に置き換え，BDD を用いて計算するのが記号モデル検査である．ブール関数のコンパクトな表現が可能な BDD を用いることで，大規模な状態空間をもつモデルに対応できる場合がある．

$M = (X, X_0, R, \ell)$ をクリプケ構造とする．以下，状態論理式 f は，f が真であるような状態集合と同一のものとして扱うことができる．9.8.2 項で説明した方法でクリプケ構造をブール関数で表現することにより，CTL 式の計算を，状態集合を表すブール関数の操作で置き換えることができる．

状態の符号化に用いるブール変数を $v_1, \ldots, v_n, v'_1, \ldots, v'_n$，状態の符号化関数を $\phi : X \to \mathbb{B}^m$ とする．

1. 原子命題 p が真となる状態集合を X_p で表したとき，原子命題 p はブール関数 $\bigvee_{x \in X_p} \phi(x)$ により表される．
2. ブール関数 $f(v_1, \ldots, v_n)$ が与えられたとき，EX f は変数として $v_1, \ldots, v_n$ をもつブール関数

$$\exists v'_1 \cdots \exists v'_n : (f(v'_1, \ldots, v'_n) \land R(v_1, \ldots, v_n, v'_1, \ldots, v'_n)) \quad (12.1)$$

により表される．

3. $\mathrm{E}[f_1 \,\mathrm{U}\, f_2]$ は，つぎの関数 $\xi(Z)$ の最小不動点である．

$$\xi(Z) := f_2 \lor (f_1 \land \mathrm{EX}\, Z) \quad (12.2)$$

すなわち，$\xi^0(Z) := Z$, $\xi^{i+1}(Z) := \xi(\xi^i(Z))$ とし，ブール関数をそれが表す状態集合と同一視すると，

$$\mathrm{E}[f_1 \,\mathrm{U}\, f_2] = \bigcup_{i=0}^{\infty} \xi^i(\mathit{false})$$
$$= \emptyset \cup \xi^1(\mathit{false}) \cup \xi^2(\mathit{false}) \cup \xi^3(\mathit{false}) \cup \cdots$$

により計算される (付録 A.2 参照)．ここで $\xi(\mathit{false}) = \emptyset$ （空集合）である．状態数は有限であることから，ある自然数 i が存在して，$\xi^{i+1}(\mathit{false}) = \xi^i(\mathit{false})$ が成り立つので，そこで計算を停止すればよい．図 12.5 では $\xi^4(\mathit{false}) = \xi^3(\mathit{false})$ である．

4. $\mathrm{EG}\, f$ は以下の関数 $\eta(Z)$ の最大不動点である．

$$\eta(Z) := f \land \mathrm{EX}\, Z \quad (12.3)$$

すなわち，$\eta^0(Z) := Z$, $\eta^{i+1}(Z) := \eta(\eta^i(Z))$ としたとき，

$$\mathrm{EG}\, f = \bigcap_{i=0}^{\infty} \eta^i(\mathit{true})$$
$$= X \cap \eta^1(\mathit{true}) \cap \eta^2(\mathit{true}) \cap \eta^3(\mathit{true}) \cap \cdots$$

により計算される (付録 A.2 参照)．ここで，$\eta^0(\mathit{true}) = X$ （全状態）である．状態数は有限であることから，ある自然数 i が存在して，$\eta^{i+1}(\mathit{true}) = \eta^i(\mathit{true})$ が成り立つので，そこで計算を停止すればよい．図 12.6 では $\eta^2(\mathit{true}) = \eta^1(\mathit{true})$ である．

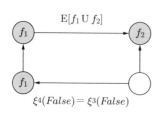

図 12.5 記号モデル検査：EU

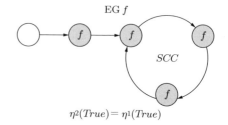

図 12.6 記号モデル検査：EG

12.4 モデル検査器

モデル検査アルゴリズムを実装したツールを**モデル検査器** (model checker) とよぶ.代表的なものとして以下のものがある.

- SMV [75]：CTL をサポートする.BDD を利用した記号モデル検査アルゴリズムを採用している.
- NuSMV [76]：SMV を拡張する形で再実装したツール.CTL, LTL, 有界モデル検査 [77] をサポートしている.
- SPIN [78]：LTL をサポートする.Promela (Process meta language) という C 言語に似た専用言語でモデルを記述する.半順序法を利用している.
- PRISM [79]：状態遷移が確率的に与えられるシステムのためのモデル検査器である.

これらのモデル検査器では,モデル記述のために専用の言語が用意されている.図 12.3 のクリプケ構造は,SMV ではつぎのように表現される.

```
MODULE main
VAR
  engine : { OFF, ACC, ON };
  position : { P, NP };
  pedal : { B, NB };
  switch : process push_switch(engine, position, pedal);
  selector : process change_position(position, pedal);
  brake : process brake_pedal(pedal);
ASSIGN
  init(engine) := OFF;
  init(position) := P;
  init(pedal) := B;
SPEC
  AG (engine = ON -> AF (engine = OFF & position = P))

MODULE push_switch(engine, position, pedal)
ASSIGN
  next(engine) :=
    case
      engine = OFF & position = P & pedal = B : ON;
      engine = ON & position = P : OFF;
      engine = OFF & position = P & pedal = NB : ACC;
      engine = ACC & position = P & pedal = NB : ON;
      1 : engine;
    esac;

MODULE change_position(position, pedal)
ASSIGN
  next(position) :=
```

```
      case
        position = P & pedal = B : NP;
        position = NP & pedal = B : P;
        1 : position;
      esac;

MODULE brake_pedal(pedal)
ASSIGN
  next(pedal) :=
    case
      pedal = B : NB;
      pedal = NB : B;
    esac;
```

　以下，入力言語について説明する．システムはモジュールの集まりとして記述され，最上位に main モジュールが置かれる．各モジュールは変数の定義 (VAR)，変数の値の遷移条件と遷移後の値の定義 (ASSIGN)，仕様の記述 (SPEC)，その他からなる．上記のスクリプトでは，モジュール main において三つの変数 engine, position, pedal が定義される．変数 switch, selector, brake については後程説明する．ASSIGN では，init(x) により変数 x の初期値を，next(x) により変数 x の遷移後の値を定義する．このとき，case 文により，現在の各変数の値に応じた遷移先を定義することができる．たとえば，

　　　　　engine = OFF & position = P & pedal = B : ON;

は，変数 engine が OFF かつ position が P かつ pedal が B のとき，つぎのステップで engine の値が ON になることを表している．ASSIGN による遷移はすべてが同期して行われる．スイッチ，セレクタ，ブレーキの操作は非同期に実行されるが，非同期の状態遷移を表すためには process 定義を用いる．以下の宣言により，三つのモジュール push_switch, change_position, brake_pedal の状態遷移は非同期に実行されることを表す．

　　　　　switch :   process push_switch(engine, position, pedal);

　　　　　selector :   process change_position(position, pedal);

　　　　　brake :   process brake_pedal(pedal);

switch, selector, brake はプロセスのインスタンスを表す変数である．また，SPEC では検証する CTL 式を定義している．

演習問題

12.1 例 12.1 のクリプケ構造で,仕様 AG(ON → EF(OFF ∧ P)) が初期状態において満たされることを,モデル検査の手続きにより示せ.

12.2 例 12.2 の公平性の制約 $\mathcal{F}$ を与えたとき,公平でない強連結成分を示せ.

12.3 モデル検査の手法を用いて,指定した条件を満たす状態への遷移列を求めるには,どのようにすればよいか.

12.4 公平クリプケ構造で扱われる公平性は,弱公平性・強公平性のどちらか.

第13章　離散事象システムの制御

　システムの制御とは，制御目的を達成するようにシステムに入力を印加していくことであり，そのためには，センサなどによりシステムから得られる観測値から適切な入力を計算し，システムに印加する制御器（コントローラー）を設計する理論が必要である．連続状態をもつシステムに対する制御理論は古くから研究されてきたが，入力と制御目的を与えられた離散状態をもつシステムについても，同様な制御理論が存在する．

　本章では，まず離散事象システムの制御として，スーパーバイザ制御について説明する．これは，システムで発生可能な状態遷移はすべてオートマトン上に記述されていると仮定し，状態遷移の一部を制御器が制限することによる制御方式である．つぎに，離散抽象化されたハイブリッドシステムの制御について説明する．離散抽象化により抽象状態間の遷移を制御するという点で，離散事象システムの制御と同様な扱いが可能である．

13.1　離散事象システムの制御理論

　制御対象（プラントとよぶ）がオートマトンで与えられ，そこで発生した事象を観測し，制御入力をプラントに加える制御器（スーパーバイザ）を設計する，**スーパーバイザ制御**が提案されている [80, 81, 82]．

13.1.1　例　題

　スーパーバイザ制御の目的と手法を説明するための「猫とネズミがいる迷路」の例題 [80] を考える．図 13.1 は壁で区切られた小部屋（0〜5）からなるフロアである．その中に猫とネズミがいる．猫とネズミは以下の規則に従って行動する．

- 部屋の間には猫用の扉 (c_i) およびネズミ用の扉 (m_j) があり，それぞれ猫およびネズミが排他的に使用できる．また，移動できる方向も指定されている．
- 猫とネズミの行動は制御することはできない．その代わりに，c_7 以外の扉は外

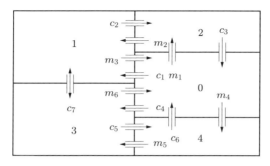

図 13.1　猫とネズミがいる迷路

部からの信号により閉じた状態で固定することができる．ただし，c_7 のみは，いつでも自由に通過できる．

- 扉にはセンサがあり，猫やネズミが扉を通過したことがわかる．

猫とネズミが同じ部屋に入ってしまうと，ネズミは猫に捕まえられてしまう．制御目的は，猫とネズミが同じ部屋に入らないように扉の開閉を操作することである．さらに，いつでも初期位置に戻れるという要件も追加する．しかし，これらを満たすだけでは十分ではない．たとえば，猫とネズミの初期位置をそれぞれ部屋 2 と部屋 4 とすると，それらの部屋から出る扉をすべて閉じることで，制御目的は達成されてしまうからである．そこで，つぎのような制御目的を加える．

- 猫とネズミは同じ部屋に入ってはならない．
- 猫とネズミはどのように移動しても，そこから初期位置に戻ることができる．
- 上記の目的を達成するふるまいの中で，「行動の自由度」を最大化する．

さらに，以下についても考慮する．

- 必要なセンサの数を最小化する．

この制御問題を扱う上で，行動の自由度をどう定義するか，また，自由度が最大のふるまいが常に存在するかどうかについても明らかにする必要がある．

13.1.2　スーパーバイザ制御の考え方

離散事象システムのスーパーバイザ制御では，制御対象はプラントとよばれ，オートマトン G により与えられる．制御器 S は**スーパーバイザ** (supervisor) とよばれ，プラントで発生する事象を観測し，必要に応じてプラントで発生する事象を制限する（図 13.2）．

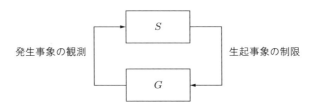

図 13.2 スーパーバイザ制御の概念図

以下に，スーパーバイザ制御に関する定義を示す．

- プラントはオートマトン $G = (X, \Sigma, \delta, x_0, X_m)$ により与えられる．ここで，遷移関数 δ は部分関数であり，また，最終状態は，スーパーバイザ制御では**マーク状態** (marked state) とよばれ，タスクの完了に対応させる．オートマトン G の受理言語のことを，G によりマークされた言語とよび，$L_m(G)$ で表す．
- アルファベット Σ は事象の集合を表す．Σ は二つの互いに素な集合 Σ_c, Σ_{uc} に分割される．Σ_c に含まれる事象は**可制御事象** (controllable event) とよばれ，スーパーバイザにより発生が禁止可能な事象である．σ_{uc} に含まれる事象は**不可制御事象** (uncontrollable event) とよばれ，スーパーバイザはその発生を禁止することはできない．
- Σ はさらに，二つの互いに素な集合 Σ_o, Σ_{uo} に分割される．Σ_o に含まれる事象は**可観測事象** (observable event) とよばれ，スーパーバイザはその発生を観測できる．σ_{uo} に含まれる事象は**不可観測事象** (unobservable event) とよばれ，スーパーバイザはその発生を観測することはできない．
- スーパーバイザは，発生した事象系列から不可観測事象を取り除いた列を観測する．事象列を可観測事象の集合に射影する写像を $P: \Sigma^* \to \Sigma^c$ で表す．ここで，写像 P は，つぎのように定義される．
  1. $P(\varepsilon) := \varepsilon$.
  2. $\sigma \in \Sigma$ について，$\sigma \in \Sigma_o$ ならば $P(\sigma) := \sigma$，$\sigma \in \Sigma_{uo}$ ならば $P(\sigma) := \varepsilon$.
  3. $s \in \Sigma^*, \sigma \in \Sigma$ について，$P(s\sigma) := P(s)P(\sigma)$

  写像 P のことを，**自然射影** (natural projection) とよぶ．
- スーパーバイザは，事象を観測するごとに，事象の観測に基づき発生が許可される事象集合 $\gamma \subseteq \Sigma$ をプラントに与える．定義により $\Sigma_{uc} \subseteq \gamma$ である．すなわち，不可制御事象は常に発生が許可される．可能な制御入力全体の集合を $\Gamma := \{\gamma \subseteq \Sigma \mid \Sigma_{uc} \subseteq \gamma\}$ とする．
- スーパーバイザは，それまでに観測した事象列に基づいて制御入力を与える関数 $S: P(L(G)) \to \Gamma$ として定義される．

プラント G において，状態 $x \in X$ で発生可能な事象の集合を $EN_G(x) := \{\sigma \in \Sigma \mid \delta(x,\sigma)!\}$ で表す．事象列 $s \in L(G)$ により到達する状態 $\delta(x_0,s)$ において，スーパーバイザ S の制御下で発生可能な事象集合は，

$$S(s) \cap EN_G(\delta(x_0,s)) \tag{13.1}$$

により与えられる．

プラントにおける事象発生がすべて観測可能である場合，すなわち $\Sigma_o = \Sigma$ である場合，スーパーバイザは関数 $S : L(G) \to \Gamma$ として与えられる．これを完全観測下におけるスーパーバイザとよぶ．また，$\Sigma_o \neq \Sigma$ であるときのスーパーバイザを部分観測下のスーパーバイザとよぶ．

スーパーバイザ S により制御されるプラント G を S/G と書く．S/G により生成される言語 $L(S/G)$ は，つぎのように定義される．

1. $\varepsilon \in L(S/G)$,
2. $s \in L(S/G) \land s\sigma \in L(G) \land \sigma \in S(P(s)) \Rightarrow s\sigma \in L(S/G)$.

また，$L(S/G)$ により**マークされる言語**を，

$$L_m(S/G) := L(S/G) \cap L_m(G)$$

により与える．マークされる言語はオートマトンの受理言語を言い換えたものであり，初期状態からマーク状態に到達する事象列の集合である．定義より，$L_m(S/G) \subseteq L(S/G) \subseteq L(G)$ が成り立つ．

部分観測下においては，スーパーバイザは Σ_{uc} の事象は観測できず，それらに対応した制御入力を与えることはできない．したがって，直前の可観測事象の発生のときに与えた制御入力が，つぎの可観測事象の発生まで維持される（図 13.3）．

スーパーバイザ制御では，システムの望ましいふるまいを，接頭語について閉じた言語

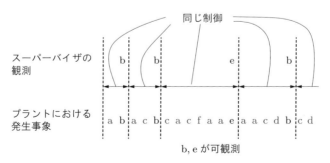

図 13.3 部分観測下のスーパーバイザ

$K \subseteq L(G)$, または言語 $K_m \subseteq L_m(G)$ で与え，$L(S/G) = K$，または $L_m(S/G) = K_m$ となるスーパーバイザ S を設計することが目的となる．

13.1.3 完全観測下におけるスーパーバイザの設計—$L(G)$ の一致

接頭語について閉じた言語 $K \subseteq L(G)$ を制御仕様として与え，生成される言語を K に一致させる，すなわち $L(S/G) = K$ となる完全観測下におけるスーパーバイザ S が存在するための条件を以下に示す．

定理 13.1

$K \subseteq L(G)$ を空でない接頭語について閉じた言語とする．このとき，$L(S/G) = K$ となる完全観測下のスーパーバイザ S が存在するための必要十分条件は，

$$pref(K)\Sigma_{uc} \cap L(G) \subseteq pref(K) \tag{13.2}$$

を満たすことである [81, 82]．

式 (13.2) は，仕様 K で許されたふるまい $s \in K$ により到達する状態 $\delta(x_0, s)$ において，不可制御事象 $\sigma \in \Sigma_{uc}$ が発生可能（すなわち $\delta(x_0, s\sigma)!$）ならば，$s\sigma$ も仕様 K に含まれることを意味している（図 13.4）．式 (13.2) を満たす言語 K は $L(G)$ と Σ_c に関して**可制御** (controllable) であるという．なお，可制御性は，接頭語について閉じていない言語についても定義される．接頭語について閉じていない言語 K が可制御であることと，$pref(K)$ が可制御であることは同値である．

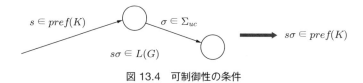

図 13.4　可制御性の条件

証明　定理 13.1 を証明する．まず，スーパーバイザ S をつぎのように定義する．

$$S(s) = (\Sigma_{uc} \cap EN_G(\delta(x_0, s))) \cup \{\sigma \in \Sigma_c \mid s\sigma \in pref(K)\} \tag{13.3}$$

式 (13.2) が成り立つと仮定し，$L(S/G) = pref(K)$ を示す．$s \in L(S/G) \Leftrightarrow s \in pref(K)$ であることを，$|s|$ に関する帰納法を用いて証明する．$|s| = 0$ のときは，定義より $\varepsilon \in L(S/G)$ であり，かつ，K が空でないことから $\varepsilon \in pref(K)$ である．$|s| \leq n$ の場合に帰納法の仮定が成り立つとする．いま，$|s| = n$ とすると，帰納法の仮定より，$s \in L(S/G) \Leftrightarrow s \in pref(K)$ である．

- $s\sigma \in L(S/G)$ であるとき，もし $\sigma \in \Sigma_{uc}$ ならば，式 (13.2) より $s\sigma \in pref(K)$ である．もし $\sigma \in \Sigma_c$ ならば，S の定義から $s\sigma \in pref(K)$ である．

- $s\sigma \in \text{pref}(K)$ であるとき,もし $\sigma \in \Sigma_{uc}$ ならば,スーパーバイザは不可制御事象の発生を許可するので $\sigma \in S(s)$ であり, $s\sigma \in L(S/G)$ となる.もし $\sigma \in \Sigma_c$ ならば,S の定義から $\sigma \in S(s)$ であり,$s\sigma \in L(S/G)$ が得られる.
  つぎに,$L(S/G) = \text{pref}(K)$ のとき,式 (13.2) が成り立つことを示す.$s \in \text{pref}(K)$, $\sigma \in \Sigma_{uc}, s\sigma \in L(G)$ とすると,スーパーバイザ S は不可制御事象の発生を許可するので $\sigma \in S(s)$ であり,$L(S/G) = \text{pref}(K)$ より $s\sigma \in \text{pref}(K)$ が得られる. ∎

スーパーバイザ S は関数であり,S の入力は任意長の事象列である.スーパーバイザを制御器として実装するためには,関数 S を有限の記述で表現する必要がある.このような方法の一つとして,スーパーバイザの有限オートマトン表現がある.

スーパーバイザ S に対し,アルファベットとして Σ をもち,かつ $L(R\|G) = L(S/G)$ を満たす有限オートマトン R が存在するとき,オートマトン R をスーパーバイザ S の実現であるという.制御仕様 K が正則言語で与えられるならば,$L(R) = K$ を満たす有限オートマトン R が存在し,$L(K\|G) = L(S/G)$ が成り立つ.

$L(R) = K \subseteq L(G)$ ならば $L(R\|G) = K$ であるが,その逆は必ずしも真でない.$L(R') \supseteq K$ であり,かつ R' の状態数が R の状態数より小さいオートマトンで $L(R'\|G) = K$ を満たすものが存在する場合がある.より少ない状態数のオートマトンでスーパーバイザが実現できることが望ましいが,状態数最小のオートマトンでの実現を求めることは,「不完全に指定された有限状態機械の状態数削減の問題」に帰着し,計算量的に困難な問題であることが知られている [83].

13.1.4 完全観測下におけるスーパーバイザの設計—$L_m(G)$ の一致

制御仕様をマークされた言語 $K_m \subseteq L_m(G)$ で与え,$L_m(S/G) = K_m$ となるスーパーバイザ S が存在するための条件を示す.マークされる言語を仕様とする場合には,**ブロッキング** (blocking) の問題について考慮する必要がある.ブロッキングとは,開

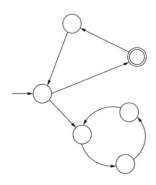

図 13.5 ブロッキング

始したタスクが完了できない状況のことである．図 13.5 はブロッキングの状況を示したものである．下の三つの状態にいったん入るとマーク状態に到達することはできないが，動作は継続される．このような状況を**ライブロック** (livelock) という．マーク状態ではない状態でそこからの遷移先が定義されない場合，すなわちデッドロックの場合もブロッキングである．

ブロッキングしないことを**ノンブロッキング** (nonblocking) という．制御されたプラント S/G がノンブロッキングであるとは，初期状態から任意の事象遷移を行ったとき，その後に必ずマーク状態に到達可能なことであり，$L(S/G) = pref(L_m(S/G))$ が満たされることであると定義できる．

定理 13.1 より，K_m が可制御ならば，$L(S/G) = pref(K_m)$ となるスーパーバイザ S が存在する．しかし，可制御性だけでは $L_m(S/G) = K_m$ は保証できない．これは，$K_m \subseteq pref(K_m) \cap L_m(G)$ は常に成り立つが，等号が成り立つとは限らないからである．たとえば，$L_m(G) = \{a, aba, ababa\}$ かつ $K_m = \{aba\}$ のとき，$K_m \neq pref(K_m) \cap L_m(G)$ である．等号が成り立つために必要になるのがつぎの条件である．

$$K_m = pref(K_m) \cap L_m(G) \tag{13.4}$$

この条件を満たす K_m は，「$L_m(G)$ について閉じている」という．

$L_m(G)$ について，以下の結果が知られている．

定理 13.2

$K_m \subseteq L_m(G)$ を空でない言語とする．このとき，$L_m(S/G) = K_m$ および $L(S/G) = pref(K_m)$ を満たすノンブロッキングな完全観測下のスーパーバイザ S が存在するための必要十分条件は，以下の 2 条件を満たすことである [81, 82]．

1. K_m が $L(G)$ および Σ_c に関して可制御である．
2. K_m が $L_m(G)$ について閉じている．

証明は，可制御性の部分については，スーパーバイザは定理 13.1 と同様である．そこで，スーパーバイザ S をつぎのように構成する．

$$S(s) = (\Sigma_{uc} \cap EN_G(\delta(x_0, s))) \cup \{\sigma \in \Sigma_c \mid s\sigma \in pref(K_m)\} \tag{13.5}$$

条件 1 の可制御性より $L(S/G) = pref(K_m)$ であり，また $L_m(S/G) = pref(K_m) \cap L_m(G)$ なので，条件 2 より $L_m(S/G) = K_m$ が得られる．

逆に，$L(S/G) = pref(K_m)$ かつ $L_m(S/G) = K_m$ ならば，K_m は可制御であり，

さらに定義より $L_m(S/G) = L(S/G) \cap L_m(G)$ なので，$K_m = pref(K_m) \cap L_m(G)$ が得られる．

13.1.5 最大可制御部分言語

制御仕様が可制御ならば，システムのふるまいを仕様に一致させるスーパーバイザを構成することができるが，そうでない場合，制御仕様にできるだけ近い実現可能な制御を行うことが現実的である．**最大可制御部分言語** (supremal controllable sublanguage) は制御仕様の部分集合であり，かつ，可制御な言語の中で最大なものとして定義される．以下の結果が得られている [82]．

可制御性は集合和に関して閉じている．すなわち，二つの言語 K_1, K_2 が可制御ならば，$K_1 \cup K_2$ も可制御である．$K \subseteq L(G)$ の部分言語で可制御なもの全体の集合を $C_{sub}(K)$ とおく．$C_{sub}(K)$ は一般的には無限集合である．このとき，これらの和集合

$$sup\, C(K) = \bigcup_{L \in C_{sub}(K)} L \tag{13.6}$$

を K の最大可制御部分言語という．$sup\, C(K)$ は，以下の手続きで求められる．

- $K_0 := K$
- $K_{i+1} := K_i - ((L(G) - K_i)/\Sigma_{uc})\Sigma^*$

ここで，"/" は二つの言語の商を表す演算子で，つぎのように定義される．

$$L_1/L_2 := \{s \in \Sigma^* \mid \exists t \in L_2 : st \in L_1\} \tag{13.7}$$

各ステップの操作により，K_i から Σ_{uc} の発生により K_i の外に飛び出してしまうような事象列が K_i から取り除かれる．$K_{i+1} = K_i$ となる i が存在すれば，$K_i = sup\, C(K)$ である．上記の手続きは言語の集合から言語の集合への写像とみなすことができ，K_i はこの写像の不動点である．

$L(G)$ および K が正則言語の場合は，オートマトンに対する操作として，次のように $sup\, C(K)$ を求めることができる [81]．

- $G = (X, \Sigma, \delta_G, x_0, X)$ を全状態をマーク状態にした，すなわち $X_m = X$ としたプラント $H = (Y, \Sigma, \delta_H, y_0, Y_m)$ を，$L_m(H) = K$ となる有限オートマトンとする．
- G と H の積を $G \times H = (Z, \Sigma, \delta, z_0, Z_m)$ とする．ここで，$Z = X \times Y$, $z_0 = (x_0, y_0)$ である．G の構成法から $(x, y) \in Z_m \Leftrightarrow y \in Y_m$ である．最大可制御部分言語を生成する $G \times H$ の部分オートマトンを求めることを目的と

する.

- $Z' \subseteq Z$ を与えたとき, 遷移関数 δ を Z' の状態のみを訪れる状態遷移に制限した関数を $\delta_{Z'}$ とする. これを用いて写像 $\Theta : 2^Z \to 2^Z$ を定義する.

$$\Theta(Z') := \{z \in Z' \,|\, \exists s \in \Sigma^* : \delta_{Z'}(z_0, s) = z \wedge \exists s' \in \Sigma^* : \delta_{Z'}(z, s') \in Z_m\}$$

Θ は与えられた状態集合 Z' を, Z' の状態のみを通って初期状態から到達可能であり, かつ, マーク状態に到達可能な状態に制限する写像である.

- 与えられた状態集合を, 可制御性の条件を満たす状態集合に制限する写像 $\Omega : 2^Z \to 2^Z$ を定義する.

$$\Omega(Z') := \{(x, y) \in Z' \,|\, \forall \sigma \in \Sigma_{uc} : \delta_G(x, \sigma)! \to \delta_{Z'}((x, y), \sigma)!\}$$

Ω の適用により, プラントで不可制御事象が発生可能ならば, それは $\delta_{Z'}$ でも発生可能であるという, 可制御性の条件を満たす状態のみが残される.

合成写像 $\Theta \circ \Omega : 2^Z \to 2^Z$ は完備束 $(2^Z, \subseteq)$ 上の単調な写像になり, 付録 A.2 の結果より最大不動点が存在し, それは以下の手続きにより得られる.

- $Z_0 := Z$
- $Z_{i+1} := \Theta \circ \Omega(Z_i)$

$Z_{i+1} = Z_i$ となる最小の i を i^* とし, $Z^* := Z_{i^*}$ とおくと,

$$supC(K) = \{s \in \Sigma^* \,|\, \delta_{Z^*}(z_0, s) \in Z_m\}$$

が得られる. これらの計算は, すべて有限な状態集合上の操作として実行できる.

定理 13.2 の仕様 K_m に対する最大な部分言語は, $L_m(G)$ について閉じ, かつ可制御な, K_m の最大部分言語である. $K \subseteq L_m(G)$ とすると, $L_m(G)$ について閉じた K の部分言語で最大のものは,

$$supR(K) = K - (L_m(G) - K)\Sigma^* \tag{13.8}$$

である. さらに, K の部分言語で $L_m(G)$ について閉じ, かつ, 可制御な部分言語で最大のものは $supRC(K) = supC(supR(K))$ であり, 以下の繰り返し手続きの不動点として求められる [82].

- $K_0 := K_m - (L_m(G) - K)\Sigma^*$
- $K_{i+1} := K_i - ((L(G) - K_i)/\Sigma_{uc})\Sigma^*$

13.1.6 部分観測下におけるスーパーバイザの設計

部分観測下において，事象列 $s = t\sigma \in L(G)$, $\sigma \in \Sigma_o$ が発生すると，スーパーバイザは最後の事象 σ を観測した時点で，制御入力 $S(P(s))$ をプラントに印加する．このとき，観測上区別できないすべての事象列，すなわちつぎの集合に含まれるすべての事象列に，同じ制御入力が適用されることになる．

$$P^{-1}(P(t))\{\sigma\}(S(P(s)) \cap \Sigma_{uo})^* \cap L(G) \tag{13.9}$$

ここで，$P^{-1}(t) := \{t' \in \Sigma^* \mid P(t') = t\}$ である．事象列 $t \in L(G)$ に対して，$P^{-1}(P(t)) \cap L(G)$ は，t と同じ観測を与える $L(G)$ の事象列全体の集合を与える．

制御仕様が実現可能であるためには，同じ観測を与えるすべての事象列が，制御仕様に含まれるか否かに関して一致していなければならない（図 13.6）．この性質を表現したのが**可観測性**である．$K \subseteq L(G)$ とするとき，K が $L(G)$, Σ_o, および Σ_c に関して可観測であるとは，任意の $s \in pref(K)$ および $\sigma \in \Sigma_c$ について，もし $s\sigma \notin pref(K)$ かつ $s\sigma \in L(G)$ ならば，

$$P^{-1}(P(s))\{\sigma\} \cap pref(K) = \emptyset$$

が成り立つことである．

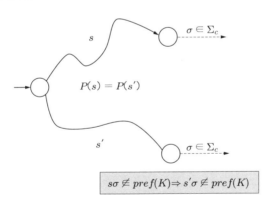

図 13.6 可観測性

$P(s) = P(s')$ であるような $s, s' \in pref(K)$ について，もし $s\sigma \notin pref(K)$ かつ $s'\sigma \in pref(K)$ ならば，スーパーバイザは σ の発生を許可しても禁止しても，制御仕様 K のふるまいに一致させることができない．したがって，このような K は実現不可能である．なお，$\sigma \in \Sigma_{uc}$ のときは，$s\sigma \notin pref(K)$ より，観測にかかわらず K は可制御ではない．ノンブロッキングなスーパーバイザが存在する条件について，以下の結果が知られている．

定理 13.3

$K_m \subseteq L_m(G)$ を空でない言語とする．このとき，$L_m(S/G) = K_m$ および $L(S/G) = pref(K_m)$ となるノンブロッキングなスーパーバイザ S が存在するための必要十分条件は，以下を満たすことである [81, 82]．

1. K_m が $L(G)$ および Σ_c に関して可制御である．
2. K_m が $L(G), \Sigma_o$，および Σ_c に関して可観測である．
3. K_m が $L_m(G)$ について閉じている．

13.1.7 例題の解法

13.1.1 項で示した，猫とネズミの問題に対するスーパーバイザを構成する．猫およびネズミの動作を表すオートマトンを図 13.7 に示す．これらを合成することで，図 13.8 に示すプラント G が得られる．ここで，各状態 (i, j) は，猫が部屋 i に，ネズミが部屋 j にいることを表す．状態 $(2, 4)$ は初期状態かつマーク状態である．また，破線で示したのは，不可制御事象 c_7 による遷移である．

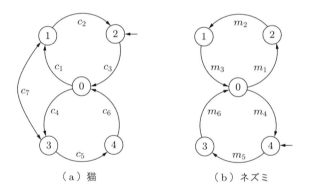

図 13.7 猫とネズミの動作を表すオートマトン

網掛けで示した状態 $(0,0), (1,1), (2,2), (3,3), (4,4)$ は，猫とネズミが同じ部屋にいる禁止状態である．これらの状態を削除し，さらに，初期状態から到達できない，またはマーク状態に到達できない状態を取り除くと（写像 Θ の適用），図 13.9 のオートマトン H が得られる．このオートマトンで表される制御仕様は可制御ではない．なぜなら，破線で示した不可制御事象の発生により，オートマトンの外に飛び出してしまうからである．

13.1.5 項で示した方法により，$L(H)$ の最大可制御部分言語を表すオートマトンを求める．まず，写像 Ω の適用により状態 $(1, 3), (3, 1)$ が取り除かれる．さらに写像 Θ

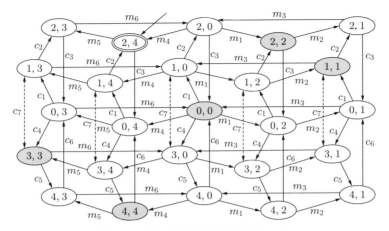

図 13.8 猫とネズミの問題のプラント G

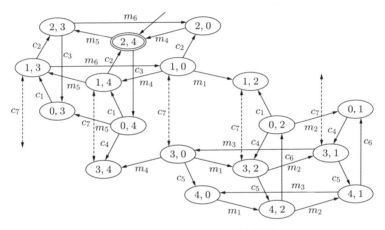

図 13.9 猫とネズミの問題の制御仕様 H

を適用すると，図 13.10 の網掛けで示した状態が取り除かれ，図 13.11 のオートマトン $H^\uparrow$ が得られる．$L(H^\uparrow)$ が最大可制御部分言語である．事象列 s に対し，オートマトン $H^\uparrow$ 上で，s により到達する状態のうち発生可能な可制御事象に不可制御事象 c_7 を加えたものを制御入力とすれば，制御仕様が実現できる．

ところで，オートマトン $H^\uparrow$ が行う制御は，より少ない状態をもつ図 13.12 のオートマトン $H^\uparrow_{min}$ でも実現できる．これは，$L(G) \| L(H^\uparrow) = L(G) \| L(H^\uparrow_{min})$ が成り立つからである．$H^\uparrow_{min}$ は制御仕様を達成するスーパーバイザの最小実現になっている．$H^\uparrow_{min}$ では，2 状態間の遷移は c_2, c_3, m_4, m_5 によって起こり，その他の事象が発生しても状態は変わらない．このことから，$\Sigma_o = \{c_2, c_3, m_4, m_5\}$ としても制御仕様は実現できることになる．すなわち，$L(H^\uparrow)$ は $L(G), \Sigma_o$，および Σ_c に関して可観測で

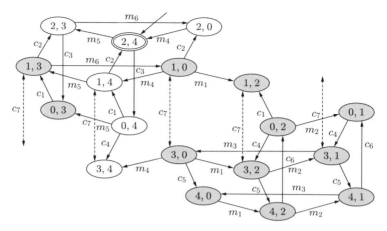

図 13.10 写像 $\Theta \circ \Omega$ の適用により削除される状態

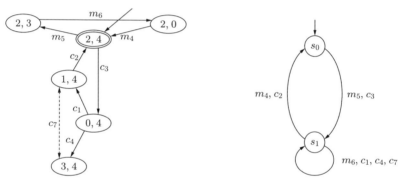

図 13.11 最大化制御部分言語を表す $H^\uparrow$　　図 13.12 最小実現 $H^\uparrow_{min}$

ある.

13.2 離散抽象化によるハイブリッドシステムの制御

　ハイブリッド状態をもつシステムに対し，10.2.2 項で述べた，離散抽象化を用いた制御方式について説明する．制御目的は，制御仕様を満足するようなふるまいをさせるための連続値の制御入力を求めることである．制御仕様は，離散抽象化した遷移システム上の状態遷移列に対する時相論理式として与える．

13.2.1 遷移システム表現と論理制約制御問題

ハイブリッドシステムが，式 (8.3) の離散時間区分的線形システムでモデル化されている場合を考える．

$$x(k+1) = A_i x(k) + B_i u(k) \text{ if } x(k) \in \mathcal{S}_i \tag{8.3}$$

さらに，各領域において印加できる入力に拘束条件が与えられているとする．領域 i の入力拘束条件を満たす集合を $\mathcal{U}_i$ とする．すなわち，領域 i では，$u(k) \in \mathcal{U}_i$ を満たす入力しかシステムに印加できない．

区分的線形システムのふるまいは，遷移システム $\text{TS}_{PWL} = (X, \to)$ で表現できる．ここで，遷移関係 $\to \subseteq X \times X$ はつぎのように定義される．

$$\begin{aligned}
&x \to x' \Leftrightarrow \\
&\exists i \in \{0, 1, \ldots, M-1\} \, \exists u \in \mathbb{R}^m : x \in \mathcal{S}_i \wedge u \in \mathcal{U}_i \wedge x' = A_i x + B_i u
\end{aligned} \tag{13.10}$$

ここで，$\to$ は 1 離散時間の経過に対する時間ステップ関係である．

区分的線形システムの制御問題として，望ましいシステムのふるまいを，時相論理式により与える制御問題を考える．AP を原子命題の集合とし，各状態において真になる原子命題の集合を与える写像を $\ell : X \to 2^{AP}$ とする．ただし，$x, x' \in \mathcal{S}_i$ ならば $\ell(x) = \ell(x')$ が成り立つ場合を考える．すなわち，原子命題の真理値は，ポリトープにより与えられる領域のみによって一意に決定される．

例 13.1 双模倣による商遷移システムの例を示す．つぎの離散時間区分的線形システムを考える [84]．

$$\begin{aligned}
&x(t+1) = 0.8 \begin{bmatrix} \cos \alpha(t) & -\sin \alpha(t) \\ \sin \alpha(t) & \cos \alpha(t) \end{bmatrix} x(t) + \begin{bmatrix} 0 \\ 1 \end{bmatrix} u(t), \\
&\alpha(t) = \begin{cases} \dfrac{\pi}{3} & \text{if } [1 \ 0] x(t) \geq 0 \\ -\dfrac{\pi}{3} & \text{if } [1 \ 0] x(t) < 0 \end{cases}, \\
&x(t) \in [-10 \ 10] \times [-10 \ 10], \quad u(t) \in [-1 \ 1]
\end{aligned} \tag{13.11}$$

状態集合 $X = \{[x_1, x_2]^T \mid -1 \leq x_1 \leq 1 \wedge 0 \leq x_2 \leq 2\}$ を以下の四つの領域に分割する原子命題が与えられているとする．

$$\mathcal{S}_0 := \{[x_1, x_2]^T \mid 0 \leq x_1 \leq 1 \wedge 0 \leq x_2 \leq 1\},$$
$$\mathcal{S}_1 := \{[x_1, x_2]^T \mid 0 \leq x_1 \leq 1 \wedge 1 < x_2 \leq 2\},$$
$$\mathcal{S}_2 := \{[x_1, x_2]^T \mid -1 \leq x_1 < 0 \wedge 0 \leq x_2 \leq 1\},$$
$$\mathcal{S}_3 := \{[x_1, x_2]^T \mid -1 \leq x_1 < 0 \wedge 1 < x_2 \leq 2\}$$

TS_{PWL} における命題保存の双模倣を計算し，それによる状態の商集合として図 13.13 の領域分割が得られる．また，商遷移システムの遷移関係を図 13.14 に示す．商遷移システムの各同値類は，上記の四つの領域の細分になっている．離散時間区分的線形システムでは，凸多面体の操作により，これらの領域の計算が可能である [44]．

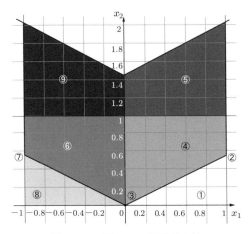

図 13.13　例 13.1 の双模倣分割

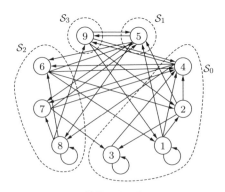

図 13.14　双模倣による商遷移システム

つぎの問題を考える．

13.2 離散抽象化によるハイブリッドシステムの制御

問題 13.4 CTL 式制約を与えられた区分的線形システムの制御問題

遷移システム $TS_{PWL} = (X, \to)$, および, CTL 式 f を与えたとき, f を満たすような各時刻における制御入力 $u(k)$, $k = 0, 1, 2, \ldots$ を求めよ.

この問題の解法として, 双模倣分割による離散抽象化を用いることができる. まず, TS_{PWL} に対する命題保存の有限の双模倣 $\sim_B$ を求める. ただし, 10.2.2項で述べたように, 一般には双模倣を求めるアルゴリズムは停止するとは限らないので, ここでは有限の双模倣が存在したと仮定する. つぎに, 商遷移システム $TS/\sim_B = (X/\sim_B, \to/\sim_B)$ を考えると, 各状態 $q \in X/\sim_B$ は $\sim_B$ が命題保存であることから, $q \subseteq S_i$ となる領域 S_i が存在する. このとき, 各遷移 $(q, q') \in \to/\sim_B$, $q \subseteq S_i$ に対して, つぎの集合 $Tran(q, q') \subseteq X \times \mathcal{U}$ を求める.

$$Tran(q, q') := \{(x, u) \mid x \in q \land u \in \mathcal{U}_i \land A_i x + B_i u \in q'\} \tag{13.12}$$

$Tran(q, q')$ は, q の状態と, その状態を q' に含まれる状態に遷移させる入力の組の集合である. 双模倣として $X/\sim_B$ の同値類がすべてポリトープで表現できるものを用いることにより, $Tran(q, q')$ もポリトープ, すなわち線形不等式の連言の形で求められる.

例 13.2 $TS_{PWL}/\sim_B$ に二つの同値類 $q_1 = \{(x_1, x_2) \in \mathbb{R}^2 \mid 1 \leq x_1 < 2 \land 0 \leq x_2 < 1\}$, $q_2 = \{(x_1, x_2) \in \mathbb{R}^2 \mid 0 \leq x_1 < 1 \land 0 \leq x_2 < 1\}$ が含まれており, q_1 におけるダイナミクスは, 状態方程式

$$x(k+1) = 0.5 \cdot \begin{bmatrix} 1 & 0 \\ 0 & 1 \end{bmatrix} x(k) + \begin{bmatrix} 0 \\ -1 \end{bmatrix} u(k)$$

および入力拘束 $\mathcal{U}_1 = \{u \in \mathbb{R} \mid 0 \leq u \leq 1\}$ により与えられるとする. このとき, $Tran(q_1, q_2)$ は,

$$Tran(q_1, q_2) = \{([x_1, x_2], u) \mid 1 \leq x_1 < 2 \land 0 \leq x_2 < 1 \\ \land 0 \leq u \leq 1 \land 0 \leq 0.5 x_1 < 1 \land 0 \leq 0.5 x_2 - u < 1\}$$

となる. 具体的な状態 $[1.5, 0.5] \in q_2$ を与え, $Tran(q_2, q_1)$ に代入すると, $0 \leq u \leq 0.25$ が得られる. これを満たす任意の入力 u を与えれば, q_1 の状態に遷移する.

初期状態 $x_0 \in X$ を含む同値類 $[x_0]$ において, CTL 式が真か偽かを判定する問題はモデル検査問題である. これに対し, 上記の制御問題ではプラントのふるまいを表す遷移システム TS_{PWL} の状態を観測し, プラントのふるまいが CTL 式 f を満たす

ような制御入力 $u(k), k = 0, 1, 2, \ldots$ を与える制御器を設計する制御問題である.

商遷移システムが求められれば，後の扱いは基本的にはオートマトンで表現された離散事象システムの制御問題と同じであるが，以下の点で異なるので注意が必要である.

- ハイブリッドシステムにおける事象の発生は，ハイブリッドオートマトンではロケーションの遷移に，区分的線形システムでは，各状態 x において真となる原子命題の集合である $\ell(x)$ が変化するような遷移に対応付けできる．しかし，$X/\sim_B$ の同値類がさらに細分化されている場合は，商遷移システム $TS_{PWL}/\sim_B$ 上の遷移は必ずしも事象の発生に対応しない.
- ハイブリッドシステムは時間駆動の連続システムを含むため，時間経過に伴って必ず状態が遷移する．したがって，離散事象システムの制御のように遷移そのものを禁止することはできない.

問題 13.4 の簡単な例として，完全状態観測下の禁止状態回避問題を考える．これは，各離散時刻において状態 $x(k)$ の値が観測可能なときに，与えられた禁止領域 $F \subseteq X$ に入らないような制御入力 $u(k)$ を求める問題である．禁止領域に入らないようにするためには，$x \in F$ のとき $\ell(x) = \{a\}$, $x \notin F$ のとき $\ell(x) = \emptyset$ であるような原子命題 $a \in AP$ を与え，CTL 式 $\mathrm{AG} \neg a$ を満たす制御を行えばよい.

$TS/\sim_B$ の同値類で禁止状態を含むものの集合を Q_F, それ以外の同値類の集合を $Q_{\overline{F}}$ とする．$TS/\sim_B$ において，初期状態 x_0 から Q_F を通らないようなふるまいをさせる制御入力を求めることが目的となる．そのような制御入力が存在するためには，$[x_0]_{\sim_B}$ において，$\mathrm{EG} \neg a$ が真でなければならない.

禁止状態を回避するための各時刻 k の制御入力は，以下の手順で求めることができる.

1. 時刻 k における状態を $x(k)$ とする.
2. $([x(k)]_{\sim_B}, q) \in \to / \sim_B$ かつ $\mathrm{EG} \neg a$ が真であるような同値類 q を選ぶ．$[x_0]_{\sim_B}$ において $\mathrm{EG} \neg a$ が真ならば，このような q は少なくとも一つは存在する.
3. $q \subseteq \mathcal{S}_i$ であるとする．制御入力 $u(k) \in \{u \in \mathcal{U}_i | (x(k), u) \in Tran([x(k)]_{\sim_B}, q)\}$ を任意に選ぶ.

例 13.3 例 13.1 の遷移システムにおいて，禁止状態を領域 $\mathcal{S}_3$ の状態とする．このとき，初期状態 x_0 が領域 5（図 13.14⑤）にあり，禁止状態を経由せずに動作し続ける無限長の状態遷移列として，

$$5 \to 6 \to 4 \to 7 \to 3 \to 3 \to \cdots$$

が存在し，この遷移を行わせる入力値が存在する．ただし，各離散時刻の間において禁止状態を通過しないことは，必ずしも保証されないことに注意が必要である．

演習問題

13.1 可制御性は集合和に関して閉じている．すなわち，二つの言語 K_1, K_2 が可制御ならば，$K_1 \cup K_2$ も可制御であることを証明せよ．

13.2 接頭語について閉じた言語 K について，$sup\, C(K) = K - ((L(G) - K)/\Sigma_{uc}^*)\Sigma^*$ であることを示せ．

13.3 言語 $K \subseteq L_m(G)$ が $L_m(G)$ について閉じているならば，$sup\, C(K)$ も $L_m(G)$ について閉じていることを示せ．

13.4 例 3.1 の生産者／消費者問題において，バッファのオーバーフロー，アンダーフローを起こさない制御を，スーパーバイザ制御の考えを用いて設計せよ．

付録 A

数学用語の解説

A.1 集合，関係，写像

有限個の要素からなる集合を**有限集合** (finite set) といい，そうでないものを**無限集合** (infinite set) とよぶ．集合を定義するためには，いくつかの方法がある．

- 要素の列挙．例：$\{1, 3, 5, 7\}$．この方法は有限集合のみ定義可能であるが，便宜的に $\{1, 3, 5, 7, \ldots\}$ により正の奇数の集合を定義するなどの記法もよく用いられる．
- 条件の記述．例：$\{x \mid x$ は 10 以下の整数 $\}$．
- 帰納的定義．無限集合を定義することができる．たとえば，自然数の集合はつぎのように定義できる．例：(i) $0 \in \mathbb{N}$．(ii) $a \in \mathbb{N}$ ならば $a + 1 \in \mathbb{N}$．(iii) (i), (ii) により作られた要素のみが集合 $\mathbb{N}$ の要素である ((iii) は省略されることもある)．
- 実数の集合 $\mathbb{R}$ は上記の方法で定義することはできず，別の方法が必要になる．

二つの集合 X, Y は，X の要素と Y の要素の間に 1 対 1 対応が存在するとき，**基数**が等しい．すなわち，$|X| = |Y|$ である．空集合の基数は 0 であり，$\{1, 2, \ldots, n\}$ の基数は n とする．自然数の集合 $\mathbb{N}$ の基数を $\aleph_0$（アレフゼロ）で表す．有限集合か，または，基数が $\aleph_0$ であるような集合は**可算** (countable) であるという．可算集合は，要素を順番に列挙していく手続きが存在する集合である．また，可算でない集合は**非可算** (uncountable) であるという．実数の集合 $\mathbb{R}$ は非可算であり，その基数には $\aleph$（アレフ）が割り当てられる．

離散集合 X の**べき集合**とは X の部分集合全体の集合であり，2^X で表す．この記法は，べき集合の要素数が $2^{|X|}$ 個であることに対応している．連続集合 Y のべき集合も同様に定義できるが，本書では同じ記法 2^Y を用いる．空集合および X 自身もべき集合の要素である．たとえば，$X = \{0, 1\}$ のとき，$2^X = \{\emptyset, \{0\}, \{1\}, \{0, 1\}\}$ である．

集合 X の**分割** (partition) とは，X の部分集合の集合 $\{X_1, \ldots, X_n\}$ で，(i) $X_i \cap X_j$

$= \emptyset \ (i \neq j)$（互いに素），かつ，(ii) $\bigcup_{i=1,n} X_i = X$ を満たすものである．

二つの集合 X と Y に対し，その**直積** (direct product) とはそれぞれの要素の組からなる集合 $\{(x,y) \mid x \in X, y \in Y\}$ のことであり，$X \times Y$ で表す．三つ以上の集合に対しても同様に $X_1 \times X_2 \times \cdots \times X_n$ が定義される．

二つの集合 X と Y に対し，それらの直積の部分集合 $R \subseteq X \times Y$ を A と B の間の**関係** (relation) という．また，$R \subseteq X \times X$ を X 上の関係という．関係 $R \subseteq X \times Y$ は，任意の $x \in X$ に対して $(x,y) \in R$ となる $y \in Y$ が存在するとき，**全域的** (total) であるという．$(x,y) \in R$ であることを xRy と表記する．R を X 上の関係，X' を X の部分集合としたとき，任意の $x_i, x_j \in X'$ について $x_i R' x_j \Leftrightarrow x_i R x_j$ であるような X' 上の関係 R' を，R の X' への**制限**とよぶ．

R を集合 X 上の関係とする．このとき，

- 任意の $x \in X$ について xRx ならば，R は**反射的** (reflexive) であるという．
- 任意の $x, y \in X$ について，xRy ならば yRx であるとき，R は**対称的** (symmetric) であるという．
- 任意の $x, y \in X$ について，xRy かつ yRx ならば $x = y$ であるとき，R は**反対称的** (anti-symmetric) であるという．
- 任意の $x, y, z \in X$ について，xRy かつ yRz ならば xRz であるとき，R は**推移的** (transitive) であるという．

X 上の関係 R に対し，その**逆関係** R^{-1} を $R^{-1} = \{(y,x) \mid (x,y) \in R\}$ により定義する．また，以下の (i)〜(iii) により帰納的に定義される関係 R^* を，R の**反射的推移的閉包** (reflexive and transitive closure) という．(i) 任意の $x \in X$ について xR^*x．(ii) xR^*y かつ yRz ならば xR^*z．(iii) (i), (ii) により定められる要素のみが関係 R^* の要素である．R が有限集合の場合，R^* はつぎのように構成的に定義することもできる．$R^0 := \{(x,x) \mid x \in X\}$ とし，$k \geq 0$ について

$$xR^{k+1}x' \Leftrightarrow xR^k x'' \wedge x'' R x'$$

とすると，ある k^* が存在して $R^{k^*+1} = R^{k^*}$ となる．このとき，R^{k^*} が R の反射的推移的閉包になる．

R を集合 X 上の関係とする．R が反射的，対称的，かつ推移的ならば，R を**同値関係** (equivalence relation) とよぶ．R が同値関係であるとき，各 $x \in X$ について，集合

$$[x]_R := \{y \mid xRy, y \in X\}$$

を x に対する**同値類** (equvalence class) という．同値類全体の集合を X/R で表す．すなわち，$X/R = \{[x]_R \mid x \in X\}$ である．

R が反射的，反対称的，かつ推移的であるとき，R を**半順序** (partial order) または単に**順序**とよぶ．さらに，任意の $x, y \in X$ について xRy または yRx が成り立つ（これを x と y が**比較可能**であるという）とき，R は**全順序** (total order) であるという．順序が定義された集合 (X, R) を**順序集合** (ordered set) という．

$(X, \preceq)$ を順序集合とする．このとき，

- $x \preceq y$ であるような $y \in X$ が存在しない $x \in X$ を，X の**極大元** (maximal element) という．
- $y \preceq x$ であるような $y \in X$ が存在しない $x \in X$ を，X の**極小元** (minimal element) という．
- 極大元がただ一つのとき，それを**最大元** (greatest element) という．すなわち，すべての $y \in X$ について $y \preceq x$ であるような要素 $x \in X$ のことである．
- 極小元がただ一つのとき，それを**最小元** (least element) という．すなわち，すべての $y \in X$ について $x \preceq y$ であるような要素 $x \in X$ のことである．
- $Y \subset X$ とするすべての $y \in Y$ に対して $y \preceq x$ であるような $x \in X$ を，Y の**上界** (upper bound) という．Y のすべての上界の集合に最小元が存在するとき，それを**上限** (supremum) または**最小上界** (least upper bound) といい，$\sup Y$ で表す．
- $Y \subset X$ とするすべての $y \in Y$ に対して $x \preceq y$ であるような $x \in X$ を，Y の**下界** (lower bound) という．Y のすべての下界の集合に最大元が存在するとき，それを**下限** (infimum) または**最大下界** (greatest lower bound) といい，$\inf Y$ で表す．

2 項関係 $f \subseteq X \times Y$ について，任意の $x \in X$ について xfy となる $y \in Y$ が高々一つ存在するとき，f を**関数** (function) または**写像** (mapping) とよび，$f : X \to Y$ で表す．X を f の**定義域** (domain)，Y を f の**値域** (range) という．また，xfy を $f(x) = y$ で表す．関数 $f : X \to Y$，および，$X' \subseteq X$ が与えられたとき，任意の $x \in X'$ について $f'(x) = f(x)$ であるような関数 $f' : X' \to Y$ を，f の X' への**制限**とよぶ．すべての $x \in X$ に $f(x) = y$ となる $y \in Y$ が定義されているとき，f を**全域関数** (total function) という．また，そうでないとき f を**部分関数** (partial function) という．

$f : X \to Y$ を写像（関数）とする．定義域の部分集合 $X' \subseteq X$ について，$f(X') = \{f(x) \mid x \in X\}$ とする．このとき，

- $x_1 \neq x_2$ ならば $f(x_1) \neq f(x_2)$ であるような写像 f は，**単射** (injection)，あるいは **1 対 1 写像** (one to one mapping) であるという．
- $f(X) = Y$ であるとき，f を**全射** (surjection) あるいは**上への写像** (onto mapping) という．単射かつ全射であるような写像を**全単射**あるいは**双射** (bijection) という．
- f が単射なとき，$y \in Y$ に対し $f(x) = y$ であるような $x \in X$ は一意に決まる．$y \in Y$ に対し $f(x) = y$ であるような $x \in X$ を対応させる写像を f の**逆写像** (inverse maping) (**逆関数** (inverse function) ともよぶ) といい，f^{-1} で表す．すなわち，$f^{-1}(y) = x$ である．f が単射でない場合，逆写像を集合 $f^{-1}(y) = \{x \in X \mid f(x) = y\}$ により与えることがある．
- 写像 $f : X \to Y$ および $g : Y \to Z$ について，$g \circ f(x) := g(f(x))$ により定義される写像 $g \circ f : X \to Z$ を，f と g の**合成** (composition) という．

A.2 束と不動点

順序集合 $(X, \preceq)$ の任意の二つの要素 $x, y \in X$ について，$\{x, y\}$ の上限（$x \cup y$ で表す）および下限（$x \cap y$ で表す）が存在するとき，この順序集合を**束** (lattice) という．さらに，X の任意の部分集合 $Y \subseteq X$ が上限 $\cup Y$ および下限 $\cap Y$ をもつとき，$(X, \preceq)$ は**完備束** (complete lattice) という．

束を代数構造として定義することもある．$(X, \cup, \cap)$ を集合 X および X 上の 2 項演算 $\cup, \cap$ からなる代数系とする．このとき，X の任意の要素 x, y, z がつぎの三つの公理を満たすとき，$(X, \cup, \cap)$ を束という．

- **交換法則**：$x \cup y = y \cup x, x \cap y = y \cap x$.
- **結合法則**：$(x \cup y) \cup z = x \cup (y \cup z), (x \cap y) \cap z = x \cap (y \cap z)$.
- **吸収法則**：$x \cup (x \cap y) = x, x \cap (x \cup y) = x$.

二つの演算から，半順序関係 $\preceq$ がつぎのように定義される．

$$x \cap y = x \Leftrightarrow x \preceq y$$

あるいは，つぎのようにも定義される．

$$x \cup y = y \Leftrightarrow x \preceq y$$

集合 S のべき集合，および集合の包含関係 $\subseteq$ により与えられる順序集合 $(2^S, \subseteq)$ は，

完備束である.このとき,二つの要素の上限および下限は,それらの和集合および積集合として与えられる.また,$\cup 2^S = S$, $\cap 2^S = \emptyset$ である.

完備束 $(X, \preceq)$ と関数 $f: X \to X$ を与えたとき,

- $x \in X$ は,$f(x) = x$ のとき f の**不動点** (fixed point) という.
- f は,$\forall x, y \in X : x \preceq y \Rightarrow f(x) \preceq f(y)$ であるとき**単調** (monotonic) であるという.
- f は,X の部分集合の任意の増加列 $Y_1 \preceq Y_2 \preceq \cdots$ に対して $f(\bigcup_i Y_i) = \bigcup_i f(Y_i)$ であるとき,∪-**連続**であるという.
- f は,X の部分集合の任意の減少列 $Y_1 \succeq Y_2 \succeq \cdots$ に対して $f(\bigcap_i Y_i) = \bigcap_i f(Y_i)$ であるとき,∩-**連続**であるという.

以下はタルスキーによる定理である [85].

定理 A.1

$(X, \preceq)$ を完備束,$f: X \to X$ を単調関数とする.また,Y を f の不動点の集合とする.このとき,以下を満たす.

1. 最大不動点 $\cup Y \in Y$ が存在し,$\cup Y = \cup \{x \in X \mid x \preceq f(x)\}$.
2. 最小不動点 $\cap Y \in Y$ が存在し,$\cap Y = \cap \{x \in X \mid f(x) \preceq x\}$.

$f^0(x) := x$, $f^{i+1}(x) := f(f^i(x))$ $(i = 0, 1, \dots)$ とする.f が ∪-連続,または,∩-連続の場合には,つぎの定理に示すように,最大不動点および最小不動点を計算する手続きが得られる.

定理 A.2

$(X, \preceq)$ を完備束,$f: X \to X$ を関数とする.また,Y を f の不動点の集合とする.このとき,以下を満たす.

1. もし f が ∪-連続ならば $\cup Y \in Y$ が存在し,$\cup Y = \bigcup_{i \geq 0} f^i(\cup X)$.
2. もし f が ∩-連続ならば $\cap Y \in Y$ が存在し,$\cap Y = \bigcap_{i \geq 0} f^i(\cap X)$.

有限集合 S のべき集合により与えられる完備束 $(2^S, \subseteq)$ において,関数 $f: 2^S \to 2^S$ が単調ならば,f は ∪-連続かつ ∩-連続になる.さらに,$f^i(\emptyset) \subseteq f^{i+1}(\emptyset)$ および $f^i(S) \supseteq f^{i+1}(S)$ が成り立つ.このことから,完備束 $(2^S, \subseteq)$ の最大不動点,最小不動点はつぎの手続きで求められる.$f^i(\emptyset)$ を $i = 0$ から順に計算していくと,$f^{j+1}(\emptyset) = f^j(\emptyset)$ となる j が有限回の反復で現れる.このとき,最大不動点は $\cup Y = f^j(\emptyset)$ である.同

様に，$f^i(S)$ を $i = 0, 1, 2, \ldots$ と順に計算していくと，$f^{j+1}(S) = f^j(S)$ となる j が現れる．このとき，最小不動点は $\cap Y = f^j(S)$ である．

A.3 ブール代数とブール関数

X を，単位元 1 と零元 0 を含み，二つの 2 項演算 $\vee, \wedge$ と，一つの単項演算 $\bar{\cdot}$ が定義された集合とする．このとき，以下の四つの公理を満たす代数系 $(X, \vee, \wedge, \bar{\cdot})$ を，**ブール代数** (Boolean algebra) という．

- 交換法則：$x \vee y = y \vee x$, $x \wedge y = y \wedge x$.
- 分配法則：$x \vee (y \wedge z) = (x \vee y) \wedge (x \vee z)$, $x \wedge (y \vee z) = (x \wedge y) \vee (x \wedge z)$.
- 同一法則：$x \vee 0 = x$, $x \wedge 1 = x$.
- 補元法則：$x \vee \overline{x} = 1$, $x \wedge \overline{x} = 0$.

S を有限集合としたとき，そのべき集合上に定義される代数系 $(2^S, \cup, \cap, \cdot^c)$ はブール代数になる．ここで，$\cup$ は集合和，$\cap$ は集合積，$\cdot^c$ は補集合である．また，単位元は S，零元は $\emptyset$ である．

集合として 2 値の $\mathbb{B} = \{0, 1\}$ をもつブール代数 $(\mathbb{B}, \vee, \wedge, \bar{\cdot})$ を考える．0 または 1 いずれかの値をとる変数 $x_1, x_2, \ldots, x_k$ が演算 $\vee, \wedge, \bar{\cdot}$ で結合した式を**ブール式** (Boolean expression) という．n 個の変数からなるブール式は，一つの関数 $f : \mathbb{B}^n \to \mathbb{B}$ を表す．このような関数を**ブール関数** (Boolean function) とよぶ．引数の値は 2^n 個であり，入力値それぞれに対し 0 または 1 のいずれかの値を割り当てられるので，n 変数のブール関数の総数は 2^{2^n} 個である．$\vee$ は論理和，$\wedge$ は論理積，$\bar{\cdot}$ は否定とよばれる．

ブール関数は，各変数の値と対応する関数値 $f(x_1, \ldots, x_k)$ を表形式で表した**真理値表** (truth table) で一意的に定義できるが，ブール関数とブール式の対応は一意的ではない．すなわち，同じブール関数を表現する複数のブール式が存在する．ブール関数の一意的な表現を与えるものとして，**連言標準形** (conjunctive normal form) および**選言標準形** (disjunctive normal form) がある．各変数 x_i について，x_i または $\overline{x_i}$ を X_i で表したとき，それらの論理和 $X_1 \vee X_2 \vee \cdots \vee X_k$ の論理積の形で表現されるのが連言標準形であり，それらの論理積 $X_1 \wedge X_2 \wedge \cdots \wedge X_k$ の論理和の形で表現されるのが選言標準形である．

A.4 グラフ

グラフとは数学的構造の一つである．**グラフ** G とは**頂点** (vertex) の集合 V と**辺** (edge) の集合 E からなり，$G = (V, E)$ で表す．

すべての辺が向きをもつグラフを**有向グラフ** (directed graph)，すべての辺が向きをもたないグラフを**無向グラフ** (undirected graph) といい，それぞれ図 A.1 のように描く．

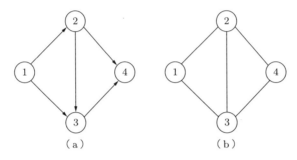

図 A.1 (a) 有向グラフと (b) 無向グラフ

辺は頂点の対で表される．(v_i, v_j) と (v_j, v_i) を区別するとき順序対とよび，区別しないとき非順序対とよぶ．有向グラフの辺 (v_i, v_j) は順序対であり，頂点 i から頂点 j へ向う辺を意味し，頂点 i を辺 (i, j) の**始点** (initial vertex)，頂点 j を**終点** (terminal vertex) という．無向グラフの辺 (v_i, v_j) は非順序対であり，頂点 i と頂点 j を結ぶ辺を意味する．このとき，頂点 i, j は辺 (i, j) の**端点** (end vertex) という．有向グラフの始点，終点もやはり端点とよばれる．

有向グラフのある頂点から辺の向きに沿って（無向グラフの場合は単に辺に沿って）たどる道筋を**歩道** (walk)，あるいは**経路**という．また，通る辺がすべて異なるような歩道を**道** (path) という†．多重辺（同じ始点および終点をもつ複数の辺）がなければ，歩道は頂点の列で一意に指定できる．歩道 $(v_1, v_2, \ldots, v_n)$ において，v_1 を始点，v_n を終点という．始点と終点が一致する道を**閉路** (cycle) という．頂点 v_i を始点とし頂点 v_j を終点とする道が存在するとき，v_j は v_i から**到達可能** (reachable)，あるいは，**可到達**であるという．

無向グラフが閉路を含まなければ，**森** (forest) とよばれる．連結（任意の 2 頂点に

---

† 道を，通る頂点がすべて異なる歩道として定義する場合もある．その場合，通る辺がすべて異なる辺を小道 (trail) とよぶ．

ついて，それらを結ぶ道が存在する）な森は，**木** (tree) とよばれる．有向グラフが (i) 辺の向きを無視したときに木であり，(ii) 一つの頂点を除いてちょうど 1 本の入ってくる辺をもつとき，**有向木** (directed tree) という．このとき，入力している辺をもたない頂点を**根** (root) という．また，出ていく辺をもたない頂点を**葉** (leaf) という．

グラフ $G = (V, E)$ に対し，$V' \subseteq V$ および $E' \subseteq E$ により定義されるグラフ $G' = (V', E')$ を G の**部分グラフ** (subgraph) という．頂点の部分集合 $V' \subseteq V$ を与えたとき，頂点集合 V'，辺集合 $E' := \{(v_i, v_j) \in E \mid v_i, v_j \in V'\}$ をもつグラフ $G' = (V', E')$ を V' により誘導される部分グラフという．同様に，辺の部分集合により誘導される部分グラフも定義される．

無向グラフ G において，任意の二つの頂点の対 v_i, v_j に対しそれらを結ぶ道が存在するとき，G は**連結** (connected) であるという．グラフ G の連結な部分グラフを**連結成分** (connected component) とよぶ．

有向グラフ G において，任意の二つの頂点の対 v_i, v_j に対し，v_i を始点，v_j を終点とする道，および v_j を始点，v_i を終点とする道の両方が存在するとき，G は**強連結** (strongly connected) という．グラフ G の強連結な部分グラフを**強連結成分** (strongly connected component) とよぶ．自身を始点とする辺をもたない頂点は，自明な強連結成分とよばれる．

A.5 確率・確率過程

着目している現象（たとえばコイントスで表が出るか裏が出るかなど）の，起こりうる結果全体の集合を**標本空間**という．標本空間の部分集合からなる族 $\mathbb{E}$ で以下の条件[†1]を満たすものを**事象空間**，$\mathbb{E}$ の要素を**事象**という．

- もし $E \in \mathbb{E}$ ならば，その補集合 E^c も $\mathbb{E}$ の要素である．
- $\mathbb{E}$ は可算和について閉じている，すなわち，$E_1, E_2, \ldots$ が事象ならば，それらの和集合 $\bigcup_i E_i$ も $\mathbb{E}$ の要素である．

標本空間 Ω の各要素に実数値を割り当てる関数 $X : \Omega \to \mathbb{R}$ が以下の条件[†2]を満たすとき，**確率変数**とよぶ．

- 任意の実数 a に対し，$\{\omega \mid X(\omega) \leq a\}$ が $\mathbb{E}$ に属する．

[†1] 測度論における完全加法族の条件である．
[†2] 測度論における $\mathbb{E}$ 可測．

事象空間上に定義された関数 $Pr : \mathbb{E} \to \mathbb{R}$ が以下の 3 条件を満たすとき，Pr を $\mathbb{E}$ 上の**確率測度**という．

- 任意の $E \in \mathbb{E}$ に対し $Pr(E) \geq 0$．
- $E_i\ (i = 1, 2, \ldots)$ が互いに素ならば，$Pr(\bigcup_i E_i) = \sum_i Pr(E_i)$．
- $Pr(\Omega) = 1$．

3 項組 $(\Omega, \mathbb{E}, Pr)$ を確率空間という．事象 E に対し，$Pr(E)$ を，事象 E が発生する確率という．

任意の実数 x について

$$F(x) = Pr(\{\omega \mid X(\omega) \leq x\})$$

とする．この式を $F(x) = Pr[X \leq x]$ と表す．この関数 F を確率変数 X の**累積分布関数** (cumulative distribution function) といい，cdf と略す．

確率変数 X が連続値をとり，F が微分可能であるとき，

$$f(x) = \frac{dF(x)}{dx}$$

を X の**確率密度関数** (probability dencity function) といい，pdf と略す．この定義より，

$$F(x) = \int_{-\infty}^{x} f(\tau) f\tau$$

が成り立つ．確率変数 X が離散値をとる場合は，

$$f(x) = Pr[X = x]$$

を X の**確率質量関数** (probability mass function) といい，pmf と略す．

二つの事象 A, B に対し，事象 B が起こる条件のもとで事象 A が起こる確率を $Pr[A \mid B]$ と表記する．これを**条件付き確率** (conditional probability) といい，

$$Pr[A \mid B] = \frac{Pr[A \cap B]}{Pr[B]}$$

により定義される．事象 A, B が独立 ($Pr[A \cap B] = Pr[A] \cdot Pr[B]$) ならば，$Pr[A|B] = Pr[A]$ が成り立つ．

確率過程 (stochastic process) とは，時間とともに値が変化する確率変数 $\{X(t) \in S, t \in T\}$ の族のことである．確率過程は，変数の値域 S が連続集合であるか，離散集合であるか，時間の集合 T が連続集合であるか，離散集合であるかにより分類される．また，S を状態空間とよぶ．

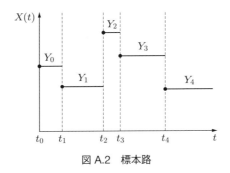

図 A.2　標本路

　図 A.2 は，S が離散集合，T が連続集合，すなわち連続時間の場合の確率変数 $X(t)$ の変化の一例を表したもので，**標本路** (sample path) とよばれる．確率過程は，このような標本路の集まりである．

A.6　アルゴリズムと計算量

　問題を解くための手順を書き表したものを**アルゴリズム** (algorithm) という．アルゴリズムを考案したら，その正当性（常に正しく最適値が求められるか）とともに，どのくらいの計算の手間がかかるか（計算量／計算の複雑さ）を評価することは重要である．

　アルゴリズムを計算機に実装し，具体的な問題を与えたときにかかる計算時間，あるいは必要なメモリは，（ソフトウェア／ハードウェアを含めた）計算機の種類および与えた問題に依存する．すなわち，2 倍速い計算機を使えば 1/2 の計算時間ですむし，小さいサイズの問題ならば少ない計算時間ですむことになる．このような要因と独立にアルゴリズムの性能を評価する場合，以下のような考えに基づくのが一般的である．

- 計算量の定数倍は無視する．
- 計算量は問題の大きさを表すパラメータの関数として評価する．具体的な値ではなく，関数形を問題にする．これは，問題が大きくなったときに計算量がどのように変化していくかの漸近的傾向を見ることに対応する．
- 同じ大きさの問題でも計算量が異なることも考えられるので，最悪の場合，すなわち，同じ大きさの問題でもっとも計算量の大きい場合で評価する．

　以上のような考えに基づいてアルゴリズムの計算量を記述する方法として，O-記法がある．問題のサイズがパラメータ n で表されるときのアルゴリズムの計算量が

$O(f(n))$ であるとは，アルゴリズムが最悪でも関数 $f(n)$ に比例する時間で停止し，解を出力することを意味する（$O(n)$ なら n に比例する時間，$O(e^n)$ ならば e^n に比例する時間であることを意味する）．また，$f(n)$ においては係数は無視し，もっとも高次の項だけを考慮する．たとえば，$10n^3 + 8n^2 - 5n + 8$ や $100n^3 + 1000n^2$ などはすべて $O(n^3)$ である．これは，n が大きくなると，もっとも高次の項のみが支配的になるからである．

あるアルゴリズムの計算量が $O(f(n))$ で与えられるとき，$f(n)$ が n^2 や n のように n のべき乗で表現できるならば（$n \log n$ のように $\log n$ を含んでいてもよい），そのアルゴリズムは**多項式時間アルゴリズム**であるという．これに対し，$f(n)$ が 3^n や $n!$ のように n の指数関数で表されるとき，そのアルゴリズムは**指数時間アルゴリズム**であるという．指数時間アルゴリズムは，問題の大きさが増加すると計算時間が急激に増加し，現実的な時間では解けなくなってしまう．あるアルゴリズムが多項式時間アルゴリズムであるかどうかは，そのアルゴリズムが実用的かどうかを判断する一つの指標になる．

付録 B　演習問題の解答例

各章末にある演習問題の一部について，解答例を示す．

第1章

1.1(1)
$$Q(k+1) = \begin{cases} 1 & \text{if } S(k)=1 \wedge R(k)=0 \\ 0 & \text{if } S(k)=0 \wedge R(k)=1 \\ Q(k) & \text{if } S(k)=0 \wedge R(k)=0 \\ \text{不使用} & \text{if } S(k)=R(k)=1 \end{cases}$$

$$y(k) = \begin{bmatrix} Q(k) \\ \overline{Q}(k) \end{bmatrix}$$

1.2(1)　何を状態にするか，何を事象として認識するかはモデル化の粒度に依存する．自動ドアを，センサおよびドア開閉のアクチュエータからなるシステムとして考えると，自動ドアのふるまいはつぎのように書ける．

- 人が来ないときはドアは閉まっている．人がいるかどうかは，センサに反応があるかで判断する．
- 人が来たらドアを開ける．人が通過したらドアを閉める．
- ドアが閉まっている途中に人が来たら，ドアを再び開ける．

センサ（反応なし・反応あり），ドア（閉，閉から開，開，開から閉）を状態とし，センサが「反応なし」から「反応あり」に変化することを事象とすれば，上記のふるまいを事象発生による状態の遷移として表現できる．

第2章

2.1　駐車可能台数が3台の場合を示す．図 B.1 に示した二つの決定性オートマトンの合成 $DA_{in} \parallel DA_{park}$ によりモデル化できる．ただし，出口ゲートの開閉の部分は省略してある．オートマトン DA_{in} において，各状態はつぎの状況に対応している：N（車がいない），W（車がゲート前で待機），R（ゲート開），G（車は駐車場内）．また，オートマトン DA_{park} の各状態は，駐車場内の車の台数を表している．

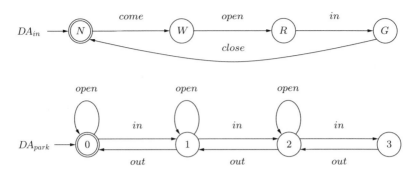

図 B.1　コイン駐車場のオートマトンによるモデル化

2.2　未定義に対応する，最終状態ではない状態 UD (undefined) を追加し，未定義の遷移の遷移先をすべて UD にする．さらに，UD においてすべての事象が遷移可能であり，その遷移先を UD 自身にする．

2.3 (1)　このような状態はデッドである．このような状態が最終状態であれば，動作の完了後に停止した状況に対応する．また，最終状態でなければ，何らかの要因によりシステムが反応しなくなった状況に対応する．オートマトンの合成において，個々のオートマトンはデッドな状態を含まなくても，合成した結果，デッドな状態が出現することがある．

(2)　継続的に動作するが，現在のタスクを完了させることができないライブロックの状況である．

2.4　停止しないシステムでは，長さが無限の事象列が発生可能である．その過程で訪れる状態列を考えると，状態数は有限なので，ある状態を 2 回以上訪れる部分列が存在する．この間の遷移列は，グラフとしての閉路を構成する．

2.5　図 B.2 に DP_2 を示す．二つの状態でデッドロックが発生する．

2.6　任意の $s \in \Sigma_1 \cap \Sigma_2$ について，$\delta((x_{01}, x_{02}), s)! \Leftrightarrow \delta(x_{01}, s)! \wedge \delta(x_{02}, s)!$，かつ，$\delta((x_{01}, x_{02}), s) = (\delta(x_{01}, s), \delta(x_{02}, s))$ であることを，s の長さに関する帰納法で証明すればよい．

2.7　まず言語の射影演算を定義する．Σ' をアルファベット Σ の部分集合とする．Σ 上の語 s について，s から Σ' に含まれない記号を消去する操作を表す関数 $P_{\Sigma'} : \Sigma^* \to \Sigma'^*$ を Σ' への射影演算という．これを用いると，以下の関係が得られる．

$$L(DA_1 \times DA_2) = P_{\Sigma_1 \cap \Sigma_2}(L(DA_1 \parallel DA_2)),$$
$$P_{\Sigma_i}(L(DA_1 \parallel DA_2)) \subseteq L(DA_i) \ (i = 1, 2).$$

2.8　たとえば，二つの正則表現 aa^* と a^*a は，同じ言語 $\{a, aa, aaa, \dots\}$ を表す．

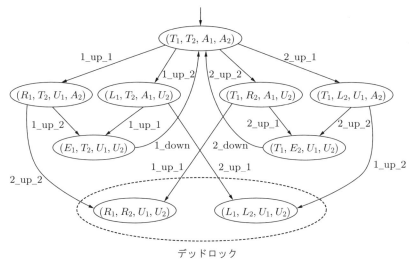

図 B.2 DP_2 のデッドロック

第3章

3.1 テストアークを用いて,図 B.3 のようにモデル化できる.ここで,n は駐車スペースの数である.

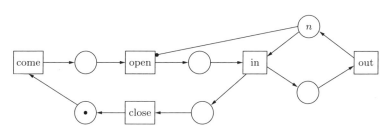

図 B.3 コイン駐車場の P/T ネットによるモデル化

3.2 図 B.4 に示す.抑止アークに接続されたプレース p_3 に入るトークン数の上限は 3 である.プレース p_i に入りうるトークン数の上限 k が存在し,事前にそれがわかっている場合は,それと対になるプレース p_i^c を用意し,$m(p_i) + m(p_i^c) = k$ となるようにアークを追加する.これにより,$m(p_i) = 0 \Leftrightarrow m(p_i^c) = k$ であるので,p_i が空であることがテストアークにより判定できる.このようなプレース p_i^c を,p_i の補プレースとよぶ.

3.3 図 B.5 に示す.

3.4 トランジションの発火によりトークン数が増えなければ,P/T ネットは有界である.このための条件としては,たとえば,すべてのトランジション t について,$\sum_p A(p, t) \geq$

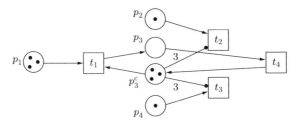

図 B.4 抑止アークをもたない等価な P/T ネット

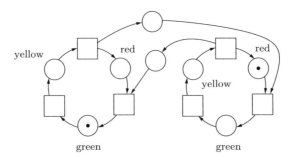

図 B.5 交差点の信号機の P/T ネットによるモデル化

$\sum_p A(t,p)$ が成り立つことが挙げられる.

3.5 生産者・消費者のオートマトンを複製し, 事象名をオートマトン固有のものに変更する (たとえば, 1.produce, 1.deliver, 2.produce, 2.deliver のように先頭に記号を追加して区別する). 容量 2 のバッファは 1.deliver, 2.deliver によりバッファに生産物を置き, 1.remove, 2.remove, 3.remove によりバッファから生産物を取り出す. ただし, このモデル化では, 個々の生産者, 消費者の事象を区別することになる.

3.6 存在するとは限らない. 具体例を考えてみよ.

第4章

4.1 $P\backslash C$ または $Q\backslash C$ が非決定的に選択される.
4.2 無限列を隠蔽することになる. このような状況を発散 (divergence) とよぶ. 詳細は [3] を参照されたい.
4.3 図 2.11 のオートマトンモデルをプロセス代数表現する. 図 2.11 の関数 $n(i)$, $b(i)$ を用いると, つぎのようにモデル化できる. PT_i 中に PE_i が現れ, また, PE_i の中に PT_i が現れる. このような表現を相互再帰とよぶ.

$$DP = PT_1 \parallel \cdots \parallel PT_n \parallel FA_1 \parallel \cdots \parallel FA_n$$
$$PT_i = (i\_up\_i \to i\_up\_n(i) \to PE_i \mid i\_up\_n(i) \to i\_up\_i \to PE_i)$$

$$PE_i = i\_down \to PT_i$$
$$FA_i = (i\_up\_i \to FU_i \mid b(i)\_up\_i \to FU_i)$$
$$FU_i = (i\_down \to FA_i \mid b(i)\_down \to FA_i)$$

4.4 つぎのようにモデル化できる.
$$CROSS = ((1{:}SIG_R \parallel 2{:}SIG_G)$$
$$/\{1.switch_1/2.switch_2, 1.switch_2/2.switch_1\})$$
$$\backslash\{1.switch_1, 1.switch_2\}$$
$$SIG_R = switch_1 \to to\_green \to SIG_G$$
$$SIG_G = to\_yellow \to to\_red \to switch_2 \to SIG_R$$

4.5 たとえば,インターリービングを用いて,$BUFF\!\mid\!\mid\!\mid BUFF$ と表現できる.

第5章

5.1
- EF E_1:真.
- AGEF E_1:偽.
- AG($E_1 \to$ AF T_1):真.
- AG $\neg(E_1 \land E_2)$:真.
- EGF E_1:真.

5.2 AX f, EX f, AF f, EF f, AG f, EG f, A[f U g], E[f U g].

5.3 AGEF f は LTL の式ではない CTL の式である.また,A(FG f) は CTL の式ではない LTL の式である.

5.4 たとえば,A(FG f) $\lor$ AGEF f.

5.5 図 B.6 のクリプケ構造の初期状態において AFG a, AFAG a の真偽は異なる(どちらが真か?).

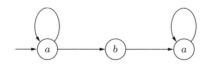

図 B.6 演習問題 5.5, 5.6

5.6 図 B.6 のクリプケ構造の初期状態.

5.7 クリプケ構造上で最後に点検が行われてから障害が 1 回発生した状態と,障害が 2 回発生した状態が区別されているならば,CTL で表現できる.

第6章

6.1 $L(LTS_1, x) = L(LTS_2, y)$ とする. 2 項関係 $\sim$ を，(i)$x \sim y$，(ii) 空列を含む任意の事象列 s について，$x \xrightarrow{s} x'$ かつ $y \xrightarrow{s} y'$ ならば $x' \sim y'$，により定義すると，$\sim$ は双模倣になる.

6.2 同じ言語を生成する決定性オートマトンは，一意には決まらない.

6.3 式 (6.7) の領域分割から始める．まず

$$Pre(\mathcal{R}_1) = \{[x_1, x_2] \mid x_1^2 + x_2^2 \leq 1\}$$

により，$\mathcal{R}_3$ は

$$\mathcal{R}_{30} = \{[x_1, x_2] \mid x_1^2 + x_2^2 \leq 1\}\backslash(\mathcal{R}_1 \cup \mathcal{R}_2),$$
$$\mathcal{R}_{31} = \{[x_1, x_2] \mid x_1^2 + x_2^2 > 1\}$$

に分割される．つぎに

$$Pre(\mathcal{R}_2) = \{[x_1, x_2] \mid x_1^2 + x_2^2 \leq 1\}\backslash\{[0, 0]\}$$

により，$\mathcal{R}_1$ は

$$\mathcal{R}_{10} := \{[0, 0]\},$$
$$\mathcal{R}_{11} := \{[x_1, x_2] \mid 0 < x_1 \leq 1 \wedge x_2 = 0\}$$

に分割される.

6.4 図 B.7 に，それぞれの場合のラベル付き遷移システムを示す．直列結合の各状態は，0：バッファ空，1：バッファ容量 1 使用，2：バッファフルを表す．並列結合の状態は，0：バッファ空，1：バッファ 1 フル，2：バッファ 2 フル，3：両方のバッファフル，を表す．二つのラベル付き遷移システムは言語等価であり，かつ，双模倣が存在する.

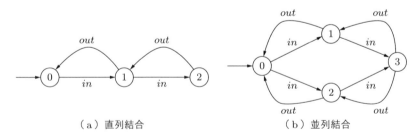

（a）直列結合　　　　（b）並列結合

図 B.7　バッファの直列・並列結合

第7章

7.1 つぎの二つのシステムを考えよ.
- $[0, 1]$ の時間区間内に必ず発生するイベントがある.

- 独立な二つのイベント a, b があり，a は $[0, 1]$ の時間区間内で，b は任意の時点で発生することができる（ただし，発生しなくてもよい）．
7.3 m 個の状態の列 $i_1, i_2, \ldots, i_m$ を一つの状態とする確率過程を考えればよい．
7.4 q_{ij} は図に示されているとおり．q_{ii} については $\sum_j q_{ij} = 0$ の関係を用いる．
7.5 待ち行列におけるサーバ数が同時発火数の上限に対応する．無限サーバでは，同時発火数は発生能度のみに依存し，そのトランジションの処理待ちによる待ち行列は発生しない．サーバの処理能力に十分余裕がある状況では，同時実行の上限が存在しない，すなわち，無限サーバとして扱ったほうが，解析が容易になる．
7.6 無限サーバトランジション t_j に，$^\bullet p_i = p_i^\bullet = \{t_j\}$, $A(p_i, t_j) = A(t_j, p_i) = 1$, $m_0(p_i) = 1$ となるプレース p_i を追加する．これにより，t_j の同時発火数は最大 1 になる．

第8章

8.1 そのロケーションに遷移したときの変数 x の値を x_0 とすると，関数 $f(t) = x_0 + kt$ ($t \geq 0$) に対応している．
8.2 関数 $f(t) = x_0 e^{-kt}$ に対応している．
8.3 ヒーターは，スイッチをオフにしても，発生する熱量は瞬時に 0 になるわけではない．また，スイッチをオンにしても，瞬時に最大熱量を発生させることはできない．したがって，温度は下限 L と上限 U の範囲を超えることがある．
8.5 図 B.8．

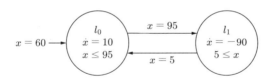

図 B.8 「ししおどし」のハイブリッドオートマトン表現

第9章

9.1 図 B.9 の P/T ネットにおいて，つぎのような発火系列が初期マーキングから発火可能

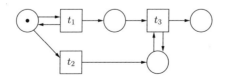

図 B.9 レベル 2 活性であるが，レベル 3 活性でないトランジションの例

である.

$$\underbrace{t_1 \cdots t_1}_{k} t_2 \underbrace{t_3 \cdots t_3}_{k}$$

k は 0 を含む任意の自然数である．したがって，t_3 はレベル 2 活性である．t_3 の最大発火回数はその前の t_2 の発火回数によって決定され，それは有限なので，レベル 3 活性ではない．

9.2 P/T ネット $PN = (P, T, A, m_0)$，および，プレースの部分集合 $P' \subseteq P$ に対する部分マーキング m_F を与える．部分マーキング可到達問題は，初期マーキング m_0 から $m(p) = m_F(p)$ $(p \in P')$ であるようなマーキング m に到達可能かどうかを判定する問題である．PN の各プレース $p \in P \backslash P'$ に，$^\bullet t_p = \{p\}$, $t_p^\bullet = \emptyset$, $A(p, t_p) = 1$ であるようなトランジション t_p を追加した P/T ネットを PN' とする．PN' において，m_0 から $m'(p) = m_F(p)$ $(p \in P')$, $m'(p) = 0$ $(p \in P - \backslash P')$ であるようなマーキング m' に到達可能なとき，かつそのときに限り，PN において m_0 から部分マーキング m_F に到達可能である．

9.3 式 (9.6) の不等式は，min の値により四つに場合分けできる．四つの場合すべてにおいて，t_2 の発火後に，プレース p に t_1 の発火に必要なトークンを供給する ($A(t_2, p) \geq A(p, t_1)$)，または，t_2 の発火はプレース p のトークン数を減らさない ($A(t_2, p) \geq A(p, t_2)$) ことを確認すれば，t_2 の発火により t_1 が発火不能にならないことを示せる．

9.4 $|s|$ に関する帰納法で証明する．$|s| = 1$ の場合は無競合性そのものである．$|s| < k$ の場合に成り立つと仮定し，$|s| = k$ の場合を考える．$s = t_j s'$ $(t_i \neq t_j)$ とする．無競合性より，$m \xrightarrow{t_i t_j} m_1$ かつ $m \xrightarrow{t_j t_i} m_1$ である．$m \xrightarrow{t_j} m_2$ とすると，$m_2 \xrightarrow{t_i}$ かつ $m_2 \xrightarrow{s'}$ であり，帰納法の仮定より $m_2 \xrightarrow{t_i s'}$ が成り立つ．これより $m_1 \xrightarrow{s'}$，すなわち，$m \xrightarrow{t_i t_j s'}$ が得られる．

9.5 プレース内のトークン数は無限に増えるが，増え方が異なる場合などが該当する．図 B.10 に例を示す．

図 B.10　同じ被覆木をもつが，異なる可到達集合をもつ P/T ネット

9.6 $m(p) < A(p, t)$ は，プレース p のトークン数がトランジション t の発火には不足していることを表す．$A(t', p) > A(p, t')$ は，トランジション t' の発火によりプレース p のトークン数が増えることを表す．$A(p, t') < A(p, t)$ は，t が発火不能なマーキングにおいて t' は発火する可能性があることを表す．このような t' の少なくとも一つは，t が発火可能になる前に必ず発火しなくてはならない．

第10章

10.1 証明は [20] に示されているが，証明の概略を説明する．二つの状態 (l, v), (l', v') について $(l, v) \simeq (l', v')$ となるのは，つぎの3条件を満たす場合である．
- $l = l'$．
- v と v' において，各クロック変数の整数部分は等しい．
- v と v' において，クロック変数間の小数部分の順序関係が一致する．

クロック値の整数部分はクロック制約が満たされるかどうかを決定する．また，小数部分の順序は，どのクロック変数の整数部分が最初に変化するかを決定する．これは，すべてのクロック変数が同じ速度で変化するためである．これらの理由から，双模倣性が得られる．

10.2 DBM はつぎのようになる．

$$M(D) = \begin{pmatrix} (0, \leq) & (-5, \leq) & (0, \leq) \\ (20, \leq) & (0, \leq) & (-10, \leq) \\ (30, <) & \infty & (0, \leq) \end{pmatrix}$$

また，これをグラフ表現すると，図 B.11 になる．頂点 0 から頂点 x_2 への制約は $x_2 < 30$ であるが，より厳しい制約 $x_2 \leq 10$ が存在する．これは，頂点 0 から頂点 x_2 への最短道が $0 \to x_1 \to x_2$ で，長さ 10 であることから導くことができる．

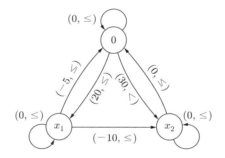

図 B.11　DBM のグラフ表現

10.3 $(l_1, x + 2y \leq 49 \wedge x \geq 30 \wedge 0 \leq y \leq 2)$．

第11章

11.1 時刻 0 における状態集合上の確率分布は $\pi(0) = [1, 0, 0]$ である．式 (7.20) の行列 P を用いると，n ステップ目の確率分布は $\pi(0)P^n$ である．$n \to \infty$ とすると，状態の確率分布は $[0, 0, 1]$ に収束する．

11.2 図 11.2(a) の遷移確率行列は，

$$P_a = \begin{bmatrix} 0 & 1 & 0 \\ 0 & 0 & 1 \\ 1 & 0 & 0 \end{bmatrix}$$

である．計算すると，

$$P_a^2 = \begin{bmatrix} 0 & 0 & 1 \\ 1 & 0 & 0 \\ 0 & 1 & 0 \end{bmatrix}, \quad P_a^3 = \begin{bmatrix} 1 & 0 & 0 \\ 0 & 1 & 0 \\ 0 & 0 & 1 \end{bmatrix}$$

となる．$p_{jj} = p_{jj}^{(2)} = 0\ (j = 0, 1, 2),\ p_{jj}^{(3)} = 1\ (j = 0, 1, 2)$ であり，さらに P_a^3 は単位行列になることから，$6, 9, 12, \ldots$ ステップでも同じ遷移確率になる．したがって，$\gamma = 3$ で周期的であることがわかる．

図 (b) の遷移確率行列は式 (11.4) である．すべての $n \geq 2$ に対して $p_{jj}^{(n)} > 0$ であるので，非周期的である．

11.3 待ち行列の長さを X とすると，その期待値は以下の式で求められる．

$$E[X] = \sum_{n=0}^{\infty} n\pi_n = (1-\rho) \sum_{n=0}^{\infty} n\rho^n$$

無限等比数列の和の公式から

$$\sum_{n=0}^{\infty} \rho^n = \rho^0 + \sum_{n=1}^{\infty} \rho^n = 1 + \frac{\rho}{1-\rho} = \frac{1}{1-\rho}$$

であり，ρ による微分を考えると，

$$\frac{d}{d\rho}\left(\sum_{n=0}^{\infty} \rho^n\right) = \sum_{n=0}^{\infty} n\rho^{n-1} = \frac{1}{\rho} \sum_{n=0}^{\infty} n\rho^n$$

および

$$\frac{d}{d\rho}\left(\sum_{n=0}^{\infty} \rho^n\right) = \frac{d}{d\rho}\left(\frac{1}{1-\rho}\right) = \frac{1}{(1-\rho)^2}$$

となる．したがって，

$$\frac{1}{\rho} \sum_{n=0}^{\infty} n\rho^n = \frac{1}{(1-\rho)^2}$$

が得られ，

$$E[X] = \sum_{n=0}^{\infty} n\rho^n = \frac{\rho}{1-\rho}$$

が導ける．

11.4 $f_1^{(1)} = 0, f_1^{(2)} = 0.5^2, \ldots, f_1^{(n)} = 0.5^n, \ldots$ である．したがって，

$$\sum_{n=1}^{\infty} f_1^{(n)} = \left(\sum_{n=1}^{\infty} 0.5^n\right) - 0.5 = \frac{0.5}{1-0.5} - 0.5 = 0.5$$

第12章

12.2 たとえば，セレクタ操作のみを繰り返す $\{ON \wedge P \wedge B, ON \wedge \neg P \wedge B\}$ は，公平でない強連結成分である．

12.3 指定した条件を満たす状態へ到達しないという仕様を与える．その性質に対する反例を求めれば，その状態へ遷移する遷移列が得られる．

第13章

13.1

$$pref(K_1 \cup K_2)\Sigma_{uc} \cap L(G)$$
$$= (pref\,K_1 \cup pref(K_2))\Sigma_{uc} \cap L(G)$$
$$= (pref(K_1)\Sigma_{uc} \cap L(G)) \cup (pref(K_2)\Sigma_{uc} \cap L(G))$$
$$\subseteq pref(K_1) \cup pref(K_2)$$
$$= pref(K_1 \cup K_2)$$

13.2 $((L(G) - K)/\Sigma_{uc}^*)$ は不可制御事象により K の外に出てしまう事象列の集合であり，それらを接頭語として含む事象列の集合 $((L(G) - K)/\Sigma_{uc}^*)\Sigma^*$ は $sup\,C(K)$ に含まれない．これ以外の K の事象列は，K の外に出るときの事象はすべて可制御事象であり，$sup\,C(K)$ に含まれる．K が接頭語について閉じていない場合は，各 $s \in K$ について $pref(s)$ の各事象列が上記の条件を満たすかどうかを確認する必要があるので，繰り返し手続きが必要になる．

13.3 $K' := pref(sup\,C(K)) \cap L_m(G)$ とおく．$K \subseteq L_m(G)$ より $sup\,C(K) \subseteq K'$ は明らかであり，これより

$$pref(sup\,C(K)) \subseteq pref(K')$$

が得られる．また，$pref(sup\,C(K)) \cap L_m(G) \subseteq sup\,C(K)$ より，

$$pref(K') = pref(pref(sup\,C(K)) \cap L_m(G)) \subseteq pref(sup\,C(K))$$

なので，$pref(K') \subseteq pref(sup\,C(K))$ が得られる．結局，$pref(K') = pref(sup\,C(K))$ が成り立つ．可制御性の定義より K' も可制御であるので，$K' \subseteq pref(K) \cap L_m(G) = K$，すなわち，$K'$ は K の可制御部分言語ということになり，$K' \subseteq sup\,C(K)$ である．したがって，$K' = sup\,C(K)$ となり，$sup\,C(K)$ は $L_m(G)$ について閉じていることが証明された．

参考文献

[1] 標準的なオートマトンと形式言語の教科書に記載されている. たとえば, J. ホップクロフト, R. モトワニ, J. ウルマン (著), 野崎, 高橋, 町田, 山崎 (訳): オートマトン言語理論 計算論 I, サイエンス社 (2003).

[2] E. W. Dijkstra: EWD-310. E.W. Dijkstra Archive, Center for American History, University of Texas at Austin. http://www.cs.utexas.edu/users/EWD/transcriptions/EWD03xx/EWD310.html

[3] C. A. R. Hoare: Communicating Sequential Processes, Prentice Hall (1985).

[4] ペトリネットに関するさまざまなリソースは "Welcome to the Petri Nets World" http://www.informatik.uni-hamburg.de/TGI/PetriNets/ に集められている.

[5] E. W. Dijkstra: Information Streams Sharing a Finite Buffer, Information Processing Letters Vol. 1, No.5, pp.179-180 (1972).

[6] K. Jensen, G. Rosenberg (Eds.): High-level Petri Nets, Springer-Verlag (1991).

[7] K. Jensen, L. M. Kristensen: Coloured Petri Nets - Modelling and Validation of Concurrent Systems, Springer-Verlag (2009).

[8] http://cpntools.org/

[9] R. Milner, M. Tofte, R. Harper, D. MacQueen: The Definition of Standard ML, MIT Press (1997).

[10] オブジェクトペトリネット自体はさまざまな形式化が存在する. 概要については, たとえば以下の論文を参照のこと.
C. A. Lakos: From Coloured Petri Nets to Object Petri Nets, Lecture Notes in Computer Science, Vol. 935, pp. 278-297, Springer-Verlag (1995).
C. A. Lakos: Object Oriented Modelling with Object Petri Nets, Lecture Notes in Computer Science, Vol. 2001, pp. 1-37, Springer-Verlag (2001).

[11] http://www.renew.de/

[12] J. C. M. Baeten: A Brief History of Process Algebra, Rapport CSR 04-02, Vakgroep Informatica, Technische Universiteit Eindhoven (2004).

[13] R. Milner: A Calculus of Communicating Systems, Springer-Verlag (1980).

[14] J.A. Bergstra and J.W. Klop: Fixed Point Semantics in Process Algebra. Technical Report IW 208, Mathematical Centre, Amsterdam (1982).

[15] E. M. Clarke, E. A. Emerson: Design and Synthesis of Synchronization Skeletons Using Branching Time Temporal Logic. Lecture Notes in Computer Science, Vo. 131, pp. 52-71 (1981).

[16] E. M. Clarke, E. A. Emerson, A. P. Sista: Automatic Verification of Finite-state Concurrent Systems Using Temporal Logic Specifications, ACM Trans. Programming Languages and Systems, Vo. 8, Issue 2, pp. 244–263 (1986).

[17] A. Arnold: Finite Transition Systems - Semantics of Communicating Systems, Prentice Hall (1994).

[18] R. Alur, T. A. Henzinger, G. Lafferriere, G. J. Pappas: Discrete Abstractions of Hybrid Systems, Proc. IEEE, Vol. 88, No. 7, pp. 971-984 (2000).

[19] G. M. Reed, A. W. Roscoe: A Timed Model for Communicating Sequential Processes, Theoretical Computer Science, Vol. 58, Issues 1-3, pp. 249-261 (1988).

[20] R. Alur, D. L. Dill: A Theory of Timed Automata, Theoretical Computer Science, Vol. 126, Issue 2, pp. 183-235 (1994).
[21] P. M. Merlin: A Study of the Recoverability of Computing Systems, Ph.D. thesis, University of California, Irvine, CA (1974).
[22] B. Bérard, F. Cassez, S. Haddad, Didier Lime, O. H. Roux: Comparison of Different Semantics for Time Petri Nets, Proc. ATVA 2005, Lecture Notes in Computer Science, Vol. 3707, pp. 293-307 (2005).
[23] C. Ramchandani: Analysis of Asynchronous Concurrent Systems by Timed Petri Nets, Ph.D. thesis, Massachusetts Institute of Technology, Cambridge, MA, (1973).
[24] L. Kleinrock: Queueing Systems, Volume I, Wiley-Interscience (1975).
このほか，待ち行列理論を扱う多くの書籍で取り上げられている．
[25] M. K. Molloy: On the Integration of Delay and Throughput Measures in Distributed Processing Models, Ph.D. thesis, University of California (1981).
[26] M. K. Molloy: Performance Analysis Using Stochastic Petri Nets, IEEE Trans. Computers, Vol. C-31, Issue 9, pp. 913-917 (1982).
[27] M. A. Marsan, G. Balbo, G. Conte: A Class of Generalized Stochastic Petri Nets for the Performance Evaluation of Multiprocessor Systems, ACM Trans. Computer Systems, Vol. 2, No. 2, pp. 93-122 (1984).
[28] M. A. Marsan, G. Balbo, G. Conte: Performance Models of Multi-processor Systems, MIT Press (1986).
[29] M. A. Marsan, G. Balbo, G. Conte, S. Donatelli, G. Franceschinis: Modelling with Generalized Stochastic Petri Nets, John Wiley & Sons (1994).
[30] R. Bellman: A Markovian Decision Process, J. Mathematics and Mechanics, Vol. 6, No. 5, pp. 679-684 (1957).
[31] R. A. Howard: Dynamic Programming and Markov Processes, MIT Press. (1960).
[32] M. L. Littman, T. L. Dean, L. P. Kaelbling: On the Complexity of Solving Markov Decision Problems, Proc. 11th International Conference on Uncertainty in Artificial Inteligence, pp. 394-402 (1995).
[33] L. E. Baum, T. Petrie: Statistical Inference for Probabilistic Functions of Finite State Markov Chains, The Annals of Mathematical Statistics, Vol. 37, No. 6, pp. 1554-1563 (1966).
[34] L. R. Rabiner: Tutorial on Hidden Markov Models and Selected Applications in Speech Recognition, Proc. IEEE, Vol. 77, No. 2, pp. 257-286 (1989).
[35] A. J. Viterbi: Error Bounds for Convolutional Codes and an Asymptotically Optimum Decoding Algorithm, IEEE Trans. Information Theory, Vol. 13, No. 2, pp.260-269 (1967).
[36] L. E. Baum, T. Petrie, G. Soules, N. Weiss: A Maximization Technique Occurring in the Statistical Analysis of Probabilistic Functions of Markov Chains, The Annals Mathematical Statistics, Vol. 41, No. 1, pp. 164-171 (1970).
[37] L. P. Kaelbling, M. L. Littman, A. R. Cassandra: Planning and Acting in Partially Observable Stochastic Domains, Artificial Intelligence, Vol. 101, Issues 1-2, pp. 99-134 (1988).
[38] R. Alur et al.: The Algorithmic Analysis of Hybrid Systems, Theoretical Computer Science, Vol. 138, Issue 1, pp. 3-34 (1995).
[39] T. A. Henzinger, P. W. Kopke, A. Puri, P. Varaiya: What's Decidable About Hybrid Automata?, J. Comput. Syst. Sci., Vol. 57, Issue 1, pp. 94-124 (1998).
[40] J. Zhang, K. H. Johansson, J. Lygeros, S. Sastry: Zeno Hybrid Systems, Int. J. Robust and Nonlinear Control, Vol. 11, Issue 5, pp. 435-451 (2001).
[41] たとえば，MATLAB Simulink の例題として取り上げられている．
https://jp.mathworks.com/help/simulink/examples/simulation-of-a-bouncing-ball.html

[42] J. Sproston: Decidable Model Checking of Probabilistic Hybrid Automata, In: Joseph M. (eds) Formal Techniques in Real-Time and Fault-Tolerant Systems, FTRTFT 2000, Lecture Notes in Computer Science, Vol. 1926, pp. 31-45 (2000).

[43] A. Bemporad, N. Giorgetti: A Logic-Based Hybrid Solver for Optimal Control of Hybrid Systems, Proc. 42nd IEEE Conference on Decision and Control, pp. 640-645 (2003).

[44] 平石邦彦, 小林孝一, 崔舜星: 有限時間区間に対するハイブリッドシステムの離散抽象化, 計測自動制御学会論文集, Vol. 44, No. 9, Issues 1-2, pp. 751-759 (2008).

[45] R. David, H. Alla: On Hybrid Petri Nets, Discrete Event Dynamic Systems: Theory and Applications, Vol. 11, pp. 9-40 (2001).

[46] S. D. Cariano, A. Bemporad: Equivalent Piecewise Affine Models of Linear Hybrid Automata, IEEE Trans. Automatic Control, Vol. 55, No. 2, pp. 498-502 (2010).

[47] R. David, H. Alla: Autonomous and Timed Continuous Petri nets, 11th International Conference on Application and Theory of Petri Nets Paris, pp. 367-386 (1990).

[48] H. Matsuno, A. Doi, N. Nagasaki, S. Miyano: Hybrid Petri Net Representation of Gene Regulatory Network, Pac. Symp. Biocomput., pp. 338-349 (2000).

[49] A. Gajrat, A Hordijk: Fluid Approximation of a Controlled Multiclass Tandem Network, Queueing Systems, Vol. 35, Issues 1-4, pp. 349-380 (2000).

[50] M. Silva, T. Murata: B-Fairness and Structural B-Fairness in Petri Net Models of Concurrent Systems, J. Computer and System Sciences, Vol. 47, Issue 3, pp. 447-477 (1992).

[51] J. L. Peterson: Petri Net Theory and the Modeling of Systems, Prentice–Hall (1981).

[52] T. Murata: Petri Nets: Properties, Analysis and Applications, Proc. IEEE, Vol. 77, No. 4, pp. 541-580 (1989).

[53] M. Hack: The Recursive Equivalence of the Reachability Problem and the Liveness Problem for Petri Nets and Vector Addition Systems, IEEE Conference Record of 15th Annual Symp. Switching and Automata Theory, pp. 156-164 (1974).

[54] P. Wolper, P. Godefroid: Partial-Order Methods for Temporal Verification, Proc. CONCUR'93, Lecture Notes in Computer Science, Vol. 715, pp. 233-246 (1993).

[55] A. Valmari: Stubborn Sets for Reduced State Space Generation, Advances in Petri Nets 1990, Lecture Notes in Computer Science, Vol. 483, pp. 491-515 (1991).

[56] R. E. Brayant: Graph-Based Algorithms for Boolean Function Manipulation, IEEE Trans. on Computers, Vol. C-35, No. 8, pp. 677-691 (1986).

[57] R. E. Bryant: Symbolic Boolean Manipulation with Ordered Binary Decision Diagrams, ACM Computing Surveys, Vol. 24, Issue 3, pp. 293-318 (1992).

[58] bddlib (https://www.cs.cmu.edu/~modelcheck/bdd.html)
JavaBDD (http://javabdd.sourceforge.net/)
など，C, C++, Java などのライブラリーが公開されている．

[59] R. Alur: Techniques for Automatic Verification of Real-Time Systems, Ph.D. Thesis, Stanford university (1991).

[60] K. G. Larsen, P. Petterson, W. Yi: UPPAAL in a Nutshell, J. Software Tools for Technology Transfer, Vol. 1, Issues 1-2, pp. 134-152 (1997).

[61] J. Bengstsson, W. Yi: Timed Automata: Semantics, Algorithms and Tools, Lecture Notes in Computer Science, Vol. 3098, pp. 87-124 (2004).

[62] D. L. Dill: Timing Assumptions and Verification of Finite-state Concurrent Systems, In Proceedings, Automatic Verification Methods for Finite State Systems, Lecture Notes in Computer Science, Vol. 407, pp. 197-212 (1989).

[63] 代表的な商用ソフトウェアとしては，Maple (https://www.maplesoft.com/)，Mathematica (http://www.wolfram.com/) などがある．

[64] たとえば，Parma Polyhedra Library: https://bugseng.com/products/ppl などがある．

[65] 穴井宏和: Quantifier Elimination ─アルゴリズム・実装・応用─, 数式処理 J. JSSAC, Vol. 10,

No. 1, pp. 3-12 (2003).
[66] H. Guĕguen, M. Lefebvre, J. Zaytoon, O. Nasri: Safety Verification and Reachability Analysis for Hybrid Systems, Annual Reviews in Control, Vol. 33, Issue 1, pp. 25-36 (2009).
[67] R. Alur, C. Courcorbaits, D. Dill: Model Checking in Dense Real-Time, Information and Computation, Vol. 104, Issue 1, pp. 2-34 (1993).
[68] K. Čerāns: Decidability of Bisimulation Equivalences for Parallel Timer Processes, in: G.V. Bochman and D.K. Probst, eds., Proc. 4th Ann. Workshop on Computer-Aided Verification, Lecture Notes in Computer Science, Vol. 663, pp. 302-315 (1992).
[69] G. Lafferriere, G. J. Pappas, S. Sastry: O-Minimal Hybrid Systems, Math. Control Signals Systems, Vol. 13, Issue 1, pp. 1-21 (2000).
[70] E. Asarin, T. Dang, O. Maler, O. Bournez: Approximate Reachability Analysis of Piecewise Linear Dynamical Systems, Proc. HSCC'00, Lecture Notes in Computer Science, Vol. 1790, pp. 20-31 (2000).
[71] A. Chutinan, B. H. Krough: Computational Techniques for Hybrid System Verification, IEEE Trans. Automatic Control, Vol. 48, No. 1, pp. 64-75 (2003).
[72] Z. Manna, A. Pnueli: Temporal Verification of Reactive Systems, Springer-Verlag (1995).
[73] E. M.Clarke, Jr., O. Grumberg, D. A. Peled: Model Chacking, MIT Press (1999).
[74] E. A. Emerson, J. Y. Halpern: "Sometimes" and "Not Never" Revisited: On Branching versus Linear Time, POPL83, pp. 127-140 (1983).
[75] https://www.cs.cmu.edu/~modelcheck/smv.html
[76] http://nusmv.fbk.eu/
[77] E. Clarke, A. Biere, R. Raimi, Y. Zhu: Bounded Model Checking Using Satisfiability Solving, Formal Methods in System Design, Vo. 19, Issue 1, pp. 7-34 (2001).
[78] http://spinroot.com/spin/whatispin.html
[79] http://www.prismmodelchecker.org/
[80] P. J. G. Ramadge, W. M. Wonham: The Control of Discrete Event Systems, Proc. IEEE, Vol. 77, No. 1, pp. 81-98 (1989).
[81] C. G. Cassandras, S. Lafortune: Introduction to Discrete Event Systems, Second Edition, Springer-Verlag (2008).
[82] R. Kumar, V. K. Garg: Modeling and Control of Logical Discrete Event Systems, Springer-Verlag (1995).
[83] C. P. Pfleeger: State Reduction in Incompletely Specified Finite-State Machines, IEEE Trans. Computers, Vol. C-22, No. 12, pp. 1099-1102 (1973).
[84] A. Bemporad, M. Morari: Control of System Integrating Logic, Dynamics, and Constraints, Automatica, Vol. 35, Issue 3, pp. 407-427 (1999).
[85] A. Tarski: A Lattice-theoretical Fixpoint Theorem and Its Applications, Pac. J. Mathematics, Vol. 5, No. 2, pp. 285-309 (1955).
[86] CPLEX: https://www.ibm.com/jp-ja/marketplace/ibm-ilog-cplex
[87] M. R. Prasad, A. Biere, A. Gupta: A Survey of Recent Advances in SAT-based Formal Verification, Int. J. Software Tools for Technology Transfer, Vol. 7, Issue 2, pp. 156-173 (2005).
[88] C. Barrett, R. Sebastiani, S. A. Seshia, C. Tinelli: Satisfiability Modulo Theories, Handbook of Satisfiability, Chapter 12, pp. 737-797, IOS Press (2008).

おわりに

　本書では，形式的モデル化に関する代表的手法を紹介し，さらに，それらを用いたシステムの解析方法について解説した．これらの内容は，形式的モデル化に関する理論と手法の，ほんの一部を紹介したにすぎないことをお断りしておきたい．本書で紹介しきれなかった内容としては，以下のものが挙げられる．

- 各モデル化手法に関する最新の成果．本書で紹介したものの多くは，各モデル化手法の初期において提案されたものに基づいており，それ以降，手法・理論・応用において発展を続けている．
- 実システムの記述のためのモデル化手法．本書で説明したモデル化手法をベースにして，さまざまな実システム記述の手法や計算機ツールが開発されている．形式的記述によりソフトウェア等のシステムを開発する手法を総称して，形式手法（フォーマルメソッド）とよぶ．また，MATLABのツールボックスとして提供されているツールも多い．
- モデルを用いたシステムの解析に関しては，問題の困難さが何に起因するかを説明するための最小限の記述に留めた．状態空間爆発の問題は並行動作を含む離散状態システム固有の問題であり，それを克服するための研究が現在でも行われている．
- ハイブリッドシステムの制御については，離散抽象化を用いた手法の例を示しただけである．離散抽象化は計算機科学からのアプローチであり，連続系の制御理論に基づいた手法については割愛した．
- モデルの解析・検証問題を，制約充足問題や離散最適化問題として定式化することが可能な場合がある．問題の解を計算するためのソフトウェアを**ソルバー**(solver) とよぶ．近年，高速なソルバーの出現や，計算機の高性能化により，かなりの規模の問題が現実的な時間で解けるようになってきた．ソルバーとしては，混合整数計画問題のソルバー [86]，SAT ソルバー [87]，SMT ソルバー [88] などがある．

　離散事象システム，およびハイブリッドシステムの形式的モデル化に関する，より深い内容を知るためには，以下の書籍をお勧めしたい．

- 離散事象システム

  C. G. Cassandras, S. Lafortune: Introduction to Discrete Event Systems, Second Edition, Springer-Verlag (2008).

- ハイブリッドシステム・サイバーフィジカルシステム

  R. Alur: Principles of Cyber-Physical Systems, MIT Press (2015).

索　引

記号・英数字
ω-言語　27
Büchi オートマトン　27
CTL　64
CTL*　58
LTL　64
Mealy 機械　22
Moore 機械　22
Muller オートマトン　27
Q-学習　93
RENEW　43
2 分決定木　136
2 分決定グラフ　136

あ　行
アーク　31
安全性　64, 117
一時的　161
一般化確率ペトリネット　87
インターリービング　53
隠蔽　52
埋め込まれたマルコフ連鎖　92
エルゴード的　164
オーディナリー　127
オートマトン　16
オートマトンの合成　24
オートマトンの積　23
オブジェクトペトリネット　43

か　行
可観測事象　184
可観測性　191
確率オートマトン　89
確率システム　12
確率ハイブリッドオートマトン　106
確率ペトリネット　85

隠れマルコフモデル　93
可制御　186
可制御事象　184
活　性　64, 117
可到達集合　37, 71
可到達性　116
可　約　161
カラーペトリネット　40
記号状態　144
帰着可能　126
既　約　161
吸収状態　161
競　合　34
極限分布　163
空語　14
矩形オートマトン　104
区分的線形システム　107
クリプケ構造　60
クロック　104
クロック値　78
計算木論理　58
形式言語　14
形式的モデル化　3
決定可能性　118
決定性オートマトン　16
決定性システム　12
言　語　14
言語等価性　68
原子動作　32
限量記号消去　151
語　14
高水準ペトリネット　40
公平性　118, 175

さ　行
再　帰　48
再帰的　161
最大可制御部分言語　189
差分有界行列　147

時間オートマトン　76
時間駆動　11
時間決定性　99
時間付き言語　79
時間付き語　79
時間トランジション　87
時間なしモデル　12
時間モデル　12
自己ループ　127
事　象　11
事象駆動　11
事象列　18
システム　2
自然射影　184
時相作用素　59
時相論理　58
時不変　9
時　変　9
周期的　162
出力変数　3
出力方程式　8
受理される言語　19
順序回路　5
商遷移システム　72
状　態　6
状態空間　8
状態空間爆発　129
状態遷移関数　8
状態遷移図　17
状態ベクトル　6
状態変数　6
状態方程式　8
商ラベル付き遷移システム　72
スキュードクロック　104
スーパーバイザ　183
スーパーバイザ制御　182
正再帰的　162

索引

生産者／消費者問題　34
生成される言語　19
正則言語　22
正則表現　21
静的解析　118
静的システム　4
接頭語　15, 48
接頭語について閉じている　15
接尾語　15
零再帰的　162
遷移確率行列　90
遷移システム　66
遷移率　84
遷移率行列　84
線形時間　58
線形時間論理　58
線形ハイブリッドオートマトン　102
選　択　49
相互作用　50
双模倣　68
即時トランジション　87
ソルバー　226
ゾーン　144

た 行

ダイナミクス　8
タイムドペトリネット　80
タイムペトリネット　80
滞留時間　84
多重集合　41
直交多面体　156
定常状態　161
定常分布　163
哲学者の食事問題　26
デッド　48, 117
デッドロック　26
同型性　68
動的解析　118
動的システム　5
トークン　31
トークンゲーム　33
凸　包　156
トランジション　31

な 行

入力変数　3
ノンブロッキング　188

は 行

ハイブリッドオートマトン　97
ハイブリッドシステム　10
ハイブリッド状態　10
ハイブリッドペトリネット　109
パーシステント集合　131
発　火　32
発火可能　32
発火系列　33
発火ステップ　120
発火率　85
発生可能　32
反射的推移の閉包　139
半順序法　129
非決定性オートマトン　19
非決定性システム　12
非周期的　162
被覆可能性　117
被覆木　124
非有界　38
不可観測事象　184
不可制御事象　184
部分観測マルコフ決定過程　94
部分語　15
ブール関数　136
プレース　30
プレース・インバリアント　121
プレース／トランジションネット　30
プロセス　47
プロセス代数　47
ブロッキング　187
分岐時間　58
平均再帰時間　162
並　行　34
並行システム　116

並行プログラム　25
閉　包　15
ペトリネット　30
保存性　117
ポリトープ　107

ま 行

マーキング　31
マークされる言語　185
マーク状態　184
待ち行列　84
マルコフ決定過程　92
マルコフ性　82
無競合　127
命題保存　71
文字列　14
モデル検査　170
モデル検査器　179
模　倣　68

や 行

有　界　38
有界性　117
有限オートマトン　21

ら 行

ライブロック　188
ラベル付け　51
ラベル付き P/T ネット　38
ラベル付き遷移システム　66
ラベルの付け替え　51
ラン　79, 101
リアクティブシステム　27
離散時間システム　9
離散時間マルコフ連鎖　90
離散事象システム　12
離散状態システム　10
離散抽象化　72
領　域　71, 143
列　14
連　接　15
連続時間システム　9
連続時間マルコフ連鎖　82
連続状態システム　10
論理回路　4

著者略歴
平石　邦彦（ひらいし・くにひこ）

- 1983年　東京工業大学工学部制御工学科卒業
- 1985年　東京工業大学理工学研究科制御工学専攻修了
- 1985年　富士通(株)国際情報社会科学研究所 研究員
- 1993年　北陸先端科学技術大学院大学情報科学研究科 助教授
- 2003年　同教授
- 2016年　同大学 情報社会基盤研究センター長
　　　　　現在に至る
　　　　　工学博士

編集担当	宮地亮介(森北出版)
編集責任	上村紗帆(森北出版)
組　版	中央印刷
印　刷	同
製　本	ブックアート

形式的モデル化
―離散事象／実時間／ハイブリッドシステムのモデル化と解析―
© 平石邦彦　2019

2019年1月18日　第1版第1刷発行　【本書の無断転載を禁ず】

著　者　平石邦彦
発行者　森北博巳
発行所　森北出版株式会社
　　　　東京都千代田区富士見1-4-11（〒102-0071）
　　　　電話 03-3265-8341／FAX 03-3264-8709
　　　　https://www.morikita.co.jp/
　　　　日本書籍出版協会・自然科学書協会　会員
　　　　JCOPY ＜(一社)出版者著作権管理機構 委託出版物＞

落丁・乱丁本はお取替えいたします.
Printed in Japan／ISBN978-4-627-85421-5